心一堂彭措佛緣叢書・索達吉堪布仁波切譯著文集

七寶藏--竅訣寶藏論釋

全知無垢光(龍欽巴)尊者　著

索達吉堪布仁波切　譯

Śūnyatā

書名：七寶藏--竅訣寶藏論釋
系列：心一堂彭措佛緣叢書•索達吉堪布仁波切譯著文集
作者：全知無垢光（龍欽巴）尊者
譯者：索達吉堪布仁波切
責任編輯：陳劍聰

出版：心一堂有限公司
地址/門市：香港九龍尖沙咀東麼地道六十三號好時中心LG六十一室
電話號碼：(852)2781-3722 (852)6715-0840
傳真號碼：(852)2214-8777
網址：www.sunyata.cc
電郵：sunyatabook@gmail.com
心一堂 彭措佛緣叢書論壇： http://bbs.sunyata.cc
心一堂 彭措佛緣閣： http://buddhism.sunyata.cc
網上書店： http://book.sunyata.cc

香港及海外發行：香港聯合書刊物流有限公司
香港新界大埔汀麗路36號中華商務印刷大廈3樓
電話號碼：(852)2150-2100
傳真號碼：(852)2407-3062
電郵：info@suplogistics.com.hk

台灣發行：秀威資訊科技股份有限公司
地址：台灣台北市內湖區瑞光路七十六巷六十五號一樓
電話號碼：(886)2796-3638
傳真號碼：(886)2796-1377
網絡書店：www.govbooks.com.tw
經銷：易可數位行銷股份有限公司
地址：台灣新北市新店區寶橋路235巷6弄3號5樓
電話號碼：(886)8911-0825
傳真號碼：(886)8911-0801
網址：http://ecorebooks.pixnet.net/blog

中國大陸發行•零售：心一堂•彭措佛緣閣
深圳流通處：中國深圳羅湖立新路六號東門博雅負一層零零八號
電話號碼：(86)0755-82224934
北京流通處：中國北京東城區雍和宮大街四十號
心一堂官方淘寶流通處：http://shop35178535.taobao.com/

版次：二零一三年八月初版，平裝

　　　　港幣　　　一百二十八元正
定價：　人民幣　　九十八元正
　　　　新台幣　　五百八十元正

國際書號 ISBN 978-988-8266-22-7

譯　序

　　眾生的無上怙主全知無垢光尊者的色身雖已融入法界，然而，為悲憫我們這些濁世愚昧的眾生而留下了以甚深古薩里派《四心滴》、廣行班智達派《七寶藏》，以及《三休息》、《三解脫》為主數目驚人的豐厚遺產。其中的《七寶藏》可堪為寧瑪派的璀璨明珠、無價之寶。

　　《七寶藏》中的《如意寶藏論》有頌詞與自釋，共分二十二品，詳細論述一切顯密乘。《實相寶藏論》有頌詞與自釋，共分四品，分別闡述無有、自成、平等、唯一四大誓言。《宗派寶藏論》共分八品，卷首略述釋迦牟尼佛出世經歷，綱領全文，繼而破斥教外各宗，以諸聖法分別成立佛教共不共乘。《勝乘寶藏論》共分二十五品，依《大密決定十七密乘經》詳細闡明一百一十九教言要旨。《句義寶藏論》共分十一品，全文以道用之方式宣說基位實相、道位串修、現前果位。《法界寶藏論》有頌詞與自釋，共分十三品，以空界部要旨為主，論述密乘大圓滿之基、道、果。《竅訣寶藏論》是以六偈教言的方式為修行人開示深法。

　　《七寶藏》不愧為享用不盡的寶藏，它囊括了顯密一切佛法，真可謂包羅萬象，應有盡有。對於這部鴻篇巨著，作為寧瑪派的修行人如果一無所知，實在是一件憾事。大圓滿傳承上師華智仁波切曾經感慨萬分地在《勸

七寶藏——竅訣寶藏論釋

閱七寶藏》一文中寫道：「奇哉殊勝功德七寶藏，並非未依聖典自臆造，大海之中所獲如意寶，從劣境中隨意豈得到？證悟智慧日輪之光芒，需依未失加持師竅訣，否則一切盲修瞎煉者，行至妙道本地極鮮少。無有聞法世間過雖大，顛倒聽聞較彼罪更大，故具拜閱智者論此時，為何不睜聽聞之雙目？此世間中唯一摩尼珠，全知上師論典之至寶，除此之外無有餘佛陀，於此誰人不生大喜悅？」

在藏地，凡是寧瑪派的修行人對《七寶藏》最起碼也略知一二，而在漢族的修行者中，了知《七寶藏》的卻寥若晨星。之所以如此，無非是沒有漢譯法本，雖然法尊法師的傳記中記載他曾翻譯過《七寶藏》，但經多方查尋至今仍未找到原譯本。據說漢地的郭元興居士也譯過此著，但只見過《實相寶藏論》與《句義寶藏論》，也許由於版本的不同，其中也有與藏文原文不符之處。前幾年，台灣佛教界也曾薈萃群英，著手翻譯，由於種種原因，現今也杳無音信了。

作為一名真正的修行者，無一不想得到竅訣，無一不希望自己能如理修持，早日成就而利益無邊眾生，但多數人苦於無有真正的竅訣，更有許多致力於修行之士翹首以待《七寶藏》的問世。為此，我今將其中的《竅訣寶藏論》譯成漢文，奉獻給有緣者。

此論其中所包含的內容既廣博，又極其富有針對性，既有共同乘的竅門，也有頂乘大圓滿直指本性的秘訣。其中也運用了大量恰如其分的比喻。它好似一面無垢的明

譯序

2

鏡，將我們的污點一一顯露無遺；又如一盞明燈，指點迷津，使我們脫離歧途；猶如一把利劍，一一擊中要害。此論的確是名副其實，完全是竅訣雲聚。華智仁波切也曾經讚歎此論說：「攝集一切竅訣之精華，每六偈皆圓滿妙法藏，如此妙道縱然遇真佛，一時圓滿聞聽豈不難？」

因為本論只有頌詞而無自釋，藏文中也有些許之處極難理解，所以難免有不妥之處，譯文若有不恰當的地方，在此特於傳承上師以及護法神前誠心懺悔，以求寬恕，也希望諸位在閱讀時聯繫前後句，反覆思維，絕不可斷章取義，否則無法了達其中的真正密意。

雖然《七寶藏》暫時不能圓滿翻譯成漢文，但我想，如果是想真修實證的人，從其中的一部論也會得到不可思議的加持與收益。這的確是活靈活現的無垢光尊者，即便是真正的普賢王如來與無垢光尊者親自降臨，恐怕也不會有較此更甚深的竅訣可言了。

注：本來，無垢光尊者著此竅訣論時均是六偈頌詞，可是本文中卻有不足六偈之處。如「證悟法性實義之六法……」也有一處是七偈，即「忘失解脫正道之六法……」

二〇〇二年二月三日

譯序

4

竅訣寶藏論釋

全知無垢光尊者著頌

索達吉堪布　譯釋

頂禮本師釋迦牟尼佛！〔譯禮〕

梵語：俄巴得夏那夠卡那瑪

藏語：門阿仁波切奏

漢意：竅訣寶藏論

頂禮大恩傳承上師！

首先解釋論名。「竅訣」就是言簡意賅地演示諸種修行法門的要訣。在此無垢光尊者為利有緣弟子，以簡明易懂的文句來宣說修行必備的深廣法要，故稱為竅訣。

寶藏：「寶」顯珍貴義，對修行人而言，修行的竅訣萬分珍貴。因為佛經論典卷帙浩繁，在一期短暫的生命中難以窮其底蘊，唯有依靠歷代傳承祖師薈萃了經續論典深要的竅訣方能即生取證菩提聖果。「藏」即含藏，有取之不盡、用之不竭之義。該論含藏了無量如珍寶般的竅訣，如同寶藏一般。又因具備能斷除眾生的無明煩惱、端正意念、軌正修行等作用，故名為「論」。

雖然經續論典取名的方法有多種，但本論是依意義與比喻相結合的方式命名的。

論首冠以梵名有四種必要：一表明來源清淨；二為憶念佛恩；三是為了獲得殊勝加持；四為令異域見聞者在心

相續中種下梵語的習氣與善根。

頂禮一切佛菩薩！

這是無垢光尊者作論前的頂禮句，為示皈敬、祈求加持、增上順緣，亦為遣除作論過程中的違緣而禮敬諸佛菩薩。

依其大悲勝智之大舟，救度眾生趨向有海岸，
已詣勝位如意之商主，一切佛陀佛子前頂禮。

在此，作者將十方一切佛菩薩喻為商主，諸佛菩薩依其無偽的大慈悲心與殊勝智慧之大舟，廣事救渡飽嘗輪迴痛苦的無量眾生，令彼等越過三有苦海，到達安樂彼岸。如是在已詣勝位如意寶洲的商主——一切佛與佛子前恭敬頂禮。

為欲解脫殊勝善緣者，總集經續竅訣之精華，
無餘開顯一切最深要，此以六法宣說請恭聆。

此頌不僅演示了作者造論的目的與必要，亦含攝了全文的一切內容。首先我們應了知該論的所化眾生，此歸納為兩方面：一是欲求解脫、具有強烈的出離心之人，不具出離心、耽著世間八法者則非為法器；二是具有殊勝善緣之人，有者雖具希求解脫之心，但因緣分不佳而不能值遇具有法相的善知識，或根基低劣、智慧淺陋，故無緣直接受持甚深法義。尊者為欲求解脫、具有殊勝善緣的修行者總集佛陀與歷代傳承祖師之經續論典的精華，開顯此本尊、空行、護法三根本如心血般愛護的甚深要訣。此等皆以六門之方法而宣說，法法含攝成佛之道。如是殊勝的妙

竅訣寶藏論釋

6

法，並非無因無緣能以值遇，而是行者在百千萬劫中累積無量的善根與資糧所致。萬望具善緣者屏息諸緣、不生雜念、恭敬諦聽、百般謹持，以期即生取證普賢如來的果位。

最初趣入正道之六法：道之基礎護持三學處；
無偏廣聞多思各種法；三門寂靜調伏自相續；
警惕罪業增上諸善法；知慚有愧生起大信心；
依止一切善友善知識。此於諸初學者極重要。

首先教誡最初趣入正道者應具之六法：一應了知諸道之基礎是護持戒、定、慧三學。我們若能秉持戒法逐一修行，則能由戒生定，由定發慧。經云：「智慧之基，曰戒曰定，如是三學，次第應修，先持淨戒，並習禪定，乃得真實，甚深智慧，依此智慧，方能利生，猶如蓮花，不著於水，斷諸分別，捨諸執著，如是觀察，一切諸法，心意柔軟，語音淨妙，以無礙眼，等視眾生，具修一切，難行苦行，是為成就，菩薩之道。」二是修行者不應耽著門派、心懷門戶之見，因各宗各派非但互不相悖，且有殊途同歸之妙。如云：「諸宗觀點，貌似有別，意趣同歸。」所以我們應當遠離偏執，廣聞博學諸佛菩薩的教典，思維抉擇各種深廣法義，斷除疑惑、樹立正見以備修行之用。三應身口意三門寂靜，依教調伏自心相續。如果身心浮躁不安，則無論何種行門都不能如理趣入，若法不能入心，則歷劫修行也得不到毫許利益。因此要依教調伏自心相續，令身口意三門寂靜。四是我們要時時提持正念，警

惕罪業生起，即使微如毫端的惡業亦要勵力斷除，莫以惡小而為之。並盡力增上一切善法，莫以善小而不為。五要了知修行人必須具有知慚有愧的品性才會時時不忘正知正念，謹慎守護根門，循教軌正自己的言行，最重要的是應對上師與法生起極大的信心，遠離一切散亂，專意受持上師所傳授的一切教言竅訣。六應了知親近善友善知識非常重要，因為修行的旅途是坎坷而曲折的，我們要跨越生死的大沙漠，度過恐怖的羅剎洲，穿過稠密的邪見林，趟過無底的欲泥塘，若無善知識演示教理、指點迷津，又無善友勉勵助道，則很難到達解脫的彼岸。此六法對於初學者十分重要。

若欲獨自居於寂靜處，事先需要具備之六法：
辭別上師自己能獨立；遣除疑障無有可問事；
身體無有病魔及違緣；銷聲匿跡遠離諸人群；
具足成辦二利之教授；內心斷定正見之密意。

假如您想獨自往詣罕無人跡的森林、岩洞等寂靜處閉關，那麼事先必須要觀察自己是否圓滿具備閉關之六法。一是辭別上師後自己要有獨立修行的能力，即與上師之間達到「身雖遠隔重洋，心實未間毫許」的境界。二是已經無礙精通一切教理及修法，通過聞思、研討、辯論等徹底遣除了心中的一切疑問，並諳熟領會於心，無有任何懷疑與可問之事。三是閉關實修期間身體要十分健康，無有內在的病魔與外界任何違緣等阻撓，能順利地用功辦道。四是銷聲匿跡遠離人群，斷絕一切人際交往，隻身一人安住

寂靜處，專事修持法義。五應泯滅一切妄想分別，圓滿具足能成辦自他二利的殊勝教授，不僅自己修有所證，且能延續法身慧命，利益他眾。六是內心對萬法的本性通徹無礙，能斷定無上正見之甚深密意，生起無偽的定解，如是方能如探囊取物般證達本地風光——究竟法界的本性。

如果自己已經具備了上述的六種條件，就可以到寂靜處掩關靜修。

獨自所居靜處之六法：具足寂靜方位諸特點；
前輩成就者曾作加持；無有失戒晦氣護法聚；
無有散亂憒鬧諸逆緣；易得修法順緣諸資具；
無有人與非人之損惱。

對獨自修行要居住的寂靜處亦有六種觀察方法。一是對寂靜處的風水、地脈、山勢等逐一觀察，看彼處是否有利自己修行，若是過去諸仙人、大修行者、大瑜伽師們禪修過的地方，則可安然無憂地安住下來。在蓮花生大士的《密咒寶鬘論》中就有選擇寂靜處的觀察方法，喬美仁波切的《山法》中也有說明。二是前輩大成就者們曾經作過加持的地方，如桑耶青普、剛日托嘎神山、漢地的四大名山、喇榮山谷等。喇榮靜處是第一世敦珠法王曾住錫加持、並成就了十三大光身的淨土，如今也是集聚了成千上萬僧眾之寶地，這樣的寂靜處對行者與修行都有極大的加持和利益。三是欲獨自安住的靜處必須是未被毀誓者的晦氣染污並且護法雲聚的淨地。有些地方過去雖很清淨，但後來被破誓者的晦氣所染污，或於該處肆行殺生等諸多惡

行，這種地方就很不利於修行。四是該地無有散亂與憤鬧等不利於修行的逆緣，行者獨自安住於林間，幕天席地，以鳥獸為伴，渴飲甘泉，飢食野果，無牽無掛，真是優哉游哉似神仙。五是該處必須易得修法必備的資具，如炊具、餐具、飲食等資具。六是該地無有人與非人的損惱，一般來說，只要自己具足正知正念及對上師三寶的誠敬信心，則任何人與非人都不會加害於他，反而會悉心竭力予以護佑。

修行相應順緣之六法：飲食生活不墮於二邊；
具足所需供品修法物；具全甚深竅訣經續論；
積聚遣除障礙緣起物；所需一切圓滿無所缺；
無有多餘財物之牽連。

　　能令我們的修行相應一切順緣之法有六種。一是飲食生活條件適中就好，如果生活條件過於優越，整日沉浸在五欲之中，則難以靜心息慮思維法義。此身雖為四大假合之軀，但它是我們獲得解脫的基礎，若生活條件太差，甚至口中無食、背上無衣，也會成為修行的違緣，故飲食等生活條件適中，不墮於優劣二邊才有利於修行。二是應當具備花、香、燈、水等供品以及修法的聖物，如鈴杵、手鼓等法器。三是應具足所修持的甚深竅訣以及經續論典，就是說要精通此等法義，如果心相續一片空白，只是閉著眼睛如一潭死水般枯坐則毫無意義。四應積聚遣除障礙的緣起物，如加持丸、解脫丸、金剛帶、繫解脫、護身咒等都是遣除障礙的聖物。五應圓滿具備修行中的一切所需，

竅訣寶藏論釋

如食物、藥品等必須無有缺乏。六是除修行所需以外的一切財產皆當捨棄，令身心自在，不被多餘的財物所牽累，因為財產會增加行者的煩惱與執著，是故必須放棄惡業之因的財產。如云：「未必錢多樂便多，財多累己自招魔，阮囊何事堪羞澀，富有恆沙是佛陀。」

所依殊勝道友之六法：種姓高貴善良性調柔；
具大信心精進智慧高；修法一致相處極方便；
無有我慢諸根皆調順；誓言無垢具有清淨觀；
情真意切嚴守秘密者。

我們在修行中所依靠的殊勝道友亦應具足六種條件：一是彼之種姓高貴、心地善良、稟性正直、身心調柔，如是賢善的道友方可依止。若是種姓卑劣、惡心遍布、野蠻狂妄的惡劣道友則不能依止。如云：「求友須在良，得良終相善，求友若非良，非良中道變。」二是我們所依止的道友必須對上師三寶具有很大的信心，對聞思修行亦有很大的精進心，並且具足深邃的智慧和正知正念，能明辨取捨，不昧因果。三是與見解相同、修法一致、志同道合的道友相處極為方便，可以促進彼此的修行。四是為人謙卑無有貢高我慢，諸根皆極調順者。如非禮勿動、非禮勿聽、心意寂靜之人，其言談舉止、行住坐臥都能給人一種和善清淨的感覺。五是平時謹持上師的教言，嚴守誓言不令破損之人，這種道友非但不妄論他人過失，且能時常口出讚言妙音，一切禁行清淨無染，對上師、道友以及密法等都具有清淨觀。六是對上師、道友以及其他人均能坦誠

相待，情真意切，毫不虛偽，亦能嚴守一切秘密，無論何者委託的秘密絕不洩漏。若有具足上述六種條件的人，則可作為自己修行的終身伴侶。

究竟修行六種殊勝法：依據教證以理而抉擇；

實修竅訣次第圓地道；引導高低諸眾離邊執。

上述自己、靜處、道友等應具足之法都圓滿齊備後，我們就可以正式掩關起修，其究竟修行亦有六種殊勝法門。一是凡所修法都依據佛經等金剛語為教證，也就是說，我們的一切修法都完全符合教證的內外密意。二是所修之法不僅以教證為依據而且以理論萬般觀察亦不得任何過失，如何抉擇亦能成立為正量，諸如大圓滿、大手印、大中觀等甚深法門。三是一切竅訣皆應實修實證，將其運用到心相續中實地起修，切莫「珍藏」於書本中。若如鸚鵡學舌般僅說不修亦是枉然，如云：「說得千丈，不如行得一尺。」四是修法不能奢望一步登天，必須依循次第才能圓滿一切五道十地的功德，取證大菩提聖果。如金剛密乘是通過累積資糧、懺悔業障後，於百尺竿頭更進一步，實修生起次第、圓滿次第至無上大圓滿。一切修行法門皆應如此。五是為能引導六道眾生，佛以大悲心安立了無量乘門，以契合眾生千差萬別的根基。六是待眾生根基成熟之時，再施以超離一切邊執戲論的一乘了義法門。《法華經》云：「十方佛土中，唯有一乘法，無二亦無三，除佛方便說。」

鍥而不捨修行之六法：縱然遭殺心不捨正法；

縱然生病心不生邪見；堅守誓言不被違緣摧；

入定覺受後得相圓融；未得成就之前永精進；

值遇外緣立即依對治。

　　能令我們一生鍥而不捨地勤於修道之法有六種：一是縱然遭到殺害亦不捨棄正法，能夠坦然面對，並將此惡緣轉為道用。二是縱然身患疾病，痛苦不堪，我們的心也要安然忍受，對上師三寶不生邪見，思維此乃宿業的果報，以此代受眾生諸苦、清淨累世罪業而提持正念。三應時時如護眼目般防護自之根門，堅守所受持的誓言，令誓願有始有終，不被違緣破壞，直至修行圓滿。四是我們入定時的體驗、覺受應與後得位的行為相圓融。若於入定時諸根調柔，而出定時心浮氣躁、言行狂妄就完全背離了正道，非為真實禪修，唯是影像而已。如果在入定時見到無有緣相與執著的法性本體，那麼出定時亦應念念不離諸法如夢如幻的觀修，使出入定的境界相圓融、不相背離。五是乃至獲得真實成就之前，當恆時精勤於道業，毫不懈怠。如云：「有一天光陰，忙一天法事，不是益他，總須利己。」當知過一寸時光，則失一寸命光，是日已過，命亦隨減。經云：「人身難得而易失，光陰易往而難追，今生不向此身度，更待何時度此身。」因此我們應當常以身事無常、輪迴苦重警策自心，提持正念勇猛精進修行，以期即生取證菩提。六是在值遇不利於聞思修行的外緣時，應當立即採取防範措施予以對治。比如在遇到引生嗔心的外緣時，應立即修慈悲觀對治；遇到引生貪心的外緣時，則

立即修不淨觀對治……

應當深深思維之六法：一切不幸來源於自己；
一切痛苦來源於宿業；宿業亦依暫時外緣生；
惡緣由自分別動念生；妄念亦隨迷亂外境生；
迷亂外境遮障解脫道。

竅訣寶藏論釋

應當深深思維之法有六種：一應思維我們所遭遇的種種不幸之事，皆源於自己往昔的業力，因為「凡所造業，必有因果」。眾生只因一念無明導致曠劫迷惑，在六道中流轉不息，因此所有的不幸都是自己的業力所感。二是身心所感受的一切痛苦均來源於自己宿世的惡業，如行殺業者必定會感受短命多病等苦報；行偷盜者必受飢寒貧窮等苦。經云：「欲知前世因，今生受者是，欲知來世果，今生作者是。」《楞嚴經》云：「因地不直，果招紆曲。」世間千差萬別的尊卑貴賤，都在揭示真實不虛的因果規律。三應了知宿業亦要依靠暫時的外緣才能成熟果報。若僅有往昔的業因，而無現前暫時的外緣，亦不能產生業果。但最終因緣具足之時必定現前其果。《百業經》亦云：「縱經百千劫，所作業不亡，因緣會遇時，果報還自受。」四應了知一切惡緣皆來自於自己的惡念，逃不出分別心的範疇。五是一切分別妄念也是因為自心隨逐迷亂外境而產生的，由無明覆障導致沉淪於欲海中。六是依此迷亂外境而沉淪於苦海中，遮障了解脫的光明正道。我們只有樹立正見，精勤修積三學功德，才能根除三毒煩惱，洗滌罪業垢染，成辦殊勝道業，乃至打破實執，返璞歸真。

諸罪為己所造之六法：生死苦惱皆由自所造；
尋而不得尋苦自所造；維護生計苦惱自所造；
貪親嗔恨怨敵自所造；怨會愛離苦惱自所造；
三惡趣中劇烈大痛苦，亦非他造自業所導致。

　　我們應了知一切罪業苦果皆為自己所造之六法：一是一切生死苦惱皆由自己無始以來造就的惡業所感。眾生流轉於輪迴，生死循環，苦惱各異。比如人類在住胎時，整整十個月安住在臭悶、狹窄、黑暗的胎獄之中，四肢蜷縮如被繩縛；出生後被放到墊子上時，如墜入荊棘叢中一樣。漸次長大，其間飽嘗了人生的各種酸甜苦辣。一期短暫的人生旅程眨眼即過，到死亡之時，又得萬般無奈地感受四大分離、氣息瓦解等痛苦，這一切皆因自己耽著世間法而不尋求出離解脫所致。二是對一心貪戀的世間圓滿苦苦追尋卻始終不能得到。眾生之所以痛苦，就在於盲目地追求緣起假象，如是上下求索，種苦因、感苦果，所以萬般痛苦無不是自己所造。三應了知維護生計的苦惱亦為自己所造。因為眾生都耽著四大假合之軀，為尋求物資受用殫智竭慮，不惜身臨險境，但欲望卻永遠無法滿足，便有了「世間般般有，種種不現成」的感慨。這些苦惱亦是自己造就的。四應了知眾生以無明分別心而產生貪愛親友、嗔恨怨敵的痛苦，是故怨敵亦是自己所造。五是怨憎會、愛別離等苦惱亦為自己的分別妄執心所造。六應了知三塗惡趣中的劇烈痛苦非為他人強加於己身，而是由自己的惡業所造。如嗔心重者感墮地獄、貪心重者感墮餓鬼、癡心

七寶藏——竅訣寶藏論釋

重者感生旁生，非他人把自己推墮此等痛苦中，而是我們自己的惡業所致。

迷亂惡分別念之六法：自心未調外敵無窮盡；怨敵亦是自心不淨相；尋覓空洞聲響之蹤跡；於逸然心執著而破立；苦樂不定執著為固定；懷恨在心焚毀自相續。

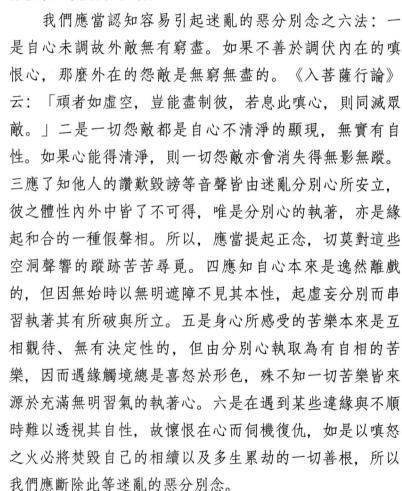

我們應當認知容易引起迷亂的惡分別念之六法：一是自心未調故外敵無有窮盡。如果不善於調伏內在的嗔恨心，那麼外在的怨敵是無窮無盡的。《入菩薩行論》云：「頑者如虛空，豈能盡制彼，若息此嗔心，則同滅眾敵。」二是一切怨敵都是自心不清淨的顯現，無實有自性。如果心能得清淨，則一切怨敵亦會消失得無影無蹤。三應了知他人的讚歎毀謗等音聲皆由迷亂分別心所安立，彼之體性內外中皆了不可得，唯是分別心的執著，亦是緣起和合的一種假聲相。所以，應當提起正念，切莫對這些空洞聲響的蹤跡苦苦尋覓。四應知自心本來是逸然離戲的，但因無始時以無明遮障不見其本性，起虛妄分別而串習執著其有所破與所立。五是身心所感受的苦樂本來是互相觀待、無有決定性的，但由分別心執取為有自相的苦樂，因而遇緣觸境總是喜怒於形色，殊不知一切苦樂皆來源於充滿無明習氣的執著心。六是在遇到某些違緣與不順時難以透視其自性，故懷恨在心而伺機復仇，如是以嗔怒之火必將焚毀自己的相續以及多生累劫的一切善根，所以我們應斷除此等迷亂的惡分別念。

竅訣寶藏論釋

遣除迷現大利之六法：於害安忍生起大悲心；
不執為魔視為父母師；於執迷亂修煉無實體；
鏟除迷亂根本之自心；一切外緣顯現轉道用；
不外散亂依止對治力。

能遣除一切迷亂顯現、使我們獲得極大利益之法亦有六種：一是無論自己遭到何種損害皆應安忍，以大悲之心觀照造害之人，如是對我們修心有極大利益。二是若將魔障執著為實有則必遭魔殃，此乃修行之極大障礙。因此，對一切魔障不應執為實有，而應視之如父母師長般深懷恭敬慈愛之心，如是亦有利於我們的修行。三是於一切執著與迷亂境現均觀修為無有實體、空寂離戲之自性，這樣數數修煉就能滅除迷亂執著等一切痛苦。四要鏟除一切迷亂之根本——分別心。若能根除分別心，則諸迷亂亦就隨之而寂滅於本性之中。如經云：「若人識得心，大地無寸土。」五應將一切外緣顯現轉為道用，簡而言之，即是我們在修行過程中當視一切善緣如夏日彩虹而不起喜執，反之亦不應嗔於惡緣，當視之為一切順緣的基礎。六應攝伏自心不散亂於外境，一旦分別念現起時，即刻提持正念，以對治力遣除。這樣行持對我們修心有極大利益。

危害自心輪迴之六法：身心恆受痛苦無安樂；
尋求現世苦惱無離時；自身未得自在無樂事；
希求興盛無有安樂時；業未盡前遭受輪迴苦。

危害身心的輪迴法主要可歸納為以下六種：一是在輪迴中身心恆時感受無量痛苦，如身體感受生、老、病、死

苦，心裡感受愛別離苦、求不得苦、怨憎會苦等，分別心執著諸苦，的確無有少許安樂。如《法華經》云：「三界無安，猶如火宅，眾苦充滿，甚可怖畏。」二是世人為了飲食受用而早出晚歸，甚至連區區螞蟻也會為覓食而四處爬行，若我們也如是尋求現世諸法，則永無脫離苦惱之時。三是在自己的身心獲得解脫與自在前，永無安樂之時。如人世間的三苦八苦，身心無不為之所縛。四是希求興盛之人永遠無有安樂的時候。譬如，力求名利雙收之人，往往是費盡心機，百般以詭計爭名奪利，結果卻是求福不得、避禍不及，真是苦不堪言。五乃至我們的宿業消盡之前，必定會遭受充滿罪惡的輪迴痛苦。(原藏文中即缺第六法。)

思維一切無用之六法：不入正道所作無用途；不修善法一切無用途；不行正法長壽無用途；除正法外饒益無用途；不積二資資具無用途；未修菩提一切無用途。

我們應思維除修行以外的一切均無任何用處之六法：一是不趨入解脫正道者，一切所作均無用途，即便是達官顯貴、巨賈富豪之人，其所做之事都無意義。二是不修積善法者一切無有用途。我們若能修積善法功德，則於今生來世皆有利益，此外無論擁有何等豐厚的家當、崇高的地位均無意義。三是若不行持正法，則壽命再長亦無用途。依人身造惡者枉得為人，彼若得長壽僅是徒增罪苦而無有任何意義。四是除了正法以外，諸如財產、地位等世間利

益均無有用途，只有大恩上師以正法對我們所作的饒益才是使我們獲得解脫與安樂之因，也是最有利益與用途之法。五是若不修積福慧二種資糧，則希求一切資具、受用均無用途。因唯有無漏的福慧二資才能助成解脫之佛果，其他的世間資具只能助成輪迴的流轉與痛苦。六是除了修持菩提正道之外，一切世間瑣事對於修行者來說都顯得毫無用途。因為勤苦行持菩提正道之人，能漸近安樂的彼岸，此外，疲於奔命地忙碌世間瑣事的結果只能是沉溺於惡趣痛苦的深淵中而難以自拔。

解脫商主上師之六法：燃慧燈引漂於暗處者；
令處險地眾人入正道；賜予為水沖者大樂舟；
引陷囹圄眾至解脫地；令沉苦沼者詣解脫地；
以智劍斷束縛者二取。是故當視上師為真佛。

　　如大商主般能引導我們趣入解脫安樂寶洲之上師亦應具足六法：一是上師應具有點燃智慧明燈的能力，因為他要以大悲心引導漂泊於三有黑暗處的無量眾生。二是上師能令身處罪惡險地的眾生步入光明正道。眾生依自己的無明煩惱昧於因果，造諸惡業，如是身壞命終之後必將墮落惡趣深淵。而與佛無別的上師不忍眾生的苦楚，時時處處廣設方便布教，演示因果真理，引領此等眾生脫離恐怖險境，趣入解脫正道。三是上師能賜予被三有苦水、四大瀑流所沖擊的眾生大樂之舟楫，令眾生順利地脫離苦海，到達安樂的彼岸。四是上師能引導身陷執著囹圄的眾生到達自由的解脫地，永遠不為業惑苦惱囚禁。五是上師能令

沉溺苦沼者脫離一切痛苦，詣至解脫之地而獲得究竟安樂。六是上師能以智慧的寶劍斬斷被縛眾生的二取執著。是故應當視上師為真佛，如云：「侍師如侍佛，必得佛加持。」如是方能祈望上師引導我們出離輪迴的罪苦深淵，現見本有的法身慧命。

無常壞滅有為之六法：思維因緣聚合故滅性；
昔日生者皆亡故定滅；器情變化無常故定滅；
壽命不定死亡故壞滅；晝夜瞬間即逝故壞滅；
生際必死之故定壞滅。

窾訣寶藏論釋

　　我們應了知無常壞滅之六種有為法：一應思維因緣聚合之理，應知世間萬物無有亙古不變者，皆是壞滅的本性，終究趨於滅亡。二應思維昔日生者皆已死亡，回首過去，百年以前之人與事都已經消逝在歷史的長河中，生滅之循環是必然的。三是思維器情世間無常。人事萬物變化莫測，今有後無，循環不失。《佛說無常經》中云：「大地及日月，時至皆歸盡，未曾有一事，不被無常吞。譬如路傍樹，暫息非久停，車馬及妻兒，不久皆如是。譬如群宿鳥，夜聚旦隨飛。」又有云：「人事有代謝，往來成古今。」是故世間一切人事萬物必定難逃無常的大網。四應思維壽命無常之理。人的一期壽命長短不一，有的朝生暮死，有的三百六十日亡，長壽者亦少有超過三萬六千日的。龍樹菩薩云：「壽命多害即無常，猶如水泡為風吹，呼氣吸氣沉睡間，能得覺醒極希奇！」如是當知生死事大，無常迅速，失人身易，得人身難，我等行人當以此教

言作為警世鐘，提持正念，恆不忘失，精進修行，以期早證菩提。五應知光陰似箭，日月如梭，時間往往就在不知不覺中流逝，故當思維晝夜瞬間即逝之無常。六應思維生際必死之無常，人之有生即必定有死。我們從降生之時起就步步接近死亡，不知死神何時出現在面前。《匯集經》云：「所住之處為無常，故當憶念為淨土；飲食受用皆無常，觀修禪悅以為食；床上睡眠亦無常，迷亂修為夢光明；財物珍寶無常故，應依聖者之七財；親友近鄰無常故，當於靜處修出離；名譽地位無常故，應恆處於低劣位；言談話語無常故，當勤念咒與誦經；信心出離心無常，故應堅定立誓言；思維分別念無常，應具賢善之人格；有為證相無常故，當至法界之盡地。」因此我們應當深深地思維「人事萬法無常」之真理，徹底放棄對世間妙欲的貪執，生起真實無偽的出離心而策勵精進修行正法。

修持正法功德之六法：信解聽聞佛法與隨喜，
讚頌趨入正法稍行持，皆離輪迴播下解脫種。

　　修持正法之功德有六種：一是信解佛法之功德。我們首先應對清涼的甘露妙法生起希求與信心，如獲至寶般地作意思維。如云：「無信心之大地，難長功德之莊稼。」可見修學佛法，信心尤為重要。二是聽聞佛法之功德。如理地聽聞佛法將會獲得不可思議之功德。佛經云：「由聞知諸法，由聞遮眾惡，由聞斷無義，由聞得涅槃。」三應隨喜一切善法的功德，乃至他人一毫之善也要隨喜讚歎，我們若能深心隨喜，必將獲得無量功德。《匯集經》云：

21

「三千須彌可稱量，隨喜善根不可量。」四是讚頌佛法之功德。我們若能誠意讚歎佛法，也將獲得不可思議之功德。五是趨入正法之功德，如云：「皈依三寶，趨入正法，聞思修行，功德無量。」六是雖然不能恆時勇猛精進地修行，但在因緣聚合之時能稍事行持佛法亦將獲得無量功德。譬如敬獻五供、懺悔禮拜、誦經持咒等眾善行皆是殊勝功德之因。如是行持之人的相續中即已播下了解脫的種子，必將超出三界。

如理行法功德之六法：眾人恭敬讚歎天尊護；今生多樂死後生善趣；究竟成就圓滿菩提果。

如理行持佛法之功德有六種：一能受到眾人的恭敬。若修行人持戒精嚴，威儀具足，並且時時以慈悲心護念眾生，那麼此人必定會受到眾人的恭敬，古往今來的高僧大德皆以言傳身教證明了這個道理。二能受到人天讚歎。凡是如律如法行持之人，人天都會歡喜讚歎彼之功德，時常親近依止於他。三是受到天尊的護佑。如法行持之人，無論身臨何境、做何事業都自然能得到天尊的鼎力相助，並時時護持不離左右。四是今生多樂。如理行持之人，不僅現世中不遭受惡緣的危害，而且一切時分順緣具足，身心都充滿安樂。五是死後轉生善趣。依彼如理行持之功德，暫時必定會轉生到人天善趣，並且一切衣食受用具足圓滿。六是究竟獲得佛果。依彼如理行持之功德，能得如意之成就，即獲得圓滿斷證功德之菩提聖果。

不具正法過患之六法：無明遮障如同盲老婦；

易受世人欺騙如娼妓；無義散亂如觀集市戲；
易被外境誘惑如孩童；無有主見如同諸兒戲；
難斷迷現如魚被網擒。如是毫無意義耗人生。

　　反之，不具足正法的過患亦有六種：一是被無明煩惱遮蔽了智慧的雙目之人，不知取捨，顛倒邪行，如同盲目的老婦，已行近險境卻不自知。二是無有智慧與正見者易受世人欺騙。因為不具正法者不會如理抉擇和正確取捨，喜於道聽途說，隨處輕信，結果往往是上當受騙，如同娼妓般卑賤可憐，身為受害者，不僅得不到他人的憐愍反遭眾人唾棄。三是不信佛法之人的所作所為皆無意義，其身心極度散亂，如同在集市中觀賞戲法的人一樣在散亂中虛度光陰。四是未被佛法的正見攝持者，容易被緣起假合的外境所誘惑，執妄為真，顛倒取捨，認為有能執之真我與所執之真法，心隨境轉猶如愚稚的孩童一般。五是不具正法智慧之人，身心漂浮不定，無論做什麼事情都沒有主見，總是隨聲附和，從不觀察，如同小兒的遊戲一般。六是未從正法中引生智慧之人，執著習氣非常堅固，通常因無明而執迷不捨，故難以斷除能所二取之迷亂境現，如魚落入網中一般，難以獲得解脫。如是此等補特伽羅毫無意義地空耗了人生寶，實在可悲！

捨離正法過患之六法：遭受較自下劣者輕蔑；
惡名遠揚人間天界中；為正士棄如同骯髒器；
護佑天尊捨之違緣多；所願不成失毀諸福德；
後世墮入惡趣受痛苦。

我們應當了知捨離正法之六種最為嚴重的過患：一是捨棄正法者容易遭受較自己下劣者的輕蔑與呵斥。雖自己修學佛法很有智慧，但若被違緣所伏而捨棄正法或破毀清淨戒行之人，無疑會遭到名聲、地位、智慧等皆不如自己之人的呵斥。二是捨棄正法者，其惡名將遠揚人間與天界。俗語說「好事不出門，壞事傳千里」。若人捨棄正法，其惡名很快就會遠揚人間乃至天界，人與非人都會紛紛議論彼之過患。三是捨離正法之人，如同骯髒雜毒之器皿般必定會被道友及善知識們所捨棄。因為捨棄正法為佛門重戒，此等捨法者實非佛陀弟子，如是罪孽能毀壞以前曾積累的諸多功德，並且障礙往生及一切解脫，生生世世不遇正法，與之接觸者亦將被彼之過患所染。四是護佑不離的天尊亦會捨棄這種人，使之孤立無援，舉步維艱，因此現世諸事必將為萬般無奈的諸多違緣所害。五是捨離正法之人心裡所願之事不會有成功的時候，且於無形中失壞以往所累積的諸多福德。六是捨棄正法者後世必定墮入惡趣中感受無量的痛苦而難得出離。

拖延修法過患之六法：若獲暇滿身時未修法，恍恍惚惚度日人壽盡；死亡不定死主驟然至；死後漂於輪迴墮惡趣；劇烈痛苦逼迫自身心；縱然心生後悔亦太遲；無解脫時長久住輪迴。

拖延修法之過患亦有六種：一是獲得暇滿人身時，如果未能修持佛法，在恍恍惚惚之中虛度了美好時光，無義耗盡一期難得的壽命，豈不惜哉？經云：「一失人身，萬

竅訣寶藏論釋

24

劫不復。」二是倘若拖延修法的時間，則有當面錯過修法良機的過患。如云：「莫待老來方修道，孤墳多是少年人。」因為死法、死緣、死處毫無定準，四大假合之軀本來脆弱不堪，隨時都有死亡的可能，死主閻羅軍從來都是驟然而至的，無有絲毫商量的餘地。如云：「一盞孤燈照夜台，上床脫了襪和鞋，三魂七魄夢中去，未委明朝來不來。」如是當知「及時當勉勵，歲月不待人。倘若一息不來，便成千秋永別」。三是愚昧無知之人，迷盲取捨、非理妄行而又未事懺悔業障過愆，由此死後必定漂泊於輪迴，甚至直墮惡趣深淵。四是無義空耗暇滿人身者，將會感受輪迴中的劇烈痛苦，以致逼迫自己的身心，不得自在。五是不事修行之人，在臨命終時或感受痛苦時，縱然心生後悔，亦為時晚矣，萬般補救之法都無濟於事。六是得人身而不修行者，必定會久居苦域，永遠沉溺輪迴，了無出期。

畏懼輪迴各趣之六法：思維人類痛苦真悲傷；
思維非天痛苦真恐怖；思維天人痛苦真懼怕；
思維旁生痛苦真想哭；思維餓鬼痛苦能驚呆；
思維地獄痛苦心戰慄。是故逃離六趣時已到，
不僅已到而且已稍遲。

　　畏懼輪迴各趣之苦，歸攝為以下六種：一是得人身者，即有三根本苦(苦苦、行苦、變苦)和八分支苦(生老病死、愛別離、求不得、怨憎會、近取蘊苦)等纏繞逼迫自己的身心，受苦無量，片時難安。二是阿修羅的心相續

中充滿了瞋恚與嫉妒，不忍天界福報而敵對天人，故經常與兵與其作戰，由於非天矮小無能，戰中不是陣亡就是根殘腰折，乃至血流成河、屍橫遍野，倖免於難者亦是抱頭鼠竄地逃回修羅宮中，苦不堪言。三是天人之身心都耽著樂受，時時沉醉在五欲之中，不了知輪迴的痛苦，不具足出離心，在香雲靄靄、繁花豔豔中放逸地度盡時日，待彼之天福時至終極，立即現前五種衰相而倍感痛苦。四是旁生愚笨可憐，恆被驅役，不得自由，並且為人啖食或互相啖食，由無量重苦逼迫著身心，無有片時安樂。五是若細細思維餓鬼之痛苦會被驚嚇而呆若木雞。《大圓滿心性休息》中云：「餓鬼住界與空遊，身大腹寬手足微，口如針眼喉腔細，不得飲食飢渴逼。見花藥樹等即枯，境不悅意食嘔物，雖見飲食亦被護，內障腹部燃燒火，口中噴火冒濃煙，共障餓鬼極貧窮，恐怖受害無依怙，痛苦逼迫處慘境。」六是若思維地獄痛苦自心將不由自主地戰慄。其中八種熱地獄分別為復活地獄、黑繩地獄、眾合地獄、號叫地獄、大號叫地獄、燒熱地獄、極燒熱地獄、無間地獄。八寒地獄分別為皰起地獄、皰裂地獄、頞嘶吒地獄、臛臛婆地獄、虎虎婆地獄、裂如青蓮地獄、裂如紅蓮地獄、裂如大紅蓮地獄。此外尚有孤獨地獄和近邊地獄。各地獄難以堪忍之苦楚詳見《大圓滿前行引導文》。

見聞此等重苦，我們方知逃離六趣苦逼之時日已到，不僅已到而且是稍遲，故當立斷輪迴之業緣，刻不容緩。若能深深思維輪迴痛苦之理，必能激發我們的出離之心，

竅訣寶藏論釋

進而鞭策自己精勤修行。《念處經》云：「地獄有情寒熱苦，餓鬼感受飢渴苦，旁生感受互啖苦，人間三苦與八苦，非天感受爭鬥苦，天境感受放逸苦，輪迴猶如針之尖，何時亦無有安樂。」

從中能獲解脫之六法：斷除常見其後不懈怠；
所有財產用於正法上；棄庸俗行趨入正法軌；
依止四力對治淨罪惡；盡力以十法行積二資；
加行正行後行入法道。依此迅速脫離輪迴處。

七寶藏——竅訣寶藏論釋

　　欲從輪迴無邊苦海中獲得解脫之法亦有六種：一是依靠經論教理來斷除迷執諸法為永恆之常見，從而樹立起殊勝的正見，依此不懈怠懶散，精勤修持。二是自己所擁有的一切財產都用於正法上，如資印經書、建修佛塔、塑造聖像、供養僧眾、布施貧者……此等上供下施皆有極大意義。三是應當棄離一切庸俗的行為，不求名聞利養，遠離世間八法，令身心一併趨入正法之軌道而秉教修行。四是在一切日用中皆依「所依對治力、返回對治力、厭患對治力、破惡對治力」四力來清淨過去、現在的一切罪惡，令將來一切罪惡之行不再生起。五是盡力以十法行來積累二種資糧，十法行即書寫、供養、施他、諦聽、披讀、受持、開演、諷誦、思維、修習。對此若能數數精勤依修，則能圓滿成辦福慧二種資糧。六是依加行發心殊勝、正行無緣殊勝、後行迴向殊勝而趨入正法之道。此等六法若能如理行持，必定會迅速解脫三有輪迴之苦域，獲得究竟涅槃之大樂。

正法障礙錯誤之六法：高位傲慢散亂大官錯；
忙碌諸世間法僧人錯；名相講經度日法師錯；
五毒焚毀自心咒師錯；愚昧邪命養活行者錯；
自心沉迷世法士夫錯。改錯勤修正法極重要。

我們在行持正法的過程中，應當認知容易產生障礙之六大錯誤：一是有些人在獲得高位時即傲賢慢士，目空一切，欺上瞞下，肆無忌憚地胡作非為，這是做官的一大錯處。二應了知，身為僧人而不務修行正業過患極大。本來剃髮染衣、遁跡伽藍者當行佛事，秉持戒法，弘宗演教，救度眾生。若背道而馳，忙碌於世間瑣碎之事，如經商謀利、趕經懺等納受供養，如此貪圖享受、逐名求利等不如法行持者乃為僧人之一大錯處。三是有者雖貴為法師，然僅為消遣時光或某種目的而在表面上講經說法，內不調伏自心相續，滋生分別妄念，煩惱熾盛，不具出離心，也無愍念眾生諸苦之大悲心與菩提心，這是法師的一大錯處。四是作為密咒瑜伽師，就應已調柔自心相續，一切無明煩惱皆盡融入法界，具有殊勝的正見，如是之人才堪咒師之稱。若以嗔心降伏鬼魔，以貪心聚納手印等，則為咒師的一大錯謬之舉。五應了知有些愚昧無知之徒居心叵測、不擇手段地納受財物，唯依詭詐(詐現威儀)、虛談(諂媚奉承)、現相(旁敲側擊)、方便(巧取訛詐)、假利求利(贈微博厚)五種邪命養活。這是修行者的一大錯處。六應了知若人無有出離心，不修解脫法，成日醉生夢死於世間法中，則對於任何身分的士夫來說，此迷亂之舉皆是一大錯處。改正這六種錯誤，精勤

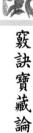

竅訣寶藏論釋

28

修持正法極為重要。

毫無錯謬有利之六法：聽從慈悲上師之教授；
堅信依止佛陀之教法；晝夜座間盤算善與惡；
思維後世生處之緣起；斷除珍愛身體受用執；
以諸經續竅訣調伏心。如是而行快速成佛果。

　　我們應當了知修行毫無錯謬並有大利益之六種法要：
一是聽從慈悲上師之教授，無論上師傳講什麼法要，皆應
逐一聽從，熟記於心，領受奉行，毫無違逆，時時攝心正
念專一精進修持，如是對自己定有極大利益。二是以堅定
不移的信心來依止佛陀之教法。《華嚴經》云：「信為道
元功德母，長養一切諸善法，斷除疑網出愛流，開示涅槃
無上道。」三是修行人無論是白天還是夜晚，不管是正修
還是座間皆應觀察自己所作所為是善是惡，善則歡喜，並
將善根迴向菩提，普利一切有情；惡則呵斥，力行懺悔，
誓不再犯。我們應當這樣時時檢點自己，勵力軌正自己的
發心與行為。四是思維後世生處之緣起。人人皆有離苦得
樂之心，故當為未來之樂奠定基礎、助成賢善之緣起，其
實也就是為後世往生清淨剎土而修積資糧。凡是欲離痛苦
之人，皆應棄惡從善。五是修行人不應過分執著此四大假
合之色身及緣起假合之一切資具受用，對一切內身外物皆
應看破、放下，如是方能獲得自在之安樂。如云：「持愛
自己災害百損門，持愛有情一切功德基。」六是我們應當
恆以諸經續論典之竅訣義來調伏自心相續，如法行持。如
是依教修行者能快速地成就佛果。

七寶藏——竅訣寶藏論釋

如理詳細觀察之六法：且觀世間瑣事有益否？
且觀放下財物離人世；且觀恩將仇報之實例；
且觀離開人群獨自去；且觀務農積債自壽終；
且觀權勢名聲棄而亡。如是觀後向內觀自心。

　　我們應當如理詳細觀察之法亦有六種：一應觀察世間
一切瑣事有益否？如護親滅敵、積累財富、經商貿易等對
我們自己有無真實的利益，對此應當善加觀察，正確取
捨。二應觀察現前所見諸人，無論他擁有多麼優越的物質
受用，但在臨命終時，也不得不放下一切財物而兩手空空
地獨自離開人間。經云：「萬般帶不去，唯有業隨身。」
由此當知積累財物毫無意義。三是觀察世間中那些恩將仇
報之實例，方知饒益親友亦無意義，故應往詣林間獨自修
行。四應觀察人際關係是否有意義？當死亡來臨之時，親
密的朋友、迷戀的眷屬等一切人都要徹底離開而獨自往詣
中陰界，故知人際交往無有意義。五應觀一觀那些面朝黃
土背朝天的農夫們，整日農作，最後無不是積債眾多而自
壽終。六應觀察富有權勢名聲之人，看他們最終也無一不
棄離一切內身外物而自趨死亡。是故當知「名如好聽之
歌，聽過便無，利如昨日之食，食過便無。」如是觀察
後，已知世間諸事均無意義，進而向內反觀自心相續，檢
查有否上述世間法的執著，有則勵力捨棄，力行斷除。

具大意義無悔之六法：為法苦行縱死亦無悔；
處於低位遭謗亦無悔；背井離鄉貧困亦無悔；
為法捨財挨餓亦無悔；棄罪墮入惡趣亦無悔。

30

具大意義無悔之法有六種(原文中只有五種，請詳察)：一是我們為求佛法而風餐露宿，常受飢寒交迫等苦，無棲身之處，無果腹之食，無禦寒之衣，為能求得佛法，縱然至死亦無悔意。二是在聞思修行的過程中，自己應忠誠厚道、循規蹈矩地處事，不求名利高位，欣然樂處於低劣下位，縱然是遭受到別人的誹謗與蔑視亦無悔意。三是為求正法，我們往赴異域他鄉，四處茫茫，舉目無親，縱然落得食不果腹、捉襟見肘之境亦無悔意。四是我們為了正法而捨棄一切財物，即使自己挨餓受凍亦無悔意。五是自己明辨取捨，斷惡行善，如是棄離了一切罪業，即便是墮入惡趣亦不必後悔，此墮落之因有可能是往昔所造，受報消業，業消心安，故應逆來順受。

遠離正法劣器之六法：所得皆食不修如老豬；不能共處自大如孔雀；性情頑固獨斷如磐石；到處插入不穩如荊棘；自心不調粗暴如毒蛇；上躥下跳不定如猴子，智淺不懂正法如大象。故斷此等修法極重要。

修行人應當了知遠離正法之六種劣器(原文中有七種，請詳察)：一是所得皆食、不事修行、如老豬一般貪吃又好睡者絕非正法之器。二是貢高我慢、目空一切之人，猶如自以為美豔無比的孔雀，總以高位自居，孤芳自賞，不能與道友和睦相處。三是性情頑固、獨斷專行，如磐石般剛強難化者，也不堪為正法之器。四是隨處插入，人格極不穩重，總是隨聲而去，十處打鑼九處有他，這種如荊棘樹

七寶藏——竅訣寶藏論釋

般見縫易插者即為正法之劣器。五是自心不能調柔，性情粗暴、惡心遍布、煩惱深重，如毒蛇一樣之人也是正法之劣器。六是不具威儀，行為越軌，上躥下跳，毫不穩重，片時難安，猶如猴子。此外，智慧膚淺、不懂正法意義，無論怎樣苦口婆心地為他灌輸法義，亦不理解少許，猶如大象般愚不可及者也是正法之劣器。是故行者斷除此等障礙，勵力勤修正法是極為重要的。

不為劣器所轉之六法：將求今生乞丐逐出門；
喜愛善法天女納入內；擯除貢高我慢之惡鬼；
修行成就前兆持低位；捨棄對治執勝之魔眾；
妄念現伴惡兆視吉祥。具足此等則為妙法器。

　　能使我們在修行的過程中不為劣器所轉之法有六種：一應了知作為修行人，我們要捨棄耽著今世之利養，如同將乞丐拒之門外一般，這裡將尋求今生物資受用之行為喻如乞丐。二是將喜行善法喻如姝妙天女，也就是說，我們應當歡喜從事一切善業，如同將姝妙的天女接納於屋內一樣。三是將貢高我慢喻如凶神惡煞般的魔鬼，我們應當立即將之擯除。否則，依此我慢，不僅現在功德不生，就是前所造就之功德亦將毀於一旦。四應了知修行成就之前兆，是行為謙卑，不求名利，攬過於己，揚功於人，身處低位，內閉萬行。五應了知末法時期的某些修行人，自認修行有成，自我感覺分別心的對治也是立竿見影，所修之法亦極其殊勝，甚或以聖者自居，沾沾自喜，這種執勝之魔眾亦應捨棄。六應了知當分別妄念顯現時，我們應將之

視為修行的助伴而轉為道用，切莫為之苦惱。要知「不怕念起，就怕覺遲」的殊勝道理。若能了認分別心的本性，這就是智慧，以此攝持則無一不是修行之助緣。視一切惡兆為吉祥，無論是做惡夢或遇惡事等，皆意念為吉祥的象徵，如是轉為道用是極為殊勝的。具足此等修行功德之士夫則為勝妙法器。

究竟正法意相之六法：畏懼死主如被屠夫追；厭惡輪迴如劣丈夫妻；厭煩迷現如吐者見食；厭棄世法如受密友欺；不願積財如遭霜災田；斷絕親情如子孫結怨。具足此等即為法究竟。

修行究竟正法之六種意相：一是人人都畏懼死亡而珍愛自己的生命，然卻如同被屠夫追逐的眾生一樣終將一死，是故我們當思維自己隨時都有死亡的可能，趕快提持正念精進修行。二是我們應對生死輪迴的大苦海深生厭離，如同性情卑劣的夫妻，總以吵鬧打罵度日，互相厭惡，為此應當機立斷，揮手訣別，義無反顧。三是我們應如嘔吐者見到油膩的食物一般厭煩世間的一切迷亂顯現。四是我們應如遭受密友的欺騙般厭棄世間法，誓不與之交際，斷絕執彼之心。五是修行人應當生起不願積累財物之心，因為一切世事榮貴都是毀滅的本性，其實也是一種累贅。譬如農夫，辛勤地耕耘、播種、灌溉，待到莊稼即將成熟之際，卻被一場無情的雪霜毀損，以致顆粒無收，因而心裡十分懊喪。積累財物亦復如是，任何財產都將被無常這一災害消之殆盡，故豐厚的財物最終毫無意義。六是

修行人不應耽著親友，眷戀不捨，而應該斷絕一切親情，割愛辭親，隻身一人往赴靜處修行。如同與子孫結下怨仇後，痛心疾首故對彼不再生起眷戀之心。具足此等出離心乃為法的究竟義相。

不具此等意相之六者：雖聞法然爭論詞句者；雖講法然心生嫉妒者；雖修法然羨慕妄念者；雖思法然貪求財利者；雖獨處然妄念染污者；雖持戒然雜染虛談者。觀具此六眾生當遠離。

我們應當認知不具此等意相之六種人：一是雖聽聞佛法，但喜於爭論詞句之人。二是雖能講法，但心生嫉妒之人。三是雖有修法，然起種種羨慕等妄念之人。四是雖有思維法義，然貪求財利之人。五是雖孤身獨處，但心相續被妄念染污、身在深山而心戀紅塵之人。六是雖持戒律，然雜染虛談之人。我們應當遠離具此六種惡劣意相者。

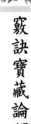

向內反觀自己之六法：觀己輪迴之根已斷否？觀己於親怨有貪嗔否？觀己出門時有貴物否？觀修行時獲得道相否？觀利他時退失信心否？觀臨終時出現淨相否？如是而觀則為最妙想。

我等修行人向內反觀自己之六法：一觀察自己有否斷除輪迴之根——分別執著，若已斷則能解脫輪迴，否則將永遠沉溺不得出離。二應觀察自己於親怨有無貪嗔之心。因貪愛親友、嗔恨怨敵等不僅非修行人所應行之事，且為墮落惡趣之禍患。三應觀察自己在出門時有無貴重物品。因為隨身攜帶珍貴物品者會處處謹慎、時時擔憂，故此亦

非修行人應行之事。四觀自己的修行有否獲得一定的道相。所謂的道相即是調順相續，熄滅貪嗔癡等分別念之烈焰，斷除人法二執。五應觀察自己在利益他眾時，有否退失信心。有些人表面上雖在講經說法，但內心對上師三寶卻毫無信心，若我們也這樣行持，難道不是一種悲哀嗎？所以，要想做一個真正的修行人，就應當依各種善巧方便生起信心，具有信心後，令之穩固；退失信心者，令之重新生起。如此才不辜負自己的初衷。六應觀察我們在臨命終時能否出現淨相，也就是說應觀察自己是否已為臨終作好了充分的準備，如積資淨障的瑞相有否現前等等。能如是觀察自相續方為最勝妙之想。

遠離正法過患之六法：不修法義未念死亡致；貪圖權勢未知欺惑致；慈愛親友未知必離致；貪愛欲妙未知多患致；積蓄財物未知終留致；修行懈怠未知無常致。必須斷除此等之過患。

　　一般來說，遠離正法是由六種過患所致：一應知懈怠懶惰、不願實修法義的原因就是未憶念死亡無常之理。二應知不擇手段地追逐名利、貪圖權勢，是未了知其僅為欺惑自心的幻相所致。三是慈愛親友由未了知一切親友必將離別所致。世人亦云：「人有悲歡離合，月有陰晴圓缺。」不知此理之人則格外耽著親情關係。四是貪愛欲妙之樂由未知其多患的自性所致。世間的欲妙本來就潛伏著極大的隱患，愚昧凡夫不知此理所以不斷地追求。五應了知積蓄財物是由未知一切財物終將遺留在人間之理所致。

佛陀告訴我們「萬般帶不去，唯有業隨身」，然而不知如是至理的庸俗凡夫卻絞盡腦汁拼命斂財，甚至不惜以生命為注。六應了知修行懈怠由未知萬法無常的本性所致。若能了知生際必死、積際必離、欲妙眾患、萬法無常等理，人們怎能安然香睡飽食呢？是故我等修行人必須斷除此等過患而精進修行。

自心與法相應之六法：貪執自滅猶如拋屍衣；

悲潤相續猶如獨子母；自生功德猶如春大地；

恆時修法猶如寶劍輪；迷現自解猶如蛇結開；

徹悟實相猶如商主歸。具如是量即為最勝士。

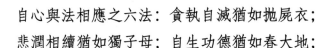

我們應當了知自心已經與佛法相應的六種果相：一是自心若與法相應就自然能息滅一切貪執煩惱，猶如拋棄在尸陀林的破舊衣服一般不會有任何執著之心。二是慈悲心越來越深切，大悲的甘露時時滋潤心田，關愛一切有情猶如獨子之慈母一般。三是自然能產生信心、悲心、菩提心等功德，猶如春回大地之時，萬物復甦，花草叢生。四是自然能恆時修習諸法要，而且法喜充滿，毫不懈怠，猶如旋轉寶劍輪一般無有間斷。五是自心與法相應者自然能夠解脫對迷亂顯現法的一切執著，猶如蛇結自然解開一樣無需勤作。六是自然能徹底了悟諸法的究竟實相，直趨本地風光，猶如商主自寶洲滿載而歸一般。若具足如是果相，則可推知其為心相續與佛法已完全相應的大修士。

不符正法迷亂之六法：貪執輪迴之心實難離；

未得果位之心易受欺；六聚迷亂外境善誘惑；

無義輪迴瑣事易令散；夜以繼日壽命速耗盡；
無義虛度人生者極多。思維此等實當修正法。

　　既不符合正法又容易使自己的身心迷亂之法有六種：
一是相對不具足殊勝智慧的異生凡夫來說，貪執輪迴之心
實在難以遠離。因為無始以來沉溺輪迴，由串習力故對萬
事萬物的執著極其深重，若僅依短期修行的力量欲以遣
除，則好像是勢單力薄之人力敵千軍萬馬一樣，是故唯有
依靠長期的精勤與努力來對治頑疾方能起到藥到病除之功
效。二是尚未獲得聖者果位之心很容易受外境的欺誘，隨
境所轉不得自在。三是六種識聚所產生的迷亂外境以種種
善巧誘惑著尚未具足正見的補特伽羅。諸如眼識所境之美
色，耳識所境之妙音，舌識所境之美味佳餚等等，除菩薩
以外很難有人不被迷醉。四是無義之輪迴瑣事極易令身心
散亂，諸如修整房屋、耕種莊稼、梳妝打扮、經營謀算等
皆為散亂之因。再放眼外界，觀一觀各階層人士，他們的
所作所為除了以罪惡告終外別無意義。作為修行人我們應
當時常內觀身心，查看自己有否生起為利眾生的發心，所
作所為是否乖離修行準則。如是捫心自問、俯首沉思後應
當善加取捨，凡是對眾生無利益或對自己修行有損等散亂
之事均當遠離。五應了知無常迅速，我們每一個人的壽命
在夜以繼日剎那不停地飛速趨向滅盡，猶如風中殘燭，步
步走近死亡，人生幾十年光景，瞬間即逝，如同昨夜夢境
今不再現。六應了知在世間中無義虛度人生者多得不可勝
數，而精進用功修行者卻寥若晨星般少之又少。思維此等

道理，我們實當棄離一切散亂而精勤修持正法。

激勵自求真義之六法：定欺貪嗔二者何時欺？
定離身心二者何時離？定散四大借物何時散？
定滅此生顯現何時滅？定棄虛幻財物何時棄？
定至死亡恐怖何時至？應當日日夜夜深思此。

　　激勵我們求得真實義之法有六種：一是我輩凡夫隨著無始以來的業力牽引，將來一定會遭受到貪嗔怨敵的危害和襲擊，但這二大怨敵何時殃及我等卻難有定準。二是我們的身心必定會有分離的時候，但此二者何時分離卻難有把握。佛經中常將血肉組成之軀喻如客棧，心識喻如借宿的客人，我們應當如是閉目靜心，細細思維。三是一切積聚必有分散，此身乃四大假借之物，豈有恆長自性？經云：「我今此身，四大和合。」所謂四大者，毛髮爪齒，皮肉筋骨，腦髓垢色，皆屬地大；唾涕膿血，津液涎沫，痰淚精汁，大小便利，皆屬水大；暖熱歸於火大；動轉氣息歸於風大。故身體唯由四緣假合，最終必定會肢離破碎、散失無形。四應了知生滅循環是世俗的自然規律，此生之一切顯現，必定會有毀滅的末日，但其何時滅亡我們卻難以得到定準。五是我們最初赤裸裸地來到人間，最終亦會光溜溜地離去，縱然擁有萬貫家產，臨終時亦不能攜帶分毫，必定會捨棄這些虛幻無實的財物，但何時棄離卻難以預知。六應了知死亡是生命的必然趨向，不僅是人類眾生，且連飛禽走獸，小至螻蟻含生都必須面對這一無情的事實，但此恐怖的死亡何時會來臨呢？除聖者以外卻難

竅訣寶藏論釋

有預知和把握之人。對於此等道理，我們應當日日夜夜深深思維，以資警醒，提持正念而精進修行。

正法融入自心之六法：欲滅貪欲內心依知足；
欲滅怨敵調伏內嗔恨；欲成他利發起菩提心；
欲調他眾內心具加持；欲詣淨剎修自證光明；
欲息痛苦內心具大樂。依此內在緣起而外現。

能令正法融入自心相續之方法有六種：一是想滅除貪欲的修行人，首先內心應依修知足少欲的教言，當然我們為療形枯，滋養修行之軀，求得溫飽亦並無不可，但切莫貪得無厭，若能隨行前輩高僧大德們的足跡則是極為殊勝的。二當了知嗔恨心是增強外在怨敵之因，若我們能調伏內在的嗔恨心，則外界怨敵亦就煙消雲散般不攻而自滅了。三是凡欲成辦眾生利益者，皆應發起殊勝的菩提心。四是欲以各種善巧方便來調伏眾生者，自己的內心必須要具有傳承上師的意傳加持，或自己已得本尊空行的直接攝受，如是方能得心應手地調伏他眾。五是欲往詣清淨剎土者，首先要修自證之覺性光明，諸如修持大圓滿、大手印中的竅訣等，則將任運前往淨剎，無有任何阻礙。六是若欲息滅痛苦者，內心要具有大樂的智慧，或者心如太虛無所不容，或對教義看破、放下，本然安住，如是內心就自然會充滿安樂與智慧。依此內在的菩提心以及調伏嗔恚心等緣起力，則外現一切滅盡怨敵、利益眾生等事業均能如意自成。這就如同寶鏡中呈現的影像一般自然合成。

雖獲暇滿空耗之六法：捨棄對治無明之聞思；

棄離加持根本之上師；捨離悉地源泉之本尊；
延誤所修根本之禪定；不除罪障想去諸病魔；
他人面前假裝諸行為。無心人如吸鐵集此過。

　　雖獲暇滿人身，但卻被空耗之法有六種：一是聞思
佛法是無明煩惱強而有力的對治法，因為它是遣除一切
癡暗的明燈。若不聞思，即使獲得暇滿，亦只能是以空
耗人身而告終，所以無偏的聞思是修行者最首要的行門。
二是若想求得加持則應當祈禱金剛上師，因為上師是賜予
加持之根本。如果捨棄了上師，無論修什麼法皆成盲修瞎
煉，不能獲得絲毫的加持，甚或走火入魔，以致空耗人
身。三是若欲獲得成就的悉地，應當祈禱本尊，因為本尊
是賜予悉地的源泉。如果捨離了本尊，無論修什麼法都不
能獲得悉地而空耗人身。四應了知修行本來是刻不容緩之
事，所以我們應不回憶過去、不妄想未來，而應抓住現在
暇滿之機，靜下心來如理如法地精進用功修行，切莫推遲
延誤所修之法，否則亦會空耗人身。五是如果不懺除自己
的罪障，而妄想祛除纏繞身心的諸多病魔，那簡直是癡心
妄想。因此修行人在遭遇病魔所害之時，首先不要過於執
著，應當深深懺悔累世罪障，對一切病魔生大悲心等，如
是方為祛除病魔切實有效的良藥，否則亦將空耗人身。六
是如果在別人面前偽裝一些善妙的行為，而內在卻不善調
自續，此亦會空耗人身。夏冬格西云：「如果不看破世
間，表相的聞思亦不能真實解決問題。」在認知此等利弊
後，我們應當善加取捨，若仍固執地空耗如珍寶般的暇滿

竅訣寶藏論釋

人身，難道不是已成無心之行屍走肉了嗎？此無心(無智慧)之人猶如吸鐵石般必將累積諸般過患。

補特伽羅當捨之六過：無有決心多事不成辦；
貪親嗔敵無法解縛索；貪圖食物恆時忙溫飽；
恆依言詞遠離實修義；起信未修無有成就時；
如今不修中陰業難斷。觀察斷此六過極重要。

七寶藏——竅訣寶藏論釋

　　修行的補特伽羅(人)應當捨棄六種過失：一是如果做事無有決心，事事欲做，做時卻虎頭蛇尾，或遇難卻步，半途而廢，最終一事無成。如是妄立誓願有始無終，是修行人應當捨棄的過患。二是行於世間，人際交往在所難免，然若過分地貪愛親友而嗔斥怨敵，自投己編之惑網中，那麼這樣就很難解開束縛自己的網羅，因此修行者應當捨棄不平衡的貪嗔之心。三是作為修行人，如果時時貪著美食妙物，整日忙碌於溫飽之事而虛喪光陰，則很不應理，故當勵力捨棄。四是修行人若不依文解義、實修實證，恆依美妙言詞尋章摘句，或口若懸河地滔滔不絕，這亦是修行途中的一大錯舉，如此豈不枉負初心？五是當我們對上師三寶生起信心之時，若未能趁機實修佛法，則必定無有成就的時候。故當捨棄懈怠，在信心和出離心的基礎上精進實修。六是當我們在萬事齊備、緣起吉祥的時候，若不事修行而虛度人生，到臨命終時，中陰那可怖的境現則難以斷除。是故觀察此等過患而勵力斷除是我等行人當務之急。

以六觀法調伏自相續：實執外境觀四季遷變；

常執壽命觀草上露珠；不明因果觀種子苗芽；
不知外境為心觀睡夢；不知一味觀糖與甜味；
不知無二且觀冰與水。如是而觀各自能對治。

　　以六種觀察方法來調伏自己的相續：一是對實執外境
以觀春夏秋冬四季的遷變來予以遣除，如云：「春日方逢
楊柳綠，秋風又見菊花黃。」春回大地，和風細雨，枝吐
綠芽，處處洋溢著勃勃生機，無不令人心曠神怡。夏季來
臨之時大地一片蔥蘢，奇花異卉爭芳吐豔，魚游鳥唱，蜂
飛蝶舞，好一片大自然風光，宛若天界樂園。秋季來臨之
時，秋風橫掃落葉，綠草漸近枯黃，百花凋零，漸失夏日
的絢麗，夕陽下的原野已是一片淒涼。嚴冬來臨之時，寒
風凜冽，拂面如同刀割，大地凍結，堅硬如石，皚皚白雪
鋪天蓋地。此時盎然的春意已不復存在，夏日的絢麗也只
能成為心中美好的記憶。細看這四季的交替與更換，深深
思維萬法的無常，漸漸地就能削弱對外境的執著心。二是
執壽命為常有者可以通過觀察夏晨草尖的露珠來了知無常
迅速、生命瞬間即逝之理。三是不明了因果者，可以觀察
種子與苗芽之間的關係，種因與芽果無不明示此因果真
理。如豆芽的產生並非無緣無故，而是依其近取因(豆種)
以及陽光水土等緣才得產生。如是我們所感受的苦樂等都
是因緣而產生的。四是若不了知外境為心者，則應觀察睡
夢中的心境，夢中的山河大地除心的睡眠習氣成熟顯現以
外，無有毫許實體存在。以此推知，醒覺位的一切萬法皆
因無始以來分別心的迷亂習氣成熟而顯現。五是不了知二

諦一味的本體者，可以觀察糖與糖的甜味，如是就能了達世俗諦與勝義諦本來是一味大平等性的。六是不了知現空無二者，可以觀察凍結的冰相與水體的關係，看彼二者有否分割，這樣就能了達諸法的顯現與本體空性是無二無別的大法界。如是觀者，則能對治一切執著及與彼不相應之違品。

轉為道用作想之六法：殊勝上師作為名醫想；
道友護士實修療病想；自作病人法作妙藥想；
獲得果位作為病癒想。應當斷除一切顛倒想。

　　在日常修行中轉為道用之觀想有六種：一是將具法相的殊勝上師作為名醫想，對彼生起正信，確信上師能拯救自己出離苦淵。二是將秉持教法而共住的道友作為賢善的護士想。觀彼之言行皆對自己有利，於彼不起分別煩惱而樂於相處。三是將實修法義作為療病想，已得聖師對症施治，為早脫疾苦自當精進實修。四是把自己作為病人想。對於身患重疾的人來說，應當無慢謙卑。五是以法作為妙藥想，因藥能除疾，法能脫苦，故應珍視佛法妙藥。六是以最後獲得聖果作為病癒之想。我們當依如是六想而斷除將上師作為獐子、正法為麝香、自己為獵人、精進修持為箭或陷阱等殺獐子的方便之六種顛倒想。

謹慎行持決定之六法：依止上師決定得加持；
修持本尊決定獲悉地；守持誓言決定聚護法；
精進實修決定現證相；護持實相決定淨二障；
無散修煉決定現功德。

我們在日常生活中應當謹慎行持的有六種決定法：一是依止圓滿法相的上師決定能獲得殊勝加持，因為上師是賜予加持之根本。然若在依止上師前不作詳細觀察，盲目地依止一位不具法相的上師，則非但所求功德不生，而且後患無窮。二是我們若經常修持密依的本尊或密持其心咒，則決定能獲得殊勝悉地，因為本尊是一切成就的來源。故修行人選擇自己的本尊是很有必要的。無論是觀音菩薩、文殊菩薩，還是蓮花生大士以及釋迦牟尼佛等，其中任一聖尊都可密持為自己終生依修的本尊。若能不斷觀修、持誦彼之心咒多達幾億遍，則自己的心相續易與本尊相應。特別是密修者，在接受種種灌頂時，每一灌頂儀軌中都有其特定的本尊，但我們在修煉時可將無量聖尊與自己主修的本尊融為一體，如是不僅可以獲得無量的加持與悉地，亦能受持一一灌頂的誓言。三是守持密咒金剛乘的誓言者決定能集聚無量護法神。依靠他們能遣除修行途中的諸多違緣，自之道業與將要成辦的事業皆能得到護持。四是精進而如法的實修者決定能現前所修之證相。五是上師無論在灌頂還是傳法時所介紹的「直指心性」之竅訣，我們皆可依之了認本來的覺性，往後若能經常安住於此覺性本體中，念念不離，則自然能清淨煩惱障與所知障。六是心無散亂，正念分明而精勤修煉者決定能現前無量功德，如五眼六通等。

了知自相畏懼之六法：忙碌俗事如象入淤泥；

深戀親朋如囹圄看守；今生受用如老狗守骨；

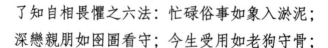

無明罪行如盲處懸崖；五毒煩惱如惡性毒蛇；
貪六境如蜂粘花粉中。生起畏懼離此極重要。

　　了知其自性而令人畏懼之法有六種：一是倘若整日
忙碌於世俗諸法，如沉浮於商海，操勞業務以及吃穿受
用等，不僅虛喪一生寶貴的時間，而且沉溺不能自拔，
猶如大象沉入淤泥中一樣，越掙扎陷得越深。二是若對自
己的親眷好友過分耽著不捨、深情迷戀，將會增上更為嚴
重的貪愛之心，甚至一刻也不願離開，猶如看守監獄之人
般剎那不離。三是若貪執今生的財產受用，拼命積累，擁
有萬貫家產，自己欲受不能，又不願意施捨給別人，則如
老狗守護骨頭一般食之無力，棄之可惜。四是受無明驅使
而造作的罪行，猶如盲人身處懸崖極其危險，隨時都有可
能墜落於恐怖的深淵，以致粉身碎骨，死無葬身之地。如
是被無明障蔽智慧之人，不能明辨取捨，橫行霸道，胡作
非為，以惡為榮，從而積累諸般罪障，其處境非常危急可
怖。五是五毒煩惱熾盛之人，誰與之接觸皆遭百害而無一
利，猶如惡性的毒蛇一樣不分善惡，時時殃及眾生。六是
愛著色聲香味等六境者，深陷貪染之境，難以自拔，猶如
蜜蜂粘於花粉中，終將被甜美的花粉困死一樣。作為修行
人，我們首先要正確認知此恐怖六境，進而遠離是極其重
要的。

世間俗法過患之六法：住宅建築如地獄鐵室；
兒女妻子猶如劍葉林；飾品妙衣猶如烈火焰；
飲食猶如沸騰之鐵汁；奴僕眷屬猶如業獄卒；

嗔恨爭論猶如火燼雹。當知此為摧毀善妙因。

　　歸攝世俗之諸過患亦有六種：一是如果貪著自己美妙的住宅等建築物，則將受業力牽引而囚禁此中，猶如地獄鐵室般難得出離，故貪執住宅有極大過患。二應了知貪執兒女妻子亦有極大過患。有云：「兒孫是債，欠債還債，無債不來；夫妻是緣，善緣惡緣，無緣不聚。」而且一般的眷屬大都是冤緣的組合，如嘎達亞那尊者云：「口食父肉打其母，懷抱殺己之怨仇，妻子啃食丈夫骨，輪迴之法誠希有。」因貪執妻兒無疑會招來眾患痛苦，猶如身赴劍葉林地獄一般苦不堪言。三應了知執著飾品妙衣亦有極大的過患。這裡飾品妙衣喻如烈焰，如果貪執它，將會焚毀自己的一切。如水獺皮、羊羔皮、狐狸皮等人們所謂的妙衣飾品，其實都是罪惡之因。四是貪享美食猶如食用沸騰的鐵汁一般，將焚毀自己的相續，故有極大過患。因為人們在貪享血肉時從來都是肆無忌憚地扼殺眾生，使之成為餐桌上的美食，毫無慚愧地大肆享用。而受難眾生沒有一個是心甘情願地貢獻自身血肉，無一不是垂死掙扎含恨而死。如是只為滿足口腹之欲，不知欠下了多少眾生的命債，以致在罪惡中毀壞自己的相續，而且冤冤相報，無限循環。五應了知，我們所貪執的奴僕眷屬，也如業力感召的獄卒般，將對自己造成極大危害。六是嗔恨爭論，無疑將造成種種苦因惡果，即如火燼雹般危害極大。上述六種過患是摧毀一切善根功德之因，所以我們應當遠離此等過患，隨行聖跡知足少欲，精勤聞思修行。

了知貪欲過患之六法：具貪今生身心受痛苦；
來世永漂輪迴墮惡趣；與眾爭論自然增不善；
滅滅善法故受聖者呵。

我們每一個修行人都應該了知由貪欲引起的六種過患：一是對世間的種種欲妙具足強大的貪心者，無疑在今生之中即會令身心感受難以想像的諸般痛苦。無論是貪財還是貪人都免不了這一厄難。而那些無有貪心之人的身心卻時常充滿著快樂與自在。二是依靠貪心的業患，將永遠漂泊於輪迴苦海，甚至墮落惡趣而不得解脫。三是貪心重者無理亦要強詞奪理地辯解三分，有理更是寸步不讓，常與眾人大肆爭論，就算遇到孩童亦不肯善罷甘休，無慚無愧地非要爭個你死我活不可。四是貪心重者，久而久之自然會增上諸多不善業。譬如貪財之人，他們會不擇手段地將所欲財物占為己有；貪色之人，他們不惜身臨險境，就算是傾家蕩產、拋棄名譽地位，並且明知是勞苦無望卻仍要窮追不捨。五應了知由貪欲心會減滅一切善法功德。如有人本想聞思修行，但因貪心熾盛的緣故而不得不放棄善法而縱情恣行惡業，如是信心、悲心、菩提心等自然會被毀失無餘。六是貪心重者經常會受到聖者菩薩們的嚴厲呵斥，甚至棄離不予呵護。

貪執自身過患之六法：身乃一切骯髒垢物器；
脈絡貫穿骨骼連成網；膿與黃水嘔物糞便池；
具有九種孔穴之通道；五臟六腑含生之城市；
實質疾病來源之自性。愚昧貪執身體將受欺。

貪執自身而被束縛之過患有六種：一應了知我們的身體為充滿一切垢物的骯髒器皿。二應了知身體外有皮膚，中有肌肉，其間由諸多脈絡來貫穿，全身有各種骨骼連成網架，內有五臟六腑。三應了知身體裡面充滿了膿液、黃水以及令人發嘔的大小便溺，故又被稱為糞便池。四應了知身體是具有九種孔穴之通道，乃至一息尚存，每一孔穴中都會源源不斷地流出許多臭穢不堪之物。五應了知在五臟六腑中密密麻麻地聚集了無數的含生，故身體又可稱為含生的城市。六應了知四大假合的身體實質上是各種疾病的來源。有些人常被疾病纏繞，諸如頭痛、腹痛、心臟痛等。如是觀察則知身體確實是充滿痛苦的臭皮囊，沒有什麼值得貪執的。倘若我們還要固執己見地貪愛身體，執意繼續受此欺誑，無疑將會陷入更深的苦惱之中。

無有意義無實之六法：現於種種外境之諸法，
無常迅速壞滅如水泡；毫無實質故如芭蕉樹；
迷惑凡夫之故如陽焰；無而顯現種種如幻術；
習氣顯現之故如夢境；不能長久住留如閃電。
知此理者詣至三有岸。

　　我們應當了知無有意義亦無實性之六種法：一應了知現於外境之種種諸法都不是恆常實有，而是無常的本體，因為任何一法皆不離成住壞空的運行軌跡，自有生以來便一刻也不停息地迅速壞滅，猶如水泡為風所吹，剎那消失。二是若對此等正在顯現之法加以理論分析與觀察則不難了知其性毫無實質，猶如芭蕉樹，層層剖析乃至盡頭仍

竅訣寶藏論釋

48

不見其實質的存在。三是我輩凡夫經常被外境諸法所迷惑，使身心不安、顛倒執取，不得自在，這就猶如渴鹿追逐陽焰水一樣越追越渴。當今，科技飛速發展的時代，希奇怪異之事層出不窮，繁華都市的形形色色都具有相當大的誘惑力，除菩薩以外，我等充滿無明的愚昧凡夫少有不被迷醉，有的甚至失魂落魄難以自拔。具有理智之人若對此稍加觀察則不難窺見，緣起顯現的一切色法均顯而無有自性，如是才有可能不被誘惑。四應了知諸法雖無實質本體，然依緣起力仍能顯現種種形色，猶如變戲法之幻術一般，可以將木塊石頭幻變為駿馬、大象、美女等，但彼等卻是現而無有自性的。五應了知諸法皆因我們無始以來的迷亂習氣成熟而顯現，無有少許堪忍的自體，猶如睡夢中的一切境相，覺時空空無大千。六是此等諸法都不能長久住留，猶如虛空中的閃電般剎那消失。我們若能了知此等殊勝道理，必將迅速詣至三有解脫之彼岸。

初學修行人具之六法：現見輪迴苦故尋正道；
了知所作無義淡名利；我慢貪心鮮少居卑位；
信心精進為伴勤實修；種姓劣故不信大乘法；
誠信所知於何皆信解。此乃一切正士入門法。

　　不管我們的修行層次如何，亦不管是否具足弘法利生的因緣，皆應了知初期修行人應具之六法：一是現見整個輪迴充滿痛苦的本性，如同火宅，所以我們應及時尋覓能獲得解脫之正道。二是了知世間諸事皆無意義，故淡泊名聞利養，不求高官厚祿，亦不攀緣眷屬等。三是作為初發

七寶藏——竅訣寶藏論釋

心修行的補特伽羅，應依教言調伏自心相續，令貢高我慢、貪心等都變得極其鮮少而身居卑位，上敬下和，以一心成辦道業為宗旨。四是以信心和精進心伴隨自己的一生，時時勤行實修。隨學古往今來的高僧大德們恆時不散亂、精進不懈、夜不倒單等用功修行的高尚風範。或如有者將晚上時間分成三份，上夜和下夜皆用於修行禪坐，只有中夜三時少許安息。五應了知某些眾生因種性低劣，故不信奉大乘教法。相對於大乘來說，小乘行者之種性根器較為低劣，他們對眾生不具大悲心、菩提心，對佛陀第二轉法輪的大般若法門非但不欲秉持，反而還強加駁斥，他們只有強烈的出離心，只知道尋求自我解脫，平時精進依修四諦十六行相等法，最終斷除煩惱障而證得阿羅漢果，自始至終都不會信奉大乘的甚深教法。六是初學者當誠信一切所知法，並令自己對所知之法具足一定的信解。也就是說，除大乘法以外，如戒律、俱舍、因明等一切學問無不誠信精通。其實此等乃為一切修行正士之入門法。

中等修行人具之六法：不務農業耕種及灌溉；
不負青春經商牟利擔；不護大使情面親友心；
捨棄貪嗔偏袒爭論事；拋棄積蓄籌劃建築物；
不結憒鬧之魔大官親。此乃諸修行者中法門。

　　如果您是根基相對上進一層的中等修行人，那麼就應具足以下六法：一是不務農業耕種及灌溉而專意修行佛法。二是不擔負青春時期謀求利潤之經商重擔而專意修行。三是秉持因果規律，不顧及具權勢大使之情面和親

友之心續，完全秉公無私、正確平等地對待一切人和事。
四是捨棄貪心、嗔心等具有偏袒性的爭論事端，一切都能
謙讓忍辱，心胸廣闊，量如太虛，無所不容。五是放棄對
財物的積蓄、未來的一切籌劃、建築、設計等。六是不結
交憒鬧之魔，也就是說不應與達官顯貴等人結交為友。如
云：「為僧只合居山谷，國士筵中甚不宜。」這就是中等
修行人的實修法門。

上等瑜伽尸林之六法：怕染庸俗不與人交往；
三門隱行所作人不見；不求衣食屍食衣維生；
無有恐怖飛禽之行為；密行護持覺受斷凡行；
證悟自住法性之大樂。諸行解脫道者上法門。

　　　上等瑜伽行者在尸陀林密行之六法：一是怕染著世間
庸俗人之習性，故不與世人交往，獨自往詣寒林隱居修
行。二是令身口意三門皆隱行，即在作區分有寂、享用五
肉與五甘露、接納手印等殊勝行為時，皆不予世人所見，
比如我們大家都熟知的蓮花生大士等印度隱行大瑜伽師們
之殊勝行為。三是不求世間常人之衣食，經常以尸陀林的
屍衣屍肉等來維持生活。四是無有任何恐怖，當行持如自
由翱翔高空的飛禽一般之行為。五是秘密護持修證之覺
受，斷除凡夫的一切行為。六是如實證悟自然本住法性之
究竟大樂，也即現前大樂智慧。這些就是我們行解脫道者
之上等殊勝法門。

最上瑜伽離方之六法：故鄉異地何境皆不貪；
未墮一切常邊與斷邊；任何親怨悉皆不相識；

不貪一處漂泊如浮雲；六聚外境均現為助伴；

是賢是劣皆無執著心；此乃解脫道之最上門。

　　最上瑜伽士遠離一切方隅執著之法有六種：一是當我們的修行達到最上瑜伽士的境界時，對任何一個環境，無論是自己的故鄉還是異地他鄉，都隨緣安住隨緣棄離，於何境皆不起貪執之心。二是見解高深，未墮一切常邊與斷邊，安住於大空離戲之中道義。三應了知於彼之心續境界中諸法都是一味大平等的本性，既沒有眷戀的親人，也沒有嗔恨的怨敵，一切偏袒執取悉皆遠離，無論會遇任何人都平平常常，視若陌路。四是不貪執某一處所，為度眾生而順應緣起隨處安住，猶如虛空中的浮雲一樣漂泊，居無定所。五是一切六聚外境諸法均現為我們修行的助伴，對自己不構成任何違緣，心不為任何外境所轉，且能任運自在地將之轉為道用。六是於一切賢劣之境皆無分別執著心，因為賢劣都是緣起的一種力現，本性即是一味無別的大法界。這就是我們修學解脫道之最上法要。

欲修法者需斷六顧慮：斷除顧慮他怒護情面；

斷除顧慮無財而積財；斷除顧慮受苦籌劃事；

斷除顧慮位低謀高位；斷除顧慮受害求世法；

斷除顧慮位高擾他心。

　　對於我們任何一位想要修學佛法的人來說，都應該積極主動地斷除六種顧慮：一是我們不應該隨他人之喜怒而轉，亦不應該顧念他人的情面而阻礙自己的修法。博多瓦格西曾教誡說：「我為修法故，他人雖不喜，於我

竅訣寶藏論釋

亦無妨。」只要自己的選擇是如理如法的，那就無所謂他人高興與否，我們恆時皆應堅持自己的正確選擇。二是我們應該斷除無有資財受用的顧慮，所以不能勤積財富。經云：「佛陀只須施捨一根毫毛般的福報，就能滿足娑婆世界所有比丘、比丘尼等弟子所需的一切資具受用，無欠無缺。」其實我們身披之一絲一縷，口食之一粒一滴，都是依靠如來布施、持戒、忍辱、精進、禪定等六度萬行之福德累積而得。三是為修行故不應顧慮飢渴寒熱等苦，就算是為避免未來受苦而作之籌劃亦無必要。四是我們若顧慮自己的地位低下而生起謀求高位之心，那麼當下就應斷除這種追逐名望之心。五是若我們顧慮自己遭受某種危害而勤求一些世間法，如是之心應加以排除，當放下萬緣一心修道。我們不用設想未來的世間利益，應該坦誠地面對現實，一切隨緣，抱著「今天有食今天修，明天有食明天修」的態度穩然安住。六是顧慮他人的地位高於自己而想方設法地製造種種違緣，擾亂他人之心，這種非理行為我們也應斷除。

實修閉關要訣之六法：遠離貪嗔乃為外閉關；
無有積蓄乃為內閉關；遠離二取乃為密閉關；
不希善妙乃為上閉關；不憂惡劣乃為下閉關；
無事無執乃為中閉關。若具此六不會出違緣。

　　在閉關實修之時，有六種要訣之法需要我們了知並具足：一是修行人應當遠離一切貪心與嗔心之境，安住靜處，這就稱為外閉關。二應了知外無積蓄財富之行，

七寶藏——竅訣寶藏論釋

內無欲望執求之心乃為內閉關。無論對自己的親眷好友，還是虔誠信徒，我們都應斷除貪執，隨遇而安，潛心勤修佛法。三應依教了認心之本性，遠離能所二取等執著，安住光明無念的境界，這就稱為密閉關。四是不希求善妙境界，如神通、見本尊、得授記等，也就是遠離一切希冀之心，這即是我們所說的上閉關。五是我們在依教實修的過程中，對所修之法不得起任何憂愁和懷疑之心，而且也不用擔心是否會出現魔障或病障等違緣，一心祈禱上師三寶精進用功修行，此被稱為下閉關。六是無有任何瑣事牽絆和執著，依如夢如幻等教言觀修，萬緣放下，一心用功修行，這稱為中閉關。若能具足此六種竅訣，我們在修行過程中絕對不會出現任何違緣。

成就佛果所依之六法：修法依賴殊勝暇滿身；
不修不解脫故依修法；謹慎修持依賴知法義；
了知法義依賴初聞法；所聞實修依賴於思維；
一切依賴殊勝善知識。

　　欲成就佛果所應依修之六法：一是若欲修持佛法，則必須依賴殊勝的暇滿人身，此外任何身體都無法成辦這一大事因緣。二是若不修行佛法則不能獲得解脫，因此我們為能脫離苦海、獲得解脫的究竟安樂，則應依此殊勝人身來修持佛法。三是若欲謹慎修持，則應依賴於了知法的本義，也就是要明了法的深淺與取捨之要，這樣才能真實有利於我們的修行。四是若欲了知法義則應依賴於最初之聞法。若不聞法，則成法盲，一味地處於迷暗之中，就無法

竅訣寶藏論釋

了知取捨與修行要點。因而唯依聽經聞法，才能啟開我們的智慧眼目、增長我們的善根功德。《吉祥勇經》中云：「寡聞生盲不知修，彼無多聞何所思，故應精勤求多聞，因此思維生廣慧。」五是依所聞經論教義而實修者，應依賴於對法義的思所生慧來遣除一切疑惑，樹立正見，若聞法後不靜心思維，則難以遣除修行中的疑惑，是故當知這些在修行中客觀存在的問題只有依靠思所生慧才能徹底遣除。六應了知上述聞思修等一切功德，唯有依賴於具有法相的殊勝善知識，才能得以生起並於相續中不斷地增上。正如《般若攝頌》中所云：「恭敬承事可親師，為引慧故求多聞。」

具足善妙法相之六法：積累福德族貴性調柔；
見多識廣通曉所知義；智慧高超證悟法性義；
勤修出現證相成就相；大悲善巧無厭利他眾；
具有竅訣能引導眾生。此乃殊勝大德之風範。

七寶藏——竅訣寶藏論釋

　　我們在依止善知識之前，首先應當觀察選擇具有六種善妙法相的上師：一是所依止的上師應經常修積布施、持戒等福德資糧；其種族高貴，心性調柔，非野蠻粗暴的品性。二是所依止的上師，無論是世間學問還是出世間學問皆應通達無礙，見多識廣，通曉一切所知義。一般世間所知，包括做人的基本準則以及法律法規等；出世間所知，包括佛陀留下的三藏教義等等。否則就沒有能力攝受弟子。三是所依止的上師應具有高超的智慧，並且已經證悟了法性之義，最起碼於心相續中應獲得一定的證悟暖

相，生起甚深的殊勝定解。四是所依止的上師應於精勤修行後出現了一定的證相與成就相，諸如面見本尊、得本尊攝受、知曉弟子心境、能契時契機地授賜教法和修行竅訣等。五是所依止的上師，其相續中應充滿大悲心，具足度化眾生的種種善巧方便，在廣利有情的過程中，無論多麼艱辛困苦，都沒有絲毫疲厭之心，應如是不辭勞苦、一心廣利他眾。六是所依止的上師應當具有殊勝的實修竅訣，並且已得傳承上師的意傳加持，具有能引導眾生趨向解脫彼岸的能力。此六種善妙法相乃為殊勝大德之高尚風範，具足如是法相之人，我們即可將之奉為自己終身依止的根本上師。

賢善弟子所依之六法：厭離三有厭惡諸迷現；
放棄無有必要非法事；拋棄如敵憒鬧散亂事；
毫不希求地位與名利；斷絕親友情面之牽連，
捨棄貪親嗔怨之惡心；捨棄俗世修持殊勝法。

上師在攝受弟子之前，要觀察、選擇具有六種賢善法相的弟子：一是厭離三有，不求世間八法，極其厭惡世間的迷亂顯現。二是放棄無有任何必要的非法事，也即凡是不利於聞思修行的事情皆要捨棄。三是能拋棄如同怨敵般憒鬧的城市與散亂身心的種種瑣事。四是心裡毫不希求崇高的地位與名聞利養等。五是能斷絕顧念親友情面的牽連與眷戀之心，徹底割愛辭親，隻身遠赴靜處修行。親怨平等，捨棄貪愛親友和嗔恚怨敵等一切惡心。六是能捨棄世俗諸事而專意修持殊勝佛法。要想成為殊勝上師前的賢善

竅訣寶藏論釋

弟子，我們就要精進修行，力爭早日具足以上六種法相。

不受他人控制之六法：不成無有自由之奴僕；

不成夫妻無聚之束縛；不成大人自在行正法；

無有羈絆隨心所欲行；不立不能成辦之誓言；

惡業軍隊苦海未湧現。如是自由諸眾當生喜。

作為修行人，我們應該要有屬於自己的自由空間，如是不受他人控制之法有六種：一是不可成為無有少許自由的奴僕。因委身奴僕者，成日為主人忙忙碌碌，完全失去修法的機會。二是不要組成夫妻關係，因為冤緣的組合與相聚，不會有安寧的時候，許多夫妻往往都是在吵鬧打罵中度過辛酸而又痛苦的歲月，故當解開這無情的束縛。三是不要成為富有名份的大人物，如所謂的大管家、大法師、大官員等，他們經常都會忙碌於種種事務而少有自己修行的時間，因此遠離此諸障礙的我們應當默默無聞、自由自在地行持正法。四是無有任何羈絆而隨心所欲地行持種種應修法門，這樣一切所欲皆能圓滿成辦。五是無論我們發什麼誓言，之前都要仔細觀察，深深思維，事事都要量力而行，如是之故則所發誓言都能一一成辦。六應了知當我們往昔的業力現前時，其勢就像浩蕩大軍來臨般難以抵擋，定會身不由己地感受無量痛苦。唯有在這般苦海尚未湧現的前提下，身心才會自由，也能極其調順，無論修什麼法都沒有阻礙。如是遠離一切違緣之我等行者應當生大歡喜心，精勤聞思修行。

諸修行者生活之六法：不墮二邊資具自維生；

明確食量飢飽當平衡；不患四大紊亂之疾病；
享用美味佳餚不過飽；飲食過劣身體不衰弱；
晝夜適度斷除非時餐。此乃修法成功之助伴。

　　修行人如法生活之法有六種：一是生活適中，不墮優劣二邊。也就是說我們日常所需的資具受用既不能過於優越，亦不可過於低劣，凡事都要適度，當如是維持生活。二是明確自己的食量，飢飽應當平衡，如果飲食過量，則現昏沉，以致不能如理禪修；若飲食過少，則心念食物亦難以安心禪修。前輩高僧大德通常將容食之胃量分三份，一份容納食物，一份容納茶飲，留一份空間容納胃酸以助消化食物，這樣飢飽平衡才能有利於修行。三是盡量令身體健康，不要罹患四大紊亂之疾病，就算是風寒感冒等小疾，也應立即施藥治療，若待小病轉為大病，將會嚴重影響我們的修行。四是當在享用美味佳餚時，也不宜過飽，應適度或定量而食。五是我們所享用的飲食應當是含有一定營養成分的，若過於低劣，身體會因缺乏營養而自然衰弱、體力散失，這無疑會影響我們的修行。修行人雖不能過度貪愛身體，但也應使之強健，體力充沛才能平安度過艱難的修行旅程。六是晝夜用功修行皆應適度，不能時而勇猛精進，時而懈怠懶惰。用功修行之心應持之以恆，此外尚應斷除非時之餐。這六法都是能令修法成功之助伴，我們應當不斷依修。

激勵信心精進之六法：值遇惡緣生起無常心；
了知因果惡業棄如毒；敬信究竟上師視為佛；

竅訣寶藏論釋

58

誠信正法行善生歡喜；信仰僧眾視為護送者；
欲成佛者盡力勤修法。此為善緣正士之規範。

　　能激勵我們的信心而精進修行之法有六種：一是若值遇惡緣則能生起萬法無常之心，從而削弱對諸法的執著心，我們不難發現依惡緣的激勵而捨俗出家的修行人非常之多。二是在我們了知因果的真理以後，則能於一切惡業棄如毒藥般誓不再為。三是當我們的恭敬心和信心達到究竟時，則能將自己的上師視為真實佛陀而仰求加持。四是若對正法生起真實永不退失的信心，則於任何善法都會歡喜行持，無論多麼勞苦也不推辭。五是若對僧眾生起真實無偽的信心，則會將其視為護送者，因為他們能護送我們度過充滿罪苦的輪迴大海，到達安樂的彼岸。如我們在修行的過程中遭遇病魔纏繞時可以祈求僧眾，依靠他們的加持力來遣除；臨命終時祈求僧眾能得超度，以助往生極樂淨土。六是凡欲成就佛果者，皆應盡力勤修正法，累積福慧二種資糧，來日必定能如願成就一切智智的果位。此等乃為善緣修行正士之規範。

調伏淨化自心之六法：邪心不盛法心不改變；
堪忍難忍挫折等痛苦；見輪迴過畏懼生厭離；
無有劣器過患心清淨；廣聞博思證悟勝法義；
成深灌頂誓言之法器，猶如海島寶器極罕見。

　　能令我們的身心調順、淨化之法有六種：一是我們應當觀修上師三寶之深恩厚德而生起信心，於眾生觀修大悲心，總的來說應滿懷善心，而不令增盛或生起有害於眾生

之邪心，並且從不改變勤修佛法的意願，時時以一定的正知正念攝持，這是淨化心靈的象徵。二是在修行的旅途中要能堪忍一切難以忍受的挫折等痛苦。本來人生的道路是坎坷而曲折的，我們在修行的過程中，無論遇到什麼樣的痛苦皆應堪忍，勇於面對，練就一顆堅強的心來度過一切難關。三是了認輪迴的一切過患後生大畏懼，以致深生厭離而迫切希求解脫。四是具足智慧，心量寬廣，非但無有劣器之過患，而且心境極其清淨。五是通過廣聞博思經續論典，心相續中能證悟殊勝法義。六是能成為甚深灌頂誓言之殊勝法器。這樣能令法融入相續的修行人在當今時代是很稀少的，猶如海島上的寶器一般極為罕見。

惡緣不毀修行之六法：身體忍耐形形色色苦；
口中不言無義之綺語；內心承受苦樂賢劣刺；
無人靜處忍受疲厭懼；憒鬧城中無散能對治；
護持學處能伏諸惡緣。具足此等修道順利成。

即便是惡緣亦不能毀壞修行之法有六種：一是身體能忍耐形形色色的一切痛苦，無論是他人的誹謗、蔑視還是飢渴寒熱，抑或自身四大不調等苦均能堪忍。二是口中不言說無有意義之綺語，遠離一切無義之談。三是內心能承受一切苦樂與賢劣的刺激。要知道一切苦樂不過是心境的種種演變而已，毫無真實自體所在，因此無論遇到樂事還是苦事，既不過喜亦不過憂，心始終要保持平靜。四是在人跡罕至的寂靜處能忍受一切疲厭與畏懼，隻身獨處，用功修行。五是即便是身處憒鬧、繁華的城市中，內心亦毫

竅訣寶藏論釋

60

無散亂，能對治自己的一切無明分別心，心境平靜無波，能一如既往地精進修行。六是調順諸根，護持一切學處(戒律)，這樣我們就能降伏修行中所遇到的一切惡緣。無論多大的違緣，只要有正知正念就能皆盡使之轉為道用，謹慎護持戒體，令其不致失壞。具足此等惡緣不毀之六法而修道者將能順利地成就佛果。

相應解脫功德之六法：相應顯宗修持來世覺；
相應密法三身轉道用；相應究竟之要斷歧途；
相應大乘所作皆利他；相應小乘斷除輪迴事；
此修行者心與法相應。

　　能相應我們解脫功德之法有六種：一是相應顯宗法者能修持來世之聖果，此乃因轉為道用之法門。二是相應金剛密乘法者，能將法報化三身運轉於修道之中，一切見聞都是三身之遊舞力現，無有自相的煩惱，即生修證聖果，此乃果轉為道用之法門。三是相應究竟的密要者，能斷除一切修行的歧途。如一位如理修法之人自然不會入於阿賴耶或意識中，他時時刻刻都安住於明空無二之境界中。四是相應大乘法者，由具大悲菩提心故，其所作所為都是以利他為因。五是相應小乘法者，由具強烈的出離心故，必定會斷除輪迴一切迷亂之事。法融入於心，心入於道，則修行者之心與法都是極其相應的。

摧毀頑固貪執之六法：六境虛妄斷定為迷亂；
所作無義斷定為迷亂；貪執欺惑斷定為迷亂；
名聞利養斷定為迷亂；怨親不定斷定為迷亂；

若知無實摧毀迷現執。

　　能摧毀我們無始以來那頑固貪執之法有六種：一是我們若以理智來觀察色聲香味等六境，則不難了知此等諸法都是虛妄無實的本性，故斷定此為迷亂顯現，從而勵力斷除一切貪執之心。二是我們在日常生活中的一切所作所為一經觀察都是無有意義的，故應以理智來將其斷定為迷亂分別心的作為而加以捨棄。三是無論什麼樣的貪執，皆為欺惑苦惱之因，所以我們也應將之斷定為迷亂而捨棄。四應了知一切名聞利養皆為欺誘之性，故應斷定為迷亂而捨棄。五應了知無論怨敵還是親人都無恆常之性，有些親人翻臉如翻書，一不如意當即變成怨敵，若值遇其他因緣，怨敵瞬間也會變成自己的親人，故怨親都無決定性，我們應將之斷定為迷亂而捨棄。六是若了知萬法無實的本性，則能摧毀對一切迷亂顯現的執著心。

暇滿人身具義之六法：財富無義欺故勤修法；
聽聞隨詞句故勤修法；僅知失精華故勤修法；
思維增妄念故勤修法；傳講耽字面故勤修法；
未修不成佛故勤修法。

　　令我們的暇滿人身具有意義之法有六種：一是了知世間一切有漏財富毫無實義，皆是欺惑的本性，故應精勤實修佛法。二應了知如果我們聽聞佛法，不依文解義或調伏自心相續，則只能是隨順詞句而已，故應精勤實修佛法。三是若僅僅了知經論的詞句，而不著重實修佛法者終將丟失精華之義，故應精勤實修佛法。四是若僅僅著重了知思

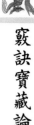

竅訣寶藏論釋

62

維詞句而不實修法義，則只能是增上分別妄念之因，別無實義，故應精勤實修佛法。五是自己僅僅是耽著字面之義，而為別人傳講佛法時，若不調自己的心相續則也無任何意義，故應依教調心，精勤實修佛法。六是若於佛法未能實修實證，則不能成就佛果，故應精勤實修佛法。

捨棄輪迴修心之六法：無義欺惑故捨世間事；
增長貪愛故捨欲妙執；無有實義故捨惡希求；
終棄一切故捨財物執；聚際必散故捨親情戀；
禍害根源故捨貪嗔執。若捨此等正法自然成。

　　捨棄輪迴而修心之法有六種：一應了知輪迴諸法除了欺惑眾生以外別無實義，故當勵力捨棄世間的一切瑣事而修心。二應了知世間的一切欲妙受用都是增長貪愛之因，是故我們應當捨棄對一切欲妙的執著。因為貪執世間欲妙者如渴者飲用鹽水一樣，越飲越渴，永遠不會有滿足的時候。三應了知一切財色地位等都是無有實義的，故當捨棄對五欲的強烈希求而修心。四應了知世間的一切唯我所用而非我所有，待身壞命終之時，必定會棄離一切而獨自往詣中陰界，是故我們應當捨棄對一切財物的執著而修心。五應了知一切聚際必定會有分散的時候，悲歡離合本是無常的定律，故應捨棄對親情的眷戀而修心。六應了知一切禍害的根源是貪嗔等惡分別心的執著，故當捨棄貪嗔等執著而修心。我們若能捨棄此等世間庸執，那麼於正法便能自然修成。

生起因果定解之六法：聽聞三藏誠信因果法；

水滴滿瓶為例積二資；火星焚林為例斷罪業；

苦樂昔業致故積福德；一時無法圓資次第修；

當知若有我執定有業。

　　我們應當了知對因果能生起定解之六種法：一是通過聽聞經、律、論三藏教典來增上誠信因果法要的力度。若不依靠三藏教義的明示與警醒，本來很不穩定的凡夫就易於退失對因果的信心，故依世尊的遺教方能產生對因果法永不退失的信解心。二是於善法切莫因小而不為，比如水滴雖然極其微小，但若持久地積累，逐漸就能積滿一大瓶。以此理類推，可知福慧二種資糧也是由微薄到豐厚漸積圓滿的。因此我們無論修積何種資糧都應該從點滴做起，這亦是誠信因果之相。三是於不善法切莫因小而為之，比如火星雖然極其微小，但若頑強不息地盛燃，逐漸也能焚盡草木森林。以此理類推，我們應當勵力斷除凡是有害於眾生的一切大小罪業。四應了知我們在現世生活中所感受的一切苦樂都是往昔的善惡業力所致，故當為未來享受極樂奠定堅實的基礎而修積福德資糧。五應了知二種資糧是經過逐漸而長期地累積才得以圓滿的，僅在一剎那或一天的短暫時間內，是無法如是成辦的，故唯有次第修積才能究竟圓滿。六是我們應當了知因果乃世間必然的定律，凡有我執者，必定會有其相應的種種業相。若能破除我執，證悟諸法空寂離戲的本性，則一切業相也就如煙消雲散般自然融入於法界之中。

聽聞法器應斷之六過：時機尚未成熟如陶坯；

窽訣寶藏論釋

64

耳不專注如器口朝下；聽聞不記心中如漏器；
相雜煩惱而聞如毒器；所聞不為道用如垢器；
以知詞句傲慢如劣器。斷除諸過如法而諦聽。

聽聞佛法之法器應斷除的過患有六種：一是聞法者的
時機法緣要成熟，相對機緣尚未成熟之人來說，聞法後非
但不能如理行持，且有一定後患，如同用尚未經過烈火燒
製過的陶坯罐裝水，必定會令陶坯當即毀壞。同樣有些機
緣尚未成熟之人，既不誠信因果至理，對上師三寶亦是疑
信參半，結果草率出家，盲從他人聞法，最後卻對上師、
密法以及因果法則妄加誹謗，如是等等後患無窮。二是身
體雖然加入到聞法的行列，但若耳識不專注，仍一無所
獲，如同將容器之口朝下，倒再多的水，也裝不進少許。
三是聽聞佛法時，若心不專注，妄想紛飛，不記法義，則
如有漏洞的容器般一無所存。四是相雜貪嗔癡等煩惱而聽
聞佛法者，猶如容器中存有毒液，就算注進甘露亦會被染
而變為毒素。五是我們所聞的法義，應該融入自心相續，
並運用到日常生活中實修。若不將所聞之法轉為道用而行
持也無任何意義，猶如在穢濁不堪的容器中裝水一樣，
根本起不到法的作用。如云：「倘若聞法不修法，所聞再
多亦枉然。」六是如果僅以了知一些詞句來裝點自己而妄
起傲慢之心，這種如鸚鵡學舌般之劣器的確無有實際的用
處。因此我們應當斷除上述的諸般過患而如理如法地諦聽
佛法。

真實聽聞妙法之六法：具勝智慧正直求法義；

七寶藏——竅訣寶藏論釋

依善知識聞法不厭足；多依上師令諸智者喜；
多聞開啟種種妙法門；多聞佛法反覆明確義；
廣聞博學詢問與辯論；受持浩如煙海之法藏。

　　雖然我們已經堪為聞受妙法之器，但在真實聽聞妙法之時尚有六種要門需要了知：一是具有殊勝的智慧、心地善良、稟性正直，遠離世間瑣事而專意勤求法義。二是依止善知識聞受佛法，縱然歷有年所，甚或於同一法門聞思數遍也不起少許厭足之心，何時有宣佛法皆喜樂聽。三是真實求法者，不但要虔心如理地多依上師教誡，而且自己的一切行為也要令智者們生大歡喜心，如是才能獲得真實加持。四是若欲增上自己的智慧，則應多聞顯密經續論典，如是既能開啟種種殊勝妙法之門，亦能開啟無量的微妙智慧。五是多聞佛法，深深思維，反覆理解，明確法的本義，以思所生慧來解開法的一切疑難。如云：「深入經藏，智慧如海。」六是我們在修行的過程中應當廣聞博學，虛心實意地向上師祈問經論的疑難處；遠離貪嗔之心而與道友展開辯論，以便徹底遣除心中疑惑，穩固正念相續。所以我們應以這種廣聞博學的方法來受持浩如煙海之教法寶藏。

正確思維法義之六法：思此詞句宣說何意義；
有何分類歸納為何意；有何異名歸屬於何法；
如何歸納概括而實修。細緻思維能啟法寶門。

　　我們貴為佛子，一門心思尋求解脫，不僅要廣聞博學，而且還要結合正確思維之六種法：一是通過聞法而思

竅訣寶藏論釋

維所宣說的法句到底是什麼意義，佛陀所宣之妙法通常有內、外、密、極密之分，亦有了義不了義之別，故應反覆聽聞，深深思維，堅信每聞思一次都會有不同的收穫。二是思維所聞經續論典中所分的品類有多少，如是便於了知各品類的攝義要點，同時為調伏自己內在的各種煩惱，相應各自的根基而側重受持。三是思維每一分類的歸納又是什麼意義，主要闡明了什麼問題，如是明了其中心思想。四是了知每一法相有什麼相異的名稱。五是思維所聞之法應歸屬於顯密三藏中何類所攝。六是要思維經續論典的教義是如何歸納概括的。如實了知後方能依之精勤實修，這樣細緻的思維後就能啟開妙法寶藏之門。

正確修行法義之六法：了達實相解脫常斷邊；
成大乘道空見具大悲；自住法性無有沉掉散；
止觀雙運增上諸證相；無有希憂所緣二取相；
成為諸煩惱障之對治。修此禪定者趨三有岸。

七寶藏──竅訣寶藏論釋

當我們遣除對所聞之法的疑惑後，在正確修行法義之時尚有六個要點需要了知：一應了達諸法的究竟實相，徹底解脫常邊與斷邊。二是成就大乘之道者，應具有大空離戲的甚深正見，以及對眾生無偽的大悲心。三是自然安住於法性之本體中，無有沉掉與散亂。四應了知正確修行法義者，通過寂止與勝觀的雙運修法，能日益增上諸般證相。五是對涅槃與輪迴無有希求與憂慮，所緣能所二取之執著相徹底寂滅於法界的本體中。六是正確實修法義必定成為諸煩惱障之對治力。因此我們若能修習這種禪定等

持，必定將趨向解脫於三有之究竟彼岸。

不為外緣所害之六法：了知讚毀均為空谷聲；
不執他人對己之貪嗔；自之行為不違諸正法；
不求積蓄布施資具果；不捨鼓勵行善之病魔；
不斷生起敬信清淨觀。此乃改變逆緣之勇士。

竅訣寶藏論釋

　　我們在修行的過程中不為任何外緣所危害之法有六種：一是了知他人給你的讚歎與毀謗宛若空谷回聲，毫無實義，對此若心裡不起少許執著，則絕對不被任何外緣所害。二是不執著他人對自己的貪心與嗔心，隨遇而安，這樣你的修行絕對不會被外緣所害。三是我們的一切行為皆不能違越正法的軌則，時時應當秉持因果與教法的正道而行。四是不求積蓄財物與布施資具之異熟果報，我們應以三輪體空的境界來攝持所做的一切善業，不抱任何希求之心。五是從不捨棄能鼓勵我們行持善法的種種病魔，因為在病魔等違緣的催促下，能警醒我們提持正念而精進用功修行。六是在我們的心相續中應不斷地對上師三寶生起誠敬的信心與清淨觀。如此方能堵塞邪見之門而樹立正知正見，這樣絕對不會被任何外緣所害。此等乃為能改變我們修行過程中所遇逆緣的大勇士。

斷除垢染劣意之六法：追求名聲地位之劣意；
謀求利養受用之劣意；境現執為實有之劣意；
貪心纏繞身語之劣意；忙碌現世生計之劣意；
只求獨自解脫之劣意。此人著魔智者當棄之。

　　作為修行人，我們應當斷除垢染劣意之六法：一應斷

除追求名聲地位之卑劣意趣。二當斷除謀求世間的種種利養受用之劣意。三當斷除將世間一切虛幻境現顛倒執為實有之劣意。四應斷除對財色之貪欲心，若我們的身體和語言被貪欲之心纏繞，則會令自己往詣非應之處及做非理之事、言說種種非理之話語，是故這種卑劣意趣也當斷除。五是僅為忙碌現世生活中的吃喝玩樂等生計之劣意也應當斷除。六是不發大願菩提心、不護念如母眾生之苦樂，只求自我解脫，這種不為眾生利樂，僅以一己私利而為等起之惡劣意念也應當斷除。如果具足這六種垢染劣意而不力行斷除之人，作者判斷他已趨入魔境，我等有智慧之人應當速速捨棄這類魔的眷屬，不與之接近，常言道：「近朱者赤，近墨者黑。」故與此等惡劣者交往極其危險。我們應當為自己的修行設置好第一道防線，嚴以加固，不令破損是至關重要的。

不隨外境所轉之六法：不中貪戀嗔恨故鄉毒；
不受恣意享受欲妙苦；不為世間八法刃擊中；
不染威儀狡猾之垢污；不為各種憒鬧風吹動；
晝夜行持善法而度日，當入一切聖者之軌道。

　　我們在修行的過程中應當攝心正念，不隨外境所轉之法有六種：一要了知故鄉是易於引生貪嗔之源，故當勵力捨離，切莫中了故鄉之毒。二要了知「財色名食睡」五種欲妙是眾患之本、痛苦之源，故當捨棄，切切不可恣意妄行貪享此等欲妙。要知道世間之樂乃虛妄顛倒之性，表面上的少許樂感，實際上隱伏著強烈的痛苦。三是我們應當

具足正知正念，時時防護自之根門，不要為「稱譏毀譽利衰苦樂」這世間八法之利刃所擊中。四是修行人應當表裡一致，內心調順，外行威儀寂靜。如果內心充滿五毒煩惱，外觀詐現威儀等即為狡猾的行為，當知這種人歷來是被聖師所呵斥、道友所唾棄的對象。因此我們不可染著這些虛偽的垢污。五是我們應當練就穩重的人格，不要為世間種種憒鬧之分別風所吹動，當寂滅分別心而精勤修行。六是當我們了知此等過患後，應勵力捨棄禍患之源，並夜以繼日地以行持善法而度日，如是我們就能不隨外境而直接趨入一切聖者之軌道。

以信療養身體之六法：以勝解信祈禱修上師；以恭敬信精勤供三寶；以誠摯信觀修諸本尊；以清淨信勤修法性義；以不退信惡緣轉助伴；以究竟信佛法融自心。修解脫道此等極重要。

　　觀察確認好自己依止的上師，且已為善師慈悲攝持，此時我們就應該勤修以信心增上修行善根與資糧，並以此療養身體之六種法：一是以勝解信來祈禱、修念自己的根本上師，將上師觀為佛、法、僧、本尊、空行總集之至尊，也就是應經常觀修上師瑜伽(亦名上師相應法)。二是我們應以恭敬之信心，精勤將五供等敬獻於三寶面前。三是以誠摯的信心觀修諸本尊，每日六時盡力持誦本尊心咒。四是以清淨的信心精勤修習法性本義，即觀心性本體。五是以恆固不退的信心將修行中所遇到的一切惡緣轉為道用，使之成為修行中的助伴。六是以將佛法執為最究竟、最完美

的法，將一切佛法皆盡融入自己的心相續中，以此來清淨心的無明諸障。為此無垢光尊者諄諄告誡我們，凡是欲修解脫道者，上述六種信心的修要竅訣是極其重要的。

表裡如一持戒之六法：了知佛教根本為戒律；了知引入惡趣即罪業；了知破戒失毀法根本；了知戒為諸德之所依；了知戒為善趣之階梯；了知戒為解脫之乘騎。守清淨戒可貴當謹持。

七寶藏——竅訣寶藏論釋

修行人應當表裡如一地嚴持淨戒，如是之法有六種：一是我們應當了知佛教的根本乃為戒律。前輩的大成就者們說過，在末法時期只要有五位以上的比丘秉持清淨的戒法，就說明尚有正法住世的光耀。二要了知引我們趣入惡趣的罪魁禍首就是分別惡心所造的罪業，罪業有自性罪與佛制罪之分，無論毀犯何種戒行，都是墮落惡趣之因。三是應當了知破戒者將失壞佛法之根本。《秘密大乘經》云：「破戒之人，諸有惡法，如世霜雹，毀一切物，破壞善法，亦復如是。」破戒者依此惡業久熏相續，漸能滋生邪見，因而必定會失壞佛法的根本，破戒者若不勵力懺悔，今生即會感受短命、貧窮、煩惱熾盛等果報，來世亦入惡趣。四要了知戒律是諸功德之所依，猶如萬物依於大地。《親友書》云：「戒如動靜之大地，一切功德之根本。」五要了知戒律是趣入一切人天善趣之階梯，世親菩薩亦云：「詣善趣者戒為主，詣解脫洲修最要。」六要了知戒律是我們飛越三有苦途而趣向解脫彼岸的乘騎。而今末法時期守持清淨戒律的行者最為難得，因此我們應當謹

持戒法，逐一遵修。

以對治勝惡緣之六法：依照小乘惡緣棄如敵；
依照大乘惡緣悉淨除；依照密宗方便轉道用；
最深要訣惡緣自解脫；離邊性中惡緣自息滅；
決定惡緣皆為無所尋。相應根基無論修何者；
勝過煩惱怨敵極關要。

窾訣寶藏論釋

　　在修行過程中，我們應以種種對治力來勝伏惡緣，如是之法有六種：一是依照小乘行者的教誡，將貪心、嗔心等惡緣如怨敵般捨棄，絕對遠離彼之危害。二是依照大乘行者的教誡，將如怨敵般的貪嗔等惡緣悉皆淨除。若生貪心，則修不淨觀來淨除；若生嗔心，則修慈悲觀來淨除，如是等等，皆以理智來淨化一切惡緣。三是依照密咒金剛乘共同方便道行者之教誡，一切惡緣皆用方便竅訣來攝持，以生起次第和圓滿次第的智慧將之轉為道用。四是依照最深要訣不共大圓滿行者的教誡，直視貪嗔等惡緣的本性而自然解脫。五是依照大中觀超離一切邊執戲論的教誡，將一切惡緣自然寂滅於大法界的本性之中。六是依照修行竅訣將一切惡緣決定為無所尋事，不管生起貪心還是嗔心，其自性皆了不可得。上述相應不同層次、根基的法門，無論修行何者，均能戰勝一切煩惱怨敵，此等修要竅訣對我們修行者來說都是極為關要的。

具相賢善弟子之六法：具足知慚有愧人格好；
依教奉行信解皆圓滿；寧捨身命修法毅力堅；
慈愛道友大悲潤相續；無有厭倦安忍利他眾；

三門寂靜守護誓言戒。此乃善緣妙法甘露器。

賢善弟子應具之法相有六種：一要具足知慚有愧之心，人格極其賢良。有慚愧之人在日常生活中所作所為都倍加謹慎，從不掉以輕心，時時不忘利益他人，對一切眾生滿懷慈悲博愛之心。人格賢良者恆以六度萬行來饒益所化眾生，即如佛陀在因地時的行為一樣。二是性情溫和，能依教奉行，信解行等皆悉圓滿。三要具有堅強的意志，無論遇到多大難緣也毫無改變，寧願捨棄身命也不捨上師三寶，我們每個人都應該具備這樣的修法毅力。四是慈愛道友、和睦相處，常以大悲心來滋潤自己的相續。五是無論做任何有利於他眾之事都無有厭倦心，能安忍一切勞苦而精勤利樂有情。六是身口意三門都很寂靜，能守護一切誓言、戒規，不令毀損。具足上述六種善緣法相者，即堪為妙法甘露之法器。

思維暇滿難得之六法：人身難得今當獲成就；
上師難逢當取功德果；正法難遇故當勤實修；
深義難聞當修耳傳藏；迷現難斷當修無二義；
順緣難聚具時當勤修。此乃現後世樂之忠告。

我們應當思維暇滿難得之六種法：一是思維人身難得，而今依靠累世的福德因緣幸獲人身，故當依此精進修行直至獲得成就，切莫無義空耗。二是思維具法相的上師難逢，而今幸遇，故當在上師面前諦聽妙法，以期取證殊勝功德之果。三是思維百千萬劫難以相遇的正法而今幸遇，故當精勤實修。四是思維密咒金剛乘的甚深要義更為

難遇，而今幸遇，故當勤修歷代相承的耳傳法藏。五是思維世間的一切迷亂顯現極難斷除，故當勤修顯空無二、究竟一味之義。六是思維修行的順緣是難以集聚的，如今諸善緣具足時應當精勤用功修行，切莫空耗時光。此乃無垢光尊者對我等力求今未來世究竟利樂者的殊勝忠告。

趨入正法關鍵之六法：後世漫長布施極關鍵；
善趣階梯持戒極關鍵；忍辱鎧甲安忍極關鍵；
功德源泉精進極關鍵；不為緣動靜慮極關鍵；
自成二利智慧極關鍵。具足此要速詣解脫道。

　　我們應了知趨入大乘正法之關鍵、必須行持的六種波羅蜜多：第一為布施，相對於短暫的今生，後世是漫長無有終期的，欲造福於來生，最為關鍵的莫過於廣行布施。二欲獲得人天善趣之階梯，最關鍵的即是謹持戒律。《俱舍論》中云：「欲得生善趣，持戒為重要，欲得勝解脫，修行為最要。」可見持清淨戒是獲得人天善趣最為關鍵的行持。三在修行過程中應當披上忍辱的鎧甲，安忍一切害緣極為關鍵。四應歡喜精進止惡行善。如《入中論》所云：「功德皆隨精進行，福慧二種資糧因。」當知精進是一切功德的源泉，欲真實地修行，精進極為關鍵。五應通過修習靜慮度增上定力，如云：「定由戒生，慧由定得。」為了現前殊勝的無分別智慧，修習靜慮極其關鍵。六是大乘行者發心廣大，所作所為皆以利他為重，當知以善巧方便任運成辦自他二利的關鍵即是要具足證悟二無我的智慧。我們在修行的過程中，若能具足此六波羅蜜多的

修要，則將速詣解脫的正道。

不具關鍵過患之六法：不行布施投生餓鬼界；
不守戒律轉於旁生界；不修安忍墮入地獄界；
不勤精進生於無暇處；不修禪定四魔在前候；
不修智慧永久沉三有。不行六度諸敵在前候。

　　不行持六度而引起的過患主要有六種：一是不行布施、極其吝嗇之人因貪著一切財物而不了知「彼等所求諸受用，滅苦之因皆施生」之理，復於慳貪中造諸罪業，當知他們於未來世必定會投生到餓鬼界中感受飢渴等重苦。二是放逸而不守持戒律之人，必將受業力的牽引而於來世轉生為旁生感受無量痛苦。三是嗔心猛烈、不修安忍之人，來世必定會墮入地獄，感受無量劇苦。四是懈怠懶惰、不勤精進之人，不但於今生諸事難以成辦，而且未來世還會轉生於八無暇處，感受勞苦等諸般劇烈痛苦。五是心恆散亂而不能一緣安住者，因不修習禪定，故其面前會有四大魔等候著施予相應的苦刑，所謂四魔即煩惱魔、五蘊魔、天魔、死魔。六是不修證無二智慧之人，將永遠沉溺於三有輪迴中不得解脫。總而言之，在不行持六度波羅蜜多者的前方，將有諸般造害的怨敵等候著施予種種苦刑。為能避免此等惡緣，我們應當精進修行六度波羅蜜多。

修甚深義無需之六法：處處增善無需依靜處；
妄念自解無需捨輪迴；自不放逸無需護他心；
證悟心性無需誦經典；了悟幻化無需斷貪執；

通達實相無需尋佛果。具足此等大士能利眾。

　　修習甚深義時無需勤苦勞作之法有六種：一是在修行達到一定的境界時，則可任運地實修甚深義，此時我們無論身處憒鬧的都市還是依於寂靜山林，處處都能增上諸多善法，何處都不會影響到自己的修行，因此就無需特依寂靜處，而能隨緣隨處任運安住。二是如果貪嗔癡等分別妄念能自然解脫而不受任何煩惱的驅使，修持能達到如此境界的修行人就無需特意捨棄輪迴，亦不用懷疑自己在輪迴中解脫與否，因彼已住於本自解脫之境。三是自己在修行的過程中若能時時提起正知正念而不放逸、懶散，如是防護自之根門，謹慎行道，就無需特意護念他心。四是如果自己證悟了心的本性，則無需念誦經典，大可直接安住於本然覺性中。值得一提的是，很多人往往將內在的少許覺受誤以為是殊勝的證悟，這完全是錯誤的認知，要知道覺受是修行的一種體驗覺知，尚未超出分別念的範疇，易於變異，甚至無端消失，而證悟完全是無分別智慧的境界，是恆固無有變異的，只有圓明與不圓明的少分差別而已。五是若自己能真實了悟諸法為緣起幻化的本性，不起少許執著，此時就無須依於各種理論來加以破析，亦不用刻意去斷除某種貪執。六是如果真正已經通達了一真法界的究竟實相，則無需特意尋覓佛果，亦不用懷疑自己是否能獲得佛果，當徹底遠離希疑之心。具足此等修證境界的大瑜伽士皆能任運地利樂有情。

修法殊勝助緣之六法：殊勝福田恭敬師三寶；

竅訣寶藏論釋

殊勝看破捨棄今生事；殊勝財富依止聞思信；

殊勝親友了達心本面；殊勝發心斬斷私欲藤；

殊勝證相上師視為佛。若具此等任運成二利。

　　我們應當了知對自己的修法有殊勝助緣之六種法：一應認知世間最為殊勝的福田是上師三寶，因此恭敬上師三寶最有利於自己的修行，依之必定能獲無量功德。反之，不恭敬這一殊勝福田而妄加誹謗者，必定會引生無量的過患，因上師三寶是我們修行者最為嚴厲的對境。二應了知最殊勝的看破是捨棄今生的名聞利養等一切世間瑣事，而一心修持出世間法，以為來世能受用諸般樂果作好充分準備。三應了知依止上師生起的聞所生慧與思所生慧以及誠敬的信心即是最殊勝的財富。我們通常所說的聖者七財即是修行者最大的財富。如云：「信財戒財慚愧財，聞財施財慧亦財。」四是將了達自心的本面尊為最殊勝的親友，這樣的親友時時刻刻都會形影不離地與自己生死相伴。五是將斬斷私欲之藤視為最殊勝的發心。我們應當隨行諸佛菩薩們修行的足跡，斷除一切自私自利之心，不為自己求安樂，但願眾生脫離苦，並身體力行地時時饒益一切有情。六應了知最殊勝的證相即是視自己的根本上師為真佛。如是則能獲得佛的無量加持；若視上師為普通凡夫，那麼對之祈禱、依之修行就很難得到加持。因此視上師為佛也是我們修行的一種證相。若我們能具足此等功德則能任運成辦自他二利。

應當斷除非事之六法：斷除不知他心誹謗人；

七寶藏——竅訣寶藏論釋

斷除信士生厭之邪命；斷除過分放蕩瘋狂行；
斷除輕辱他人我慢心；斷除為求衣食捨正法；
斷除輕視因果深緣起。若斷此六非事成正士。

　　修行人應當斷除六種非分之事：一應斷除誹謗他人的行為。常言：「人不可貌相，海水不可斗量。」我們不具他心通，根本不知道他人的內心相續，若信口誹謗的對境正是具有內證功德的菩薩，那麼所獲的罪過就大了。二應斷除令信士生起厭煩心的邪命行為。我們作為修行人，如果僅為個人利養四處攀緣，喬裝賢善卻又紕漏百出，這樣就很容易令信士退失對三寶的信心，故當斷除邪命養活的一切行為。三應斷除過分放蕩的一切瘋狂行為。末法時期的修行人一定要護念眾生的信心，切莫令生邪見，即使您的修行境界高如天空，智慧深如海洋，但還是要具足威儀，如法行持，謹慎身口意三門，切莫顯露令凡夫難以接受的瘋狂行為。四應斷除輕視、侮辱他人的我慢惡心，因此心一起，定滅善法功德而增長諸多過患。五應斷除為求衣食等普通生活而捨棄珍貴正法的顛倒行為。作為修行人，我們應當捨棄一切榮華富貴，甚至捨身赴死，尋求正法。我等大師釋迦牟尼佛在因地時僅為尋求四句偈語，曾剜身肉做燈千盞、投身火坑等歷盡了無量苦行。我們身為佛陀的追隨者，發願荷擔如來家業，續佛慧命，豈能因求衣食而捨棄正法，是故縱遇命難也應勵力杜絕這種顛倒行為。六應斷除輕視因果等甚深緣起法的惡心。因果深細難測，緣起奧妙無窮，唯有佛陀的一切智智才能圓滿抉擇，

竅訣寶藏論釋

若凡夫以分別心臆測，則連因果緣起的皮毛亦難以衡量，故不能妄加輕視。我們若能斷除此等非理之事，就可稱得上是名副其實的修行正士。

諸修行人應為之六法：頂戴上師本尊空行眾；
三門善法轉為菩提道；拋棄我執實執與常執；
鏟除一切今生之念頭；以對治力擯除五毒惑；
積累聞思修行之財富。以此可令自他變富裕。

七寶藏——竅訣寶藏論釋

　　我等修行人應當奉行之法有六種：一是念念不忘恭敬頂戴上師、本尊、空行這三大修行之根本。因為上師是我們祈求加持的來源，本尊是恩賜悉地的根源，空行則是令我們獲得成就的根源。倘若棄離了三根本，我們即便是廢寢忘食地精進努力，也終修無所成，因此必須恭敬頂戴、念念不忘、虔心祈禱三根本聖眾。二是將身口意三門所造的一切善法以智慧攝持，使之完全轉為菩提道用。如果僅為一己私利而造作某種善根，雖然功不唐捐，但其果報必定渺小或一次性用盡。《入菩薩行論》云：「其餘善行如芭蕉，果實生已終枯槁，菩提心樹恆生果，非僅不盡反增茂。」因此我們應當以三輪體空的智慧及初中後三大殊勝來攝持所造的一切善根。三應依甚深的中觀理論來破析諸法本體，力行拋棄我執、實執、常有等一切執著。我等眾生皆因無始以來的實執分別心，妄起我執與我所執等造作諸業，生死流轉，無限循環，了無出期。而今憑藉往昔的福德因緣，幸遇上師明示宇宙萬有之真理，了認諸法本空離根之性，從而樹立殊勝正見，以聞思之智破除一切

79

實有執著，這樣久久熏修，來日必定橫超三界、成就無上佛果。四是我們應當鏟除為今生求利養的念頭，時時提持正念，勤求出世間正法，遠離世間八法。噶當派的格西亦說：「若僅為今世的利養而講經說法則無任何意義。」五是我們應以各種對治力來擯除相續中具有的貪、嗔、癡、傲慢、嫉妒這五毒煩惱，令心相續清淨無染。六應精勤積累聞思修行的殊勝財富，此為解脫途中必備的無漏資糧、永恆的財富，這種財富水不能溺、火不能焚、搶不去、盜不走，將永遠跟隨自己直至解脫。依此六法，可令自他眾生在精神上都能變成真正的大富翁。

實修法時所需之六法：定然速死故需捨非法；
渾噩易生故需斷懈怠；精進易失故需依對治；
敬信易退故需恆串習；迷亂難斷故需知無實；
邪行易染故需不交往。

　　實修解脫法時必不可少之法有六種：一是了知自己的壽命如風中殘燭非常短暫，必定會迅速趨向滅亡。因此在無常尚未來臨的有生之年，我們應當勵力捨棄一切非法而勤修解脫正道。二是實修正法時如果稍有放逸，便容易沉入渾渾噩噩虛度光陰的狀態，故當斷除一切懈怠的行為，於晝夜六時中精進無有疲厭。三是精進之心容易生起也極易退失，常言道「勇猛心易發，長遠心難持」，我們應當依於種種對治力，如觀修人身難得、壽命無常、輪迴痛苦、因果不虛等法門令精進心持久不退。四是對上師三寶的恭敬信心也容易退失，為令信心持久恆固不退，當在自

竅訣寶藏論釋

心相續中時時憶念上師的種種功德而串習修煉。五是因我們無始以來的迷亂習氣極難斷除，故當依靠中觀理論來了知諸法如夢如幻、顯而無有自性之本體。認知諸法的無實本體以後，數數觀修，功夫練到家就自然能斷除實執的種子及習氣。六是我等凡夫因定力不夠而容易受到種種邪行的污染，故當護持自己的修行與人格，斷除與閒雜人等的交際往來，當知獨自安住、閱讀經論、依文解義、斂目內觀是極為殊勝的。

趨入佛教皈依之六法：佛陀三身所修之皈依；三乘之法行道之皈依；聲緣淨心助伴之皈依；成就上師所依之皈依；一切本尊成就之皈依；智慧空行加持之皈依。此等前行之法極重要。

　　趨入佛教皈依之法有六種：一應了知佛陀三身無別的果位乃為我等修行人最終所要取證的聖果，故說法報化三身是所修之皈依。二應了知小乘、大乘、密乘所宣之法即是行者所修之道，故稱行道之皈依。三應了知聲聞、緣覺、菩薩三乘聖者實為我們修行淨心法門的助伴，他們能伴隨我們越過生死的大沙漠，趨至解脫的安樂洲，故為助伴之皈依。四應了知獲得大成就之上師乃為我們修行旅途中唯一的怙主，只有依靠上師所傳授的教言竅訣，方能修有所成，以至現證大菩提果，故上師是我們所依之皈依境。五應了知一切本尊是我們獲得成就的根源，故為成就之皈依。六應了知智慧空行是我們在修行過程中獲得加持的根本，故為加持之皈依。此等前行之法是我們真實趨入

七寶藏——竅訣寶藏論釋

佛門修行者必不可少的先決條件，如理依修極為重要。

一切信士當知之六法：知為當為利己之正法；

知捨當捨迷現之貪執；知聞當聞上師之教言；

知斷當斷三門之罪業；知行當行正法之深義；

知觀當觀心性之實義。如是而行趣向真實義。

一切信士應當了知之法有六種：一要了知究竟能利益自己的就是正法，因為它是離苦得樂的根本途徑，此外一切法都是離樂得苦之因。所以我們要分析利弊、正確取捨。二要認知修行人應當捨棄之法是一切迷亂的顯現以及由迷現而引生之貪執心。三要知道所有的聞法中以聞受上師的教言最為殊勝。四要了知應當斷除之法是身口意三門的罪業，如殺盜淫三種身業與妄語、惡語、兩舌、綺語四種口業，以及貪心、害心、邪見三種意業。五要了知我們應當行持的是正法的甚深意義，因為它能促使我們棄惡從善，從而進入深層的內觀，了認心的本性。六要了知所有的觀修中，觀修心性的究竟實義是最為殊勝的。依上述竅訣數數觀修就能寂滅二障的種子與習氣，現證二種智慧，趣向斷證圓滿之真實義。

諸善緣者修要之六法：實相無作故無戲重要；

修持光明故無散重要；行為如幻故無實重要；

果任運成故自具重要；惡緣自解故無執重要；

苦樂為心故修煉重要。若具此要無勤成諸事。

諸具善緣者之修要竅訣有六種：一是因究竟實相無有任何勤作，故通達萬法本空離一切戲論的境界最為重要。

二是於修持光明而本然安住時，以智慧攝持，心無散亂最為重要。三是一切行為本如夢幻，均無自相的實質性，故通達諸法都是虛幻無實的境界最為重要。四是三身無別之果本來任運自成，既非因緣合成，亦非勤作覓來，故了知自然本具之理，遠離一切分別尋思而本然安住，方能任運自在地如實契證三身無別之果位，此乃真實修行之要訣。五是觀察一切惡緣，究其本性皆為本自解脫，故於惡緣當忍之任之，毫無執著地面對最為重要。六是因一切苦樂皆來源於自己的實執分別心，故修煉自心、破除分別實執最為重要。我們若能具足上述六種修要竅訣，將無勤自成二利諸事。

以理督促自己之六法：壽命不定理當精進行；
輪迴痛苦理當生厭離；六道眾生理當以悲護；
恭敬上師理當不間斷；甚深竅訣理當勤實修；
見性之時理當依靜處。隨理之人乃為最勝士。

　　我們在日常生活中應以六種正理之法來督促自己的修行：一應了知壽命的長短毫無定準，有的朝生暮死，有的童年或青年時亡，有的老年善終，如是乃至在尚未獲得一定成就之前，自己的壽命是難以把握的，因此我們在無常還未來臨之前理當精進行持善法，堅持走解脫正道。二應了知三有輪迴中充滿了無量的痛苦，上至天界，下至地獄無不是苦性循環，無不被重苦逼迫，因此我們理當對六道輪迴深生厭離之心，一心祈願解脫如是苦海。三是我們生為佛子，當行佛事，時時垂念地獄、餓鬼、旁生等六道苦

處而心發大願，手扶慈楫，接引眾生離苦得樂。誠如《梵網經》所云：「一切男子是我父，一切女子是我母。」是故以悲心護念一切父母眾生是我們義不容辭的職責。四應從心坎深處恭敬上師，在行為上侍奉上師，以語言讚歎上師之功德，如是於身口意三業數數實修，不予間斷，數年如一日地恭敬、承侍上師無有疲厭且忠貞不渝之行者離解脫聖城已不會太遠了。五應了知佛法是薄福淺慧者難遭難遇之妙寶，如云：「無上甚深微妙法，百千萬劫難遭遇。」凡是值遇佛法者皆為累世修積福德之因緣所致，更何況獲得甚深密法之竅訣，今蒙上師鴻恩，慈悲演示修要竅訣，我們理當依之實修實證，切莫無義空耗。六是我們這些末世的寵兒已得上師恩賜法要，若依之而了然地現見心之本性，爾時切莫渾渾噩噩、隨波逐流般地虛度光陰，理當於寂靜處專意持修。否則，已了認心性之覺受易於退失，甚至蕩然無存，如是豈不哀哉！我們若能依隨如是真理則已成為最殊勝之大修士。

需知各乘攝義之六法：需知煩惱本身之過患；需知斷煩惱為聲緣道；需知淨煩惱為菩薩道；需知轉煩惱為密乘道；需知認識惑為自然智；需知解脫取捨無所尋。若具此等則無煩惱垢。

接著我們尚需了知顯密各乘歸攝要義之六種法：一應了知一切煩惱本身所具之過患，如貪心能毀壞修行、嗔心能焚毀一切善根資糧、癡心不明理義故障礙修行等等。二需了知依靠各種途徑與方法來斷除煩惱乃小乘聲緣行者之

道。因為徹底斷除煩惱障就能得小乘阿羅漢的寂滅果位，這只能讓行者自己解脫於三有輪迴，對於廣大眾生實無多大的利益。三需了知依靠修積種種殊勝資糧與方便法要來淨除煩惱，乃為大乘菩薩之道。如發菩提心、觀修空性的智慧等等都是清淨煩惱的方便。四需了知依修生圓次第等方便法將煩惱轉為道用即是無上密乘之殊勝修道。如轉貪心為道用而修煉大樂等雙運法之下門竅訣、轉嗔心為道用而攝伏剛強難化的眾生等等。五需了知依靠上師所介紹的竅訣能認識煩惱的真實本性為自然本智，這是一切眾生本來具有的，如大圓滿中直指本性的修要竅訣。六需了知我們真正認識心的本性以後，無論解脫與否或輪迴與涅槃、因果取捨皆為無所尋事，都是一味大平等的本性。若我們具足此等功德，就不會再有任何煩惱的垢染。

行正法者應具之六法：知輪迴苦如尋惡人過；逃出輪迴如軍人投降；不復流轉如狐逃脫籠；斷絕輪迴如眷棄昏君；漂泊之憂如險地尋道；解脫之心如冰化為水。

我們所有行持正法者都應足之六法：一應認知輪迴的苦患無處不在，如同觀尋惡人的所作所為般比比皆是。二是我們應該義無反顧地逃出輪迴之網，如同單槍匹馬的軍人被大軍圍困，不敢戀戰而立即投降解危一樣。因為我們沉溺輪迴，為種種苦惱逼迫，如果再貪戀輪迴，勢必會加速墜溺於苦海深淵，了無出期。三應發願勤修正法，得到解脫後就不復流轉生死輪迴，這就好比狐狸逃脫囚禁的

牢籠後再不會落網被擒般已具殊勝的智慧與能力。四應發誓斷絕輪迴之根，頑強地同一切煩惱惡魔作戰，如同被慘無人道的昏君折磨、壓迫的眷屬，絕意捨離昏君般勇於破除重重危難，遠走高飛，無怨無悔。五應了知漂泊於苦海中的眾生必定會被種種憂慮所困擾，如同迷路人在懸崖險地尋道一般，處處小心謹慎，不敢掉以輕心。六應了知行持正法者令心得到自在解脫就猶如冰融化為水般功到自然成。我們無始以來的妄想執著極其堅固，唯有依靠智慧的熱能方可逐漸將之融化，從而獲得解脫，如同千年積雪、萬年冰川也只有隨著氣溫的增高，才能逐漸融化為水。

相續修法應具之六心：持法之心如蜂釀蜂蜜；
思維之心如石中尋金；通達之心如同獲純金；
串習之心如同擦拭金；增德之心如金成飾品；
現前之心如成諸所願。

修法的時候，我們相續中應當具足的有六種心：一是受持佛法之心應亙古不變，精進不懈，猶如蜜蜂從花蕊中採集花粉釀製蜂蜜一樣，採得百花釀作佳蜜，無有滿足的時候。二是思維法義之心應細緻入微，逐一思維，反覆推敲，毫無疏漏之處，如同在石沙中尋覓黃金一般兢兢業業，一無遺餘。三是通達法性之心應清淨無染，赤裸了然，如同獲得純金一般無有少許垢塵，自心深信不疑，數數歡喜，倍加珍惜，我們當如是反覆依修。四是了認法性之心要數數串習，令其更加圓滿明清，如同擦拭黃金，越擦越光亮耀眼。五應了知增上信心、悲心、菩提心等功德

之心為三身無漏的究竟莊嚴，如同黃金在能工巧匠們精湛的技藝之下最終變成殊妙的裝飾品一樣光彩照人。六應了知現前究竟果位之心，雖安然本住，然卻能任運成辦一切欲願無需勤作，猶如具足福德與智慧之人心想事成，任何事對他們來說都是唾手可得。

與大乘道相聯之六法：見與體驗相聯滅實執；
信心精進相聯遣懈怠；方便智慧相聯離小乘；
自錯他對相聯除嗔心；敬信毅力相聯詣聖道；
聞思實修相聯斷歧途。真實做到之人極罕見。

　　與大乘道相聯之法有六種：一是依靠大乘理論所抉擇的見解要與自己內在的修行體驗相聯繫，這樣才能滅除我們無始以來的實有執著。如果見修脫離，則不具破實執之力，見如雙目，修如雙足，有眼無足，可望而不可及，終不能到達目的地；有足無眼，行道危急，縱入罪惡之途亦不自知，因此見修結合是必不可少的。二是對上師三寶的信心必須要與精進相聯，如是方能遣除懈怠懶惰。無論世間法與出世間法，若人僅有信心，而未精進實行，則如望梅止渴般欲成之事可望而不可及；若信心結合精進，則萬事皆成。三是我們在修行的過程中，必須使大悲心等方便法與證悟空性的甚深智慧相聯繫，這樣就能絕離小乘自了漢之道。四是若將自己的錯誤與他人的正確相聯，則能遣除我們因外緣而引起的嗔恨心。如果固執己見地認為自己正確，他人錯誤，則難消除嗔恨之心，甚至火上澆油，令嗔心猛起。五是對上師三寶的恭敬信心與忍苦耐勞的修行

毅力也應相聯，如是我們就能速詣解脫聖者之道。六是若我們聞思之經論法義能與實踐修行相聯，則可斷除一切歧途，踏上通徹的光明大道，以致順利地到達安樂的彼岸。可見聞思修行必須並進方能取得預期的解脫樂果，而今末法時期真能如是做到之人卻寥若晨星，這也正是歷代大德傷嘆、憂慮之事。

最為無上教授之六法：悟實相乃無上之聞法；
根除輪迴無上之思維；生起智慧無上方便道；
堪修正法無上之加持；證無生死無上之悉地；
證無所得無上之定量。若修此等佛果自中生。

　　能促進我們修行且最為無上之教授有六種：一是了悟諸法實相乃為最無上的聞法，因為聞法的目的就是證悟實相，此亦是究竟的聞法。二是根除生死輪迴乃為無上之思維。因為思維法義的目的是遣除疑惑、便利修行，最終斷除輪迴的根本，此亦是思維之究竟。三是在心相續中生起的無二智慧乃為顯密諸乘所抉擇的無上方便道。四是若我們能令身口意三門堪能、晝夜精進，毫不散亂地修持正法，這種徵兆即是依上師、本尊、空行等聖眾所獲得的最無上之加持。五是證悟無生無死的究竟本性，超離一切生滅戲論，乃為最無上的究竟悉地。六應了知證悟諸法本無所得之自性即是獲得最無上成就的究竟定量，因為涅槃和輪迴的本體都是空寂離戲的大法界，三時無有遷變。我們修習此等無上之教授就能如實證悟，佛果也將在自身中任運生起。

竅訣寶藏論釋

修行不為他轉之六法：不為暫時愛友之緣轉；
不為面諛飲食之緣轉；不為交往散亂之緣轉；
不為親友情感之緣轉；不為能工巧匠之緣轉；
不為積蓄財物之緣轉。具此六者究竟正法道。

　　能令我們的修行不為他緣所轉之法有六種：一是不為暫時愛友之情緣所轉。因為一切親情往來都是我們修行的拖累和負擔，只能增上身心的散亂，故當痛下決心斬斷一切情緣。二是不為表面上的阿諛奉承及飲食受用等因緣所轉，因為虛偽的讚美會蒙蔽我們的心智、增上慢心；美味佳餚會誘發我們的貪心，故當嚴厲抵制這一切過患之緣。三是修行人應往詣寂靜之處，隻身安住而修，不要為交際往來等散亂因緣所轉。四是我們不應為親友互相眷念的情感因緣所轉，應時時觀念無常的本性，了知暫時的相聚，終究會換來痛苦的別離，故當依隨佛經教義攝心正念，斷除一切貪戀與執著。五是修行人不要盲從於世間瑣事，亦不要迷惑於能工巧匠的技藝，因為他們雕製的各種美妙飾品都是壞滅的本性，且於製作過程中無義奉送了自己一生難得的大好時光，就算你的技藝巧奪天工，雕製的器具精美別致，獲得世界之最的殊榮也無任何實義。故當勵力捨棄世間無義之事，誓不為此等外緣所轉。六是不要為積蓄財物之緣所轉，因為財物虛幻無實，且是煩惱之因，弊多利少，最終累己害人。假如我們已具足此六法功德，且不為任何外緣所轉，則說明自己無疑已經趨入究竟正法之道，必定會得大成就。

七寶藏——竅訣寶藏論釋

觀察而捨人格之六過：心亂謗他五毒極粗重；
無所事事心粗無主見；喜愛無義瑣事及交際；
剛愎自用不聽他人勸；趨附高官喜新延誤事；
虛偽狡猾懷恨在內心。觀察修法過患而捨棄。

　　通過觀察，我們應捨棄六種不良人格：一是心煩意亂、喜謗他人、樂論是非、心相續中五毒煩惱極其粗重，這種惡劣之人格應當捨棄。二是整日放蕩不羈，無所事事，分別心思極其粗大，心無主見，總是喜歡隨聲附和，這種卑劣之人格應當捨棄。三是喜愛無義瑣事，如逛街閒遊、做生意、歌舞賭博以及人際交往等，這種人格也應當捨離。四是不聽他人忠告，自作聰明、剛愎自用之人總以個人為中心，我行我素，實為成事不足敗事有餘之徒，這種人格應當捨離。五是不立志氣、趨附高官、處處攀緣、喜新厭舊之人，凡是交代於他的事情總是以無止息的拖延而耽誤，這種不穩重之人格亦應捨離。六是為人虛偽狡猾，做事毫無誠意，縱遇小事或稍有不順心的事情就懷恨在心，總伺機報復以了心腹大患，這種人格極其惡劣。是故我們在修法過程中應當閉目內觀，看自己有否此等過患，以有則改之、無則加勉的態度來對待，或在會遇此六種過患之人時亦應當設法遠離，當然在自己有能力的情況下極力幫助對方，使之遠離此等過患亦不為過。

行為劣者過患之六法：不報恩德恩將以仇報；
無自知明過分要求他；反覆無常情緒多變化；
口是心非表面假奉承；不知具義心雜喜言談；

90

從未利他反懷有希望。如是違法之人當離棄。

　　我們應該了知行為惡劣者之六種過患：一是有些人格卑劣者在受人恩惠的情況下，非但不報恩德，反而恩將仇報。世間諺語云：「受人滴水之恩，當以湧泉相報。」人格惡劣者卻恰恰與之相反，如是做人都不合格，又如何去圓滿佛道？二是有些人從不自量力，外在行為極其散亂，內在貪嗔癡等五毒煩惱熾盛，卻不知審視自己的過失而過分嚴格地要求他人，無慚無愧地講些口頭大道理。三是性格漂浮不定，情緒反覆無常，變化多端，今天發願閉關靜修，明日卻打著參學的旗號四處觀光，還妄想旅遊成佛，這也是惡劣者的行為。四是虛偽狡詐、口是心非之人，通常口裡說一套，心裡卻盤算另外一套，阿諛奉承而居心叵測，實為典型的笑裡藏刀，與這種人交往須得小心又謹慎。五是不明事理、不辨善惡利弊之人，他們不知何事有義，為之利己益人，亦不知何事無義，為之損人不利己，心思雜有惡毒，卻喜歡口若懸河地侃侃而談。六是從不願意奉獻少許、毫無利他之心者從來都是滿懷希望地盤算如何得到他人的種種利養。無垢光尊者告誡我們應當遠離如是六種違背法規之惡劣人。

遠離一切過患之六法：心地善良穩重瑣事鮮；
誓言堅定安忍具毅力；不為他害不為外緣轉；
情意長久敬信裡表一；心純善巧方便智慧高；
不言他過根除自過患。如是勝士堪為菩提友。

　　明知交往人格惡劣者將引來無窮的過患，修行人自當

遠離，那麼我們可以親近之道友又是怎麼樣的呢？那就應觀察，看是否具足下列六種條件：一是心地善良，忠厚誠懇，性情穩重，慷慨大方，世間繁雜瑣事鮮少，一心從事出世間正法。二是言行一致，從不虛願，故所發誓言極其堅定，途中縱遇種種艱辛、逆緣，仍能泰然自若地安忍，具有強大的毅力來成辦一切誓願，毫無違逆。三是一切所作所為謹慎如初，思路清晰，具有智慧，懂得辨析取捨，不違世出世規，做任何事情都會得到人們的擁護，亦懂得善護自身故不為他人所害，內在的正見穩如泰山，絕對不為任何外緣所轉。四是對師長、道友、親眷等情深意長，從不喜新厭舊，亦不見異思遷，對上師三寶的恭敬和信心情真意切，表裡如一。如果有人心裡滿懷邪見，居於某種目的而詐現恭敬行為，此乃虛偽之舉，應當捨棄。五是心地純樸，無論成辦什麼事情都具諸善巧方便與高超的智慧。六是經常內觀相續，非但不談論他人過患且力行根除自己的過患。如是具足上述六種功德的殊勝士夫就可以成為我們修道中最親密、可靠的菩提道友。

修法之人嫉妒之六過：欲得勝他豐富之受用；
欲求眾多眷屬與弟子；欲求一切廣大福德財；
欲求美名飛幡遍世界；欲求自力超勝一切人；
除己之外一人亦不想。此人已被欲天箭射中。

　　修法之人以嫉妒將引生的六種過患：一是心懷嫉妒之人，總是欲望獲得超勝於他人的豐富受用，縱使得到亦不知足，其心智已被物質的欲望分占了，又何談修行呢？二

竅訣寶藏論釋

92

是欲求攝受眾多的眷屬與弟子，以此抬高自己的身分與知名度並引以為榮。要知道，當我們具足攝受弟子的能力時，不用千辛萬苦地攀緣、覓求，弟子也會如眾星捧月般地聚集在自己的身旁；在不具足攝眾能力時，萬般尋求最終也是竹籃打水一場空，且會毀壞自己的修行，退失他人的信心。三是嫉妒心熾盛者往往因欲求世間的一切有漏福德與財產而喪失內在的理智，如是我們的道心及殊勝智慧都會退失。四是嫉妒心強盛之人總會想方設法地使自己美名的飛幡布滿世界各地。當今時代，許多形象的修行人為得美名與崇高地位，而不擇手段地搞自我宣傳，標榜自己是大活佛、大法王等騙取信眾的財富，抑或這就是末法時期悄然而至的標誌，怎不令正士大德擔憂？五是心存嫉妒的人總希望自己的能力超勝所有世間之人，孰不知山外有山，人外有人，縱然累死、氣死，這種妄想亦不可能實現。六是有嫉妒心的人時時唯求自己獲得名譽、地位以及眷屬圓滿等種種利益，此外不思及任何人的利益，更何談對他人的一片善心？這怎麼能談得上是大圓滿或大手印的大修士呢？彼等顯然已經被欲界天魔王波旬的貪嗔箭毒等射中了要害，若不及時悔悟，懺盡愆尤，提持正念，就只能與解脫背道而馳，從而墮落三塗。

心懷嫉妒外相之六法：羨慕具有福德憒鬧者；

惡語中傷行法之大德；見他圓滿嗔恨擾自心；

嘲笑譏諷慈心利他者；詆毀誹謗修行成就者；

袒護協助無明邪見者。

我們可依六種外現之相來觀察、衡量心懷嫉妒之人：一是羨慕具有福德之人，不惜低聲下氣地去討好、交際，整日忙碌於吃喝玩樂的憒鬧者。二是自己雖無能力、功德，然因嫉妒心的緣故，總喜歡以惡語中傷行於正法的高僧大德。如在大庭廣眾之下無端挖苦、謾罵，總是以唇槍舌劍攻擊行於正法之人。三是看見他人各方面比較興盛圓滿的時候，就禁不住大發嗔恨心，如是嗔心怒火便燒毀了自己含辛茹苦累積的功德，同時也擾亂了自己的內心而難以安住修法。四是自己無能，卻反而嘲笑譏諷具有慈悲心、能利益他眾之賢德人士，這亦是心懷嫉妒的表現。五是無因詆毀、妄加誹謗真正的修行人及修行獲得成就之人，造作如是罪苦之因，何時能有脫離苦海之機？六是片面地袒護、協助充滿無明邪見之人，無疑會成為惡劣之徒的幫凶，其實質即為邪見者之同黨，必將摧毀自己的正念相續。具足這六種外相者，說明心中滿懷嫉妒，與之交往時

應具善巧方便，否則還是遠離為妙。

依止如此劣者之六過：僅見亦退信心出離心；
僅聞亦離殊勝解脫道；僅念亦播輪迴之種子；
僅觸亦失加持與悉地；僅談亦滅敬信清淨心；
結上法緣為魔所加持，死後墮入無間地獄中。
是故當捨如此惡緣者。

　　如果依止滿懷嫉妒心的惡劣者，當即就會出現六種惡兆：一是僅與這種惡劣者見面，亦將退失我們前所具有的

信心與出離心。二是僅僅聽聞此惡劣者的聲音，亦將令我們遠離殊勝的解脫道。三是僅僅從內心念及這種惡劣者，亦將使我們播下沉溺輪迴之種子。四是僅僅與這種惡劣者接觸，彼之晦氣亦將毀壞我們積累的善法功德，令我們失去上師的加持與本尊賜予的悉地等。五是僅與這種持有邪見的惡劣者交談些許話語，亦將滅盡我們對上師三寶的恭敬信心與清淨心。六是若與這種持邪見的惡劣者結上法緣或恭敬侍奉他等，即為受魔加持的一種惡相，待身壞命終之際必定會墮入無間地獄，感受無量痛苦。是故我們應當用智慧的眼目善加觀察，徹底遠離如此具惡緣之人方是明智之舉。

劣人所具惡相之六法：不如俗人豈能成行者？
不如賤種豈能成信徒？不如外道豈能成菩薩？
不如邪見者豈成咒師？不如罪人豈能成修士？
離佛法者豈能有見修？此乃佛教之賊假行者，
引信士入邪道當棄之。

　　我們應當認知卑劣之人所具有的六種惡相：一是如果連普通世俗人的行為都不如，豈能妄稱自己是真正的修行者？二是如果連世間乞丐、鐵匠、娼妓等賤種人的人格都不如，豈能妄稱自己是佛教的信徒？三是所作所為若連外道的行為都不如，豈能妄稱自己是菩薩？因為外道中亦有行持十善、慈心護生等善行。四是言談舉止若連謗無因果的邪見者的行為亦不如，豈能妄稱自己是取捨究竟、滅盡貪心嗔心的密咒師？

五是連一個違逆法規的罪人之心境都不如之人，豈能妄稱自己是大修士？六是若人從內心深處捨棄佛法的教義，從行為上背離佛法之規，這種人怎麼可能具有依佛法而樹立的正見與修行？具有這六種惡相之人，無垢光尊者痛斥他們為佛教之盜賊、敗類，純粹的假修行者，是引導信士趣入邪道之大邪師，我們應當遠離。

不得成就脫離之六法：雖具發心然若未發願，
不能播下色身之種子；雖有悲心若未滅私欲，
不入利他大乘之行列；雖行隨順時機未成熟，
不成利他反成譏諷因；雖居深山若未生厭離，
難以斬斷依附貪嗔藤；無有敬信雖空口祈禱，
不獲一滴加持甘露雨；智慧雖高若未離戲論，
不辨輪涅縛於宗派籠。是故竅訣融心極重要。

竅訣寶藏論釋

　　許多修行人久修而不得成就，其原因就是脫離了緊密相關的六法：一是雖具發心——發誓利樂一切有情之菩提心，然於所依處上師三寶前仍要廣發大願，諸如願我生生世世不離上師與正法、能荷擔如來家業、具足救度眾生的能力、常轉正法之輪、點燃智慧的火炬、照明三塗之幽暗、引導眾生出離罪苦的深淵、趨達解脫安樂的彼岸等等。我們若未如是廣發大願，仍就不能播下殊勝色身(佛的報身與化身)的種子，因為利樂有情的事業，唯依報身與化身方能成辦。可見發心與發願是相輔相成的，切莫脫離彼此緊密的關係。二是雖然在相續中生起了相似的大悲心，然若未能滅除私欲之心，不念眾生苦楚，時時為自己

謀求種種利養，則根本不能趨入萬事利他這一大乘壯舉的行列。因為大乘的根本核心在於「不為自己求安樂，但願眾生得離苦」。三是雖行隨順世間某種因緣來利益他眾，然若時機尚未成熟，則非但不能成辦利益他眾的事業，反而會成為他人譏諷之因。是故具有智慧之人，無論欲成辦何事，事前皆應仔細觀察，看時機有否成熟，切莫盲目行事。四是雖然身居林間山岩等寂靜處，但若內心對三有輪迴未生起厭離心，常念紅塵漏樂，則難以斬斷依附貪嗔之心而生長之煩惱藤蔓，如是被煩惱束縛，愁苦滿懷，甚至不能自拔，故當依教調伏自心相續，使之寧靜，專意修持佛法極為重要。五是若對上師三寶無有恭敬和信心，僅如鸚鵡學舌般地空口祈禱，則絕對不能獲得一滴加持的甘露法雨。因為一切加持、悉地等功德全都建立在恭敬與信心的地基之上，敬信與加持是相等的，有一分敬信得一分加持，有十分敬信，得十分加持。不具敬信而妄求加持者，則如愚人說食數寶般毫無意義。六是有些人智慧雖然較高，且辯才無礙，但因未了認空性本體，未能超離邊執戲論，亦不善辨析輪迴與涅槃法性平等實相，為邊戲所攝而偏執地耽著自宗，破斥他宗，妄立門戶之見，這樣仍被束縛在宗派的牢籠之中難以獲得解脫。是故我們應當虔心吸取傳承上師的教言竅訣，將之融入心續是極為重要的。

諸修行者需具之六法：畏懼輪迴如被屠夫追；

精進行善如同耕田地；依對治如患者服良藥；

精勤利他如同育幼子；善調自心如同揉皮革；

七寶藏——竅訣寶藏論釋

滅我執敵如同伏冤家。恆時依止此等六需具。

　　諸修行者需要具足之法有六種：一是對三有輪迴深生畏懼之心，其限度如同有情被屠夫追逐，即將斷頭喪命的強烈恐怖心情，四處仰望求救，迫不及待地渴望出離如此苦境。二是精進行持善法之心，喜勤不懈，念及一切善根與功德的增長完全來自於精進，如同農夫耕耘田地般「一分耕耘一分收穫」，故當精勤修積善資。三是我們在修行的日常生活中，一旦發現自己心念不正、惡習等煩惱叢生，爾時當立即依靠種種強有力的對治法來加以遣除，如同身患重疾之人服用良藥般，為病服藥，不稍遲緩。四是我們生為佛子，當行佛事，秉教修行，利樂有情，勇猛精進，遇難不退。利益他眾之行持即如同慈母撫育頑皮的幼子般無微不至，這種無私的奉獻，無怨無悔，且能持之以恆。五是採用各種方法來善加調伏自心相續的無明煩惱，如同搓揉堅硬的皮革一般，久之便會令其變得非常柔軟。同樣，我們可以用各種調伏方法來令自己剛強難化的性情變得溫和調順。六是若能依於各種善巧方便滅盡我與我所的執著怨敵，則如同降伏了三世一切冤家仇敵一般，身心都會感到輕鬆自在。我們在修行的過程中恆時應當依此六法，能持久修行則極為殊勝。

究竟調伏自心之六法：究竟解脫乃斷故鄉執；
究竟務農乃勤行善法；究竟歸宿乃得實相地；
究竟守護乃棄愛我執；究竟調伏乃滅五毒敵；
究竟實修無散護正念。若具此六所願如意成。

我們應當了知究竟調伏自心之六種法：一應了知修行人最究竟的解脫乃為斷除對故鄉的執著心，進而斷除對父母親友的貪戀之情。《佛子行》云：「貪愛親方如沸水，嗔恨敵方如烈火，遺忘取捨愚暗者，拋棄故鄉佛子行。」二應了知修行人最究竟的務農事業乃為精進行持一切善法、斷除一切惡法，因為這才是真正的實修。三應了知我們最終的究竟歸宿乃為獲得實相之本地——現證心的本性，這即是我們修行的最終目的。四應了知最究竟的守護乃為棄離對自我的貪愛與執著，故捨棄我執是最完善保險的守護。五應了知最究竟的調伏乃為滅除內在隱藏的貪嗔癡慢嫉五毒怨敵，因為五毒為地獄之五種根源，如云：「滅除五毒即平息紛爭，無一物者，苦惱不相隨。」六應了知最究竟的實修即是令身心無有散亂，時時護持正念相續。復次，進入更深一層的實修，即任運安住、了認心性之明樂無念的境界，護持修證的覺受相續。我們若能具足此六種竅訣，如理持久地修行，那麼一切所願將如意自成。

諸修行者危險之六法：雖具信心若未斷名利，
終有世法危險當謹慎；雖依靜處若未具出離，
終有散亂危險當謹慎；雖具道相若未斷慢心，
終有魔障危險當謹慎；雖集護法若不具悲心，
終有業倒危險當謹慎；雖具高見若未除貪執，
終成油子危險當謹慎；雖勤利眾若為私欲縛，
終成騙子危險當謹慎。

諸修行者應當認知六種危險之法：一應了知雖然對上師三寶具有信心，但若未斷除希求名聞利養之心，最終還是會被世法所染，沉溺於滾滾紅塵中，隨波逐流，生死漂沉，極其危險，故當謹慎。二應了知雖然表面上依於靜處修行，但若不具足出離心之鞭策，最終仍會隨分別欲望所轉而散亂，以致虛喪一生寶貴的時光，這也非常危險，故當謹慎。由此可見出離心的重要性，它是三乘行者修法必不可少的首要課題。其生起的方法，如宗喀巴大師云：「人身難得壽無常，修此可斷今生執，無欺業果輪迴苦，修此可斷後世執。」斷除今未來世對世間有漏安樂的貪執心即能生起堅定的出離心。三是修行中雖然具足一些修道的證相，諸如面見本尊、自在運行明點等，但若未能斷除我慢之心，不切實際地高估自己，以聖位自居，目空一切，非理妄行等，終將遭到魔障的危害，非常危險，故當謹慎。四是雖然自身周圍集聚著眾多護法神，時時護持不離左右，但若相續中不具少許大悲心，終有一天會因無常之緣而致業際顛倒，這也非常危險，故當謹慎。有些人修念護法神的目的不是悲心維護眾生，而是嗔心降伏他眾，殘害生靈，這樣就算你修得能與護法神對面交談，一呼百應，於己於他又有什麼真實的利益呢？只能成為業際顛倒之大患。是故依靠各種對境來引生大悲心很重要。五是雖具高深的見解，然若內心未斷除種種貪執之行者，最終將成為佛法的油子，於千經萬論所說，知而不行，或妄斥為不了義之說，上師教言置若罔聞，對別人宣講佛法教句時

竅訣寶藏論釋

口沫橫飛，自己內在卻惡念紛起，處處明知故犯，事事背道而馳，成為這樣的佛法油子是極其可悲而危險的，故當謹慎。六是雖然於表面上精勤地利益眾生、攝受眷屬，但卻不以真正的菩提心攝持，僅為一己私利，達到自己的某種目的便萬事大吉，這樣為私欲所縛之人終將成為佛教與眾生的大騙子，其行為極其危險可怖，故當謹慎！

斷除障礙所需之六法：斷除不持正法大障礙；斷除不知魔業大障礙；斷不敬信上師大障礙；斷不淨觀道友大障礙；斷謗入勝乘士大障礙；斷除三門罪行諂誑障。修解脫道斷此極重要。

斷除障礙所需之法有六種：一是斷除不修持正法之懈怠懶惰心。若人身體出家，心卻忙於種種世間瑣事，不行持出世間正法，則將形成難以解脫生死苦海的一大障礙，故當精進行持正法，斷除這一大障礙。二需了知修行的障礙還出自於種種魔業，並且諸魔業均來自於我執這一大魔頭，若不了知這一根本隱患而加以斷除，則亦是修行成就的一大障礙。三應斷除不恭敬上師之心念與行為，否則將形成獲得加持之大障礙。由於我們的修行能力很弱，就像初學步的嬰兒需要長者的扶持般，弟子離不開上師，若失去上師的加持，我們在修行途中會走得異常艱辛，且危難重重。四是在與金剛道友相處的日常生活中，應當常觀清淨心，切莫著眼觀察道友的過患，更莫妄起蔑視之心，否則亦將障礙修行功德的生起。五應斷除對趨入殊勝大乘信士之誹謗，因為凡入大乘者即為如來之子，種姓無比尊貴

故必定具有無量的殊勝功德。聖者無著說：「以惑談他菩薩過，則將毀壞自功德，故於大乘諸士夫，不說過失佛子行。」因此誹謗大乘勝士這一過患必將形成趨達菩提正道的一大障礙。佛曾於因地行菩薩道為常不輕菩薩時，每每見人就禮，言稱「我不敢輕於汝等，汝等皆當作佛」。佛陀尚且如此示現，我們作為佛陀的追隨者自當勵力奉行。

六應力行斷除身口意三門的一切罪行，即殺生、偷盜、邪淫三種身業；妄語、綺語、兩舌、惡口四種語業；貪心、害心、邪見三種意業。若依勝法數數熏習，使心意賢善、語音柔和、行為如法，這樣就能斷除一切虛偽諂媚等修行的障礙。凡是欲修解脫正道之人，斷除此等過患是極其重要的。

離障無價珍寶之六法：不圖回報無偏發布施；
不求世間護持清淨戒；不捨有情生起慈悲心；
了知正法求法不厭足；不求利養為眾示佛法；
無偏平等善待諸眾生。此乃最妙殊勝之行為。

　　宛若無價珍寶一般能遠離一切諸障之法有六種：一是當我們在發放布施之時，應當端正心念相續，即心無偏袒、不圖回報、無私而一心利眾地發放布施。《佛子行》云：「獲得菩提身尚捨，何況一切身外物，故不圖報異熟果，慷慨布施佛子行。」二是不希求世間的金錢、地位及種種受用，謹慎護持清淨的戒律。然這裡特別強調的是應當注意自己的發心，切莫因怖畏今生的不幸遭遇而受戒，亦不要以希求來世的人天安樂等福報而受戒，一定要以超

出三界輪迴的出離心而受持淨戒。三是修行的旅途無論多麼艱辛，我們亦不能捨棄一切如母有情，而應生起強烈的大慈大悲心，精進地饒益包括螻蟻蟲蚓在內的一切眾生。四應了知正法難遇，而今憑藉往昔的福德因緣幸遇殊勝的甘露妙法，當不畏艱辛、排除萬難而精勤歡喜地求受正法，以大海般廣博的胸襟來容納妙法甘露，不生毫許厭足之心。五是不求名聞利養，一門心思為利眾生而精進努力地演示佛法真理，為欲求解脫之人指引一條光明大道。六是心無偏袒，平等善待一切眾生，上至達官顯貴，下至貧民乞丐，小至螻蟻蟲蚓等一切眾生都平等垂慈護念。此乃最為善妙殊勝之行為。

大乘佛教功德之六法：依止上師亦無懈怠心；
饒益有情亦無厭倦心；證悟實相亦無我慢心；
拋棄於眾無益利養心；於深法義無有畏懼心；
積累善資無有知足心。

　　大乘佛教不共的增上功德之法有六種：一是大乘佛子在依止上師學修佛法時，縱然是氣候惡劣，寒來暑去，歷經數年亦無少許懈怠之心，仍然是起早貪黑，挑燈用功，對上師充滿堅定不移的信心，以身口意供養上師，盡心盡力承侍上師，依教奉行，毫無違逆。二是日日夜夜不斷地饒益有情或為僧眾服務，時時處處行為謙卑、和顏悅色，孜孜矻矻地面對服務對象，縱然有人故意刁難亦欣然隨順，盡己之最大努力滿足其願，絕無厭煩之心。三是即便證悟了諸法的究竟實相亦不能聖者自居，更不會高談闊論

地標榜自己，而是身居卑位上敬下和，毫無我慢之心。四是在眾生未獲得究竟利益之時，已發大菩提心的佛子怎麼會有心去尋求於眾生無利的利養呢？所以乃至眾生未得安樂，大乘佛子始終不會有求自利安樂之心。五是於不共大乘的甚深法義，如般若的離戲大空、密法的超越行徑、大圓滿的離作深要等都能如理領受，且勇於行持，毫無畏懼之心。六是積累善根資糧無有知足之心，無論誦經、持咒還是禮佛、繞塔等，皆不以有功德而自滿，必定會再再地精勤修積一切善根資糧。

摧毀煩惱大敵之六法：數日修善不可滅煩惱，
持之以恆修法尤重要；無始煩惱極為難調故，
依止最深對治尤重要；我執難滅二取力強故，
勤修福慧資糧尤重要；輪迴痼疾長久難治癒，
恆依名醫上師尤重要；五毒烈火極難熄滅故，
依附菩提心海尤重要；積累惡業道極平坦故，
登上解脫階梯尤重要。

　　我們應當了知摧毀煩惱大敵強而有力之六種法要：一應了知僅以短短數日熏修一些善法的力量不可能滅除根深蒂固的煩惱怨敵，必須要長年累月、持之以恆地痛下工夫，立下必死的決心，夜以繼日地勇猛修法尤為重要。二應了知無始以來的業習煩惱濃厚而堅固，極難調化，必須依靠大中觀、大圓滿等最為甚深的妙法之力來加以對治才能起到立竿見影的功效。三應了知我執心非常頑固而極難滅除是因為能取所取執著之力非常強大的緣故。基於此，

竅訣寶藏論釋

我們當前的主要任務即是精勤修積福慧二種資糧，待充足力量後就能手到擒來地斷除二取執著。四應了知久溺輪迴而染著的種種痼疾極難治癒，故當恆時依止如名醫一般的具相上師，精勤聞思修行。五應了知貪嗔癡等五毒煩惱極其熾盛，如同熊熊烈火般難以熄滅，故當依靠廣發菩提大心之海水來對治。《入行論》云：「佛於多劫深思維，見此覺心最饒益，無量眾生依於此，順利能獲最勝樂。」所謂的菩提心，即是在純潔善良的人格基礎上，再生起救度眾生離苦得樂直至成佛之心。六應了知積累惡業之道是極其平坦的，凡是十不善業中所攝之法，自己不管如何行持，亦不管走到哪裡皆是廣開方便之門，絕無魔軍作障，所以稍不經意就會造下彌天大罪而成千古之恨，就算是一念之差，亦會導致累劫的惡趣痛苦，難得出離。如經云：「剎那造重罪，歷劫墮無間。」是故我們應當竭盡全力登上能獲得解脫安樂的階梯，縱然前進的道路充滿荊棘，我們亦要勇猛精進、迎難而上地攀登，寧可前進一步死，亦不願後退一步安。

三藏差別殊勝之六法：聲聞師前聆聽三藏聲；
緣覺自證內現緣起法；菩薩具利自他無量智；
聲聞學處片面調自續；緣覺中等精勤求自利；
菩薩必定具足大悲心。

　　我們應當了知經、律、論三藏殊勝各異之六種法：一應了知聲聞行者是在善知識面前聆聽相應自己根基之三藏，秉承如是聲教，不詣深觀，依文直解，修證四諦法義

七寶藏——竅訣寶藏論釋

之人空真理，最終證得聲聞菩提果，此果雖出三界，然非究竟。二應了知緣覺(亦名獨覺)行者不用依止善知識，僅依自己俱生的智慧，獨自一人到寒林等寂靜處，觀修十二因緣緣起之法，現證相應的空性，即了達五蘊粗相空性以及人無我空性，獲得獨覺菩提果。三應了知大乘菩薩以利他事業為主，同時無勤成辦自利，故具有圓滿自他二利的無量大智慧。(以上是三種乘門之差別，以下即其行徑學處之三種差別。)四應了知小乘聲聞行者之學處是片面或單相地調伏自心相續的煩惱，因為他們徹知生死流轉的根本是煩惱，而煩惱又由人我的執著引起，故勇猛精進極力斷除我執煩惱障。五應了知小乘緣覺行者雖然本有俱生的智慧與出離心，但其唯求自我解脫輪迴苦海而精進修行，未發廣利他眾之勝心。六應了知不共大乘菩薩之學處，大乘佛子必須要具足利益眾生的無偽大悲心才能願行一致地救度飽嘗重苦的無量眾生。

觀察世間過患之六法：美名如雷聲故斷喜愛；
受用如浮雲故斷貪執；眷如不孝子故斷指望；
住處如客棧故往深山；幸福如美夢故莫實執；
終拋一切離世故斷貪。如是而行愈來愈安樂。

　　我們應當觀察了知世間之六種過患：一是許多人都希望自己的美名如雷聲響徹山谷大地一般威震寰宇，其實這又有什麼意義呢？唯是苦惱之因！故當斷除喜愛名聲之欲望。二是以理觀察世間的一切物資受用，則知其性毫無實質，猶如空中的浮雲、夏日的彩虹般緣生緣滅，故當斷除

對一切財富的貪執，常持知足少欲的態度。三應了知所謂有助於自己的眷屬也是分離的本性，如不孝的孽子，無論你怎樣養育他，亦不管你對他如何執著，他仍會狠心拋棄你，令你大失所望，故當斷除對一切眷屬的指望。四應觀知我們的房屋住處，無論多麼富麗堂皇，皆如借宿的客棧般是暫時棲身之所，自己非能恆時擁有。古大德云：「世間為我所用，非我所有。」是故我等行者應當斷除對房屋的貪執而往詣深山岩洞修行。五應觀知身心的幸福與快樂如同一場美夢般剎那便會消失，真是「夢裡生榮貴，夢醒在窮鄉」，是故切莫對自己的生活產生實執心。六應了知最終死神來臨之時我們必定會拋棄世間的人事萬物，獨自離開隨因緣展現的人間境地，故當斷除對今世的貪執，專意修持能得解脫的正法。若能斷除上述六種過患而如理行持，我們的生活將會愈來愈美好，身心愈來愈安樂，於此娑婆境，淤泥定會出紅蓮。

諸修行者需做之六法：身在何處皆需利他眾，
故當發大願修菩提心；樂時需知正法加持致，
故當精勤深思法利益；苦時需知往昔業力致，
故當深思業果而修心；病時需知行善修法故，
健康時當小心又謹慎；老時需要內心安樂故，
年輕時當勤積資淨障；死時需要諸事圓滿故，
未死之前牽連當斷絕。本人深感此等乃心法。

　　我等成長在大乘教法下的修行人需要成辦之法有六種：一是無論我們身在繁華的都市還是寂靜的深山、岩

洞、寺院等，何處都需要利益他眾，故當廣發大願，勤修菩提心。諸如對遠方來的客人、久疾纏身的病人、年長無怙的老人、年幼無知又失去依靠的孤兒等施予愛心，幫助、關懷、照顧他們，當知這些都是利益眾生之善舉。二是當我們獲得快樂之時，需要了知這是上師與正法不可思議的加持力所致。諸如外在的豐衣足食、自身的體健無病、內心自在無憂等，此等福樂均非偶然而來，故當深深思維上師與正法不可思議的利益和功德。三是當我們遭受痛苦之時，需要了知一切痛苦皆因自己往昔造就的不善業力所致，理應償報消業，切莫怨天尤人，而當深深思維業果不虛之理，依教修心，精勤於六度萬行，廣積資糧，淨除諸障。四是當我們被病魔纏身之時，需要了知此乃激發自己行善修法之方便，由病苦而知四大假合之軀虛幻無實，且苦患滿集，貪之無義。是故我們於身體健康之時，就應小心謹慎地取捨善惡，勤修一切善，力斷一切惡，直到證悟解脫妙法。五是當我們面臨老苦之時，需要得到內心的安樂，確定自己即將往詣極樂剎土，於內心數數生起歡喜。就應當在年輕力壯的時候，勵力修持往生淨土的安樂之因，即通過聞思修行懺除業障並積累相應的資糧。六是當我們面臨死神之時應已圓滿積資淨障等一切事宜，故於死亡尚未現前之時，應盡力斷絕修行中的一切牽連與累贅，精勤並專一地修積資糧、懺悔業障。正如要遠赴異國他鄉之遊人，起程之前必須辦理好一切有關手續並籌備足夠的資金一般，修行人一定要及時圓滿面對死神的準備工

作。在此無垢光尊者諄諄垂賜教誡說：我本人深深感到這些確實都是契心之妙法。

擊中要害竅訣之六法：家人猶如集市之過客，
不知何時分離當修法；親友猶如柳枝聚小鳥，
不知何時分散斷愛戀；壽命無常猶如草露珠，
故當勇猛精勤修正法；多言迷亂敵起如鸚鵡，
當禁無稽之談諸綺語；修法猶如海島取寶珠，
切莫廣弘耳傳之竅訣；長期相處亦見佛有過，
故勿與諸他人共居住。此乃殊勝心語當恭聽。

能擊中我們要害的竅訣之法有六種：一應了知由因緣而暫時相聚的六親眷屬，猶如在集市中相逢的過路客人一般來去匆匆，雖不知彼此何時分離，然而分離卻是必然的，如云：「父母恩深終有別，夫妻義重必分離。」故當斷除對家人的貪戀，勤修解脫正法。二應了知所有的親友皆如在柳枝上暫聚的小鳥，不知何時分散。如云：「夫妻似鳥同林宿，大限來時各自飛。」故當斷除對親友的愛戀而勤修解脫正法。三應了知我們的壽命脆弱無常，猶如清晨草尖上的露珠般，經不起陽光的映照，剎那便會消失，故當趁機勇猛精勤地修持正法。四應了知多言雜語是迷亂、紛諍惡敵生起之因。一般喜談他人是非過咎者，人見人厭，無論何時何地都會受到眾生的蔑視，甚至棄離不與接近。猶如愚蠢的鸚鵡不知取捨善言惡語，總是隨聲附和，如是惡言穢語一經出口，必然會挨棒揍，這無疑是咎由自取。故當禁止一切無稽之談，切莫隨心所欲地打開綺

語之門。五應將所修之妙法視如從海島上取來的寶珠一般敬心珍藏，如大圓滿等耳傳竅訣就不宜廣作弘揚，因為甚深密法不是普通劣器所能契證之法，故只能密傳予殊勝根器。六是凡夫修行者之間切莫長期相處，因為心續尚未調順的普通行者，分別我執極其強盛，彼此互不尊重，說話毫不顧忌，往往面善心惡，以唇槍舌劍互相瞄準，一有過節便懷恨在心，彼此視為仇敵般勢不兩立。一般來說，不具清淨觀之人，就算是與佛陀相處，他亦會唯見過失，不見功德。譬如，善星比丘侍奉佛陀二十四年之久，後來卻妄觀佛過、滋生惡念、口出惡言等，在惡業的催促下僅過七日，大地突然裂開，他當即深陷阿鼻地獄。是故切莫隨便與他人共同居住，而應獨自修行。全知無垢光尊者說，此乃我之殊勝心語，具緣者應當恭敬諦聽，領納於心，時時依修。

諸修行人時間之六法：值遇具有法相上師時，
乃斷戲論之際問疑難；覺性值遇逆緣外境時，
結合實修之際當修煉；獲得甚深耳傳竅訣時，
乃滅迷亂之際住本性；猛厲精進勤修正法時，
乃招違緣之際觀察魔；修行究竟即將成就時，
乃遭魔障之際當謹慎；觀實相義修煉妙力時，
乃有歧途之際依上師。此等乃深要訣當銘記。

大家都知道「機不可失，失不再來」之理，故於修行中應學會觀察，看準時機，切莫錯過六種殊勝之機：一是當我們在值遇具有慈悲、智慧等圓滿法相的上師時，即已

竅訣寶藏論釋

盼來了斷除一切邊執戲論之時際，故當向上師祈問修行和經論中的疑難。我們生活在世間，難免被迷亂戲論之網罟所縛，凡欲解開此等疑網者，唯有依靠上師的智悲力方能成辦。二應了知我們在修證覺性而值遇某種逆緣外境之時，正是迎來了結合實修之時際，故當數數修煉，不予間斷。無論遇到他人的無端打罵還是暗地誹謗、橫加斥責等都應泰然自若，並任運地將逆緣轉為道用。我認為當您遇到最為傷心的事情時，若能安然順利地度過一切難關，這說明您已獲得修行的一種證相。三應了知我們在獲得大圓滿等甚深耳傳竅訣時，乃為獲得了滅除一切迷亂之時際，故當安住於所了認的本性中毫不散亂。四應了知當我們能猛厲精勤地修習正法時，即是逢遇容易招感違緣之時際，這幾乎是難以避免的自然規律，也是具正見修行者的一大助緣，故當觀察一切魔緣的本性、生處及去處。五應了知當我們修行達到究竟，即將獲得成就時，乃為易遭魔障之時際，常言道：「道高一尺，魔高一丈。」翻開古今高僧大德們的傳記，不難發現，他們的成就都是在九魔八難中獲得的。到達這種修行境界的修行人都應謹慎，居時可念修一些護輪咒、遣違緣咒，或祈禱三根本加持護念。六應了知當我們觀修輪涅一味的實相義而修煉覺性等妙力時，乃為易入歧途之時際，故當依止上師切莫遠離。這些教言對於我們每一位修持甚深密法的人來說都是深邃、精要的殊勝竅訣，有緣弟子應當銘記在心。

如理修行所需之六法：惡行易染故勿交往人；

善行難學故依善知識；境易惑心故勿散外境；
心易迷茫莫隨外境轉；貪嗔力強切莫執偏袒；
迷現易沾根除諸貪執。

　　如理修行時所需要注意之法有六種：一是注意人與人之間的交際，因為正知正念不夠穩固之人很容易染上人格卑劣者的惡陋習氣，故勿隨意與人交往，而應獨自修行。二是賢良的善行極難學到，因為我們無始以來在輪迴中流轉，惡習極其深厚。賢善的行為學而不得，惡劣的行為無師自通，故當恆依善知識的督促與鞭策軌正自己的修行。三應了知形形色色的外境很容易誘惑補特伽羅尚無定力的心續，人們往往觸境生心，不能自主，是故我們應當經常謹持正念，萬勿散亂於外境。四是我們自心本有的智慧光明被無始以來的厚重業習層層遮蔽，如是無明妄心在遇到內外諸緣時，往往因迷亂而茫然不知所措，故應常觀己心，樹立正見，切莫隨境所轉。五應注意我們生起的惡心，因為貪心和嗔心的力量非常強大，是故切莫心執偏袒，而應數數觀修怨親平等，相續不斷。六是一切迷亂的境現很容易沾染自心相續，故當以理觀察抉擇迷亂之本性，並以如夢如幻的修法攝持，以資徹底根除一切貪執之心。

命終無有後悔之六法：知慚有愧死亦無後悔；
未造惡業死亦無後悔；財用於法死亦無後悔；
淨持三戒死亦無後悔；恆勤行善死亦無後悔；
自心無愧死亦無後悔。具備此等無悔極重要。

112

怎樣才能令修行人在臨命終時無有後悔呢？此有六法需要注意：一應在修行的日常生活中，經常熏習知慚有愧的賢善人格，為人和善謙卑，身心稍有放縱，立即檢點，生大慚愧心，時時自責而嚴格要求自己，這樣到死亡來臨之時我們就不會有後悔之心。二應於一生中棄惡從善，時時謹慎取捨，絕不刻意造作危害眾生的惡業，故於死亡之時亦不會後悔。三應將自己所擁有的一切財物毫不吝惜地用於正法之中，如資印經書、塑造聖像、建修佛塔、供養僧眾等，如是當我們面臨死亡之時亦無後悔之心。四應於有生之年淨持別解脫戒、菩薩戒、三昧耶戒，恆時防護自之根門，謹慎身口意之行為，令一切戒行無有毀損，這樣一生慎戒如初，到死亡時亦無後悔之心。五應恆時勤行一切善法，力斷一切惡法，慈悲垂念受苦眾生，為令彼等離苦得樂而精進聞思修行，倘若無有聞思之智，亦可通過念誦心咒等善法積累資糧，這樣一生行持到死亡時即無有後悔。六是我們在日常生活中的所作所為都應如律如法，不可超越世出世規，亦不可造作有愧於良知的事情，如是心胸坦蕩，到死時亦無後悔。我們在修行的過程中具備此等無怨無悔是極其重要的。

諸中根者所具六歡喜：依三寶離輪迴真歡喜；
積資今來安樂真歡喜；守誓空行相迎真歡喜；
本尊中陰引路真歡喜；與師永不分離真歡喜；
修心性現光明真歡喜。此乃死亦歡喜深教言。

我們應當了知諸中根修行人在修法中所具足的六種歡

喜：一是了知皈依上師三寶後即播下了遠離輪迴苦海的種子，並能獲得無量功德，故內心真是歡喜。二是斷除種種惡行、奉行十善等，如是精勤地修積善根資糧能令今未來世獲得暫時與究竟的安樂，故內心真是歡喜。三是嚴守密乘中的一切誓言，如法行持，於命終時即能贏得諸空行母薈空相迎，故內心真是歡喜。四是秘密地精勤觀修本尊並誦其心咒，這樣在中陰界中本尊自然能現身前來為我們引路，故內心真是歡喜。五是與上師結上了殊勝的法緣，可發願自此以後，生生世世與師永不分離，乃至未成佛之前恆時依偎在上師的身旁，聆聽教言竅訣，故內心真是歡喜。六是我們若依靠上師的竅訣，數數觀修心之本性，終將現前心之自性光明，為此內心真是歡喜。這些都是至死亦應生大歡喜之甚深教言。

上等瑜伽無死之六法：自證密意本來無死亡；
自然智慧本來無死亡；光明法性本來無死亡；
覺性離執本來無死亡；因果自淨本來無死亡；
無有希憂虛空無死亡。若證此理遠離死主魔。

　　上等瑜伽無死境界之六法：一應了知各別自證之密意本來無有新生，亦決定無有死亡，它是超離生滅的一種無為境界。二是五智本來一味的自然智慧，不管處於輪迴還是涅槃，都無毫許增損與變遷，並始終存在於我們的自續中，迷亂時顯現為五毒，證悟其本性則自然轉為五智，這種智慧本非造作的心所境界，是超離生滅緣起的大無為法，故本來無有死亡。三是心之法性本來光明，如密續

中所說：「心無有心，心性即光明。」這種原始本具、遠離造作的大無為光明本來無有死亡。四是瑜伽師依修上師介紹直指心要之竅訣而現證覺性本體時，遠離了一切邊執戲論的境界，猶如大虛空般本來無有死亡。五應了知在勝義中因與果其實也是本自清淨、一味平等的，因與果的關係也只有在假立的緣起生條件下才能成立，其本體是本淨一味的大法界，故無有死亡。六是對輪迴與涅槃無有希憂之念，輪涅本來一體故。當瑜伽師徹底證悟本來的心性以後，不抱希求解脫之心，亦無有擔心自己墮落輪迴的憂慮，法界本體猶如虛空般本來無有死亡。我們若證悟此等甚深義理，則能徹底遠離死主魔軍的困擾與畏懼，換句話說，也就是獲得了無死的甘露。

未證實執過患之六法：自己本有他處去尋覓；
不知大修實相為相縛；不知境現虛妄執實有；
未證實相一體執各自；不知自證本體轉輪迴；
未斷迷亂貪執為魔欺。觀察未證邪過斷除之。

　　尚未證悟諸法本性而顛倒實執之過患有六種：一是每一眾生自己本來具有正等覺，卻偏於他處苦苦尋覓，這是實執的一種過患，如云：「眾生即是佛，然為客塵遮。」六祖亦云：「前念迷即凡夫，後念悟即佛。」所以說修心修佛是修自身，佛是眾生修成的，若無眾生就無正等覺。二是修行者應當了達真如實相是空寂離戲的，倘若不知此理，執著種種幻相而求證菩提，則為自相所縛而難達真如實相。三是不了知一切內外境現都是虛妄幻有之性，反倒

妄識彼為實有而起我與我所等執著，這也是證悟空性之障礙。四是未能證悟諸法的究竟實相是一味大法界的本體，反於輪迴、涅槃各起偏袒執著，認為輪迴異於涅槃，輪涅有自相的苦樂差別。五是若不了知各別自證智慧的本體，則於各種境相妄起實執之心，有執著就必定會流轉於輪迴。六是乃至未能斷除迷亂現境與貪執之際，息食起居等一切作為都出自於強烈的主觀意識，必定會為煩惱等眾魔所欺誑，所以我們應當依上師的教言來觀察自己尚未證悟實相而妄起的種種邪見與過患，用智慧的寶劍將它徹底斷除。

不復返回竅訣之六法：依止上師世法不復返；思維境過世法不復返；思維苦樂世法不復返；思維世過世法不復返；觀察迷亂世法不復返；思維苦沼世法不復返。如是思維擺脫世間法。

　　我們應當了知六種不復返回三界之竅訣：一應了知決心依止上師者，拋棄了自己的故鄉與父母親友，隻身一人遠赴異域他鄉，勤學苦修出世間正法，如是遠離修行的障礙，則永遠不會再復返於世間法中。二是仔細思維一切外境的過患，了知一切世間法對修行人皆是有弊無利，為求菩提故誓不再復返於世間法中。三應靜心思維一切苦樂的根源，了知是由無明分別心妄執諸法之假有為真有，故苦苦追逐不捨，遇合己意之境則歡喜，遇不合意之境則苦惱，並且一切世法對普通凡夫都充滿了誘惑力，了知此理以後，就自然會一心尋求解脫而捨棄世法不再復返。四是

116

經常思維輪迴的過失與世法的虛妄無實之義，真切發心修持解脫法，唯以大慈悲心利益一切有情，如是則於世法捨離不再復返。五是觀察內在的迷執與外在亂境之自性，了知這一切毫無實義自然能棄離世法不再復返。六是思維輪迴的苦性與苦的分類以及苦的來源與結果，就會如同棄離沼澤苦境一般捨棄世間法。我們若能依此竅訣深深思維，逐漸就會擺脫一切世間法的束縛而勤修解脫正法。

對治哨兵守護之六法：畫夜壽賊對治哨兵守；
五毒焚心對治哨兵守；貪不厭足對治哨兵守；
猛烈業力對治哨兵守；無義瑣事對治哨兵守；
三門所行對治哨兵守。令惑敵匪無機可乘入。

這裡全知無垢光尊者將正知正念等對治法喻如哨兵把守內在修行的陣地，此守護之法歸攝為六種：一因我們的壽命自己無法主宰，經常會遭受無常這一盜賊的襲擊，隨時都可能面臨死神的挑戰，故當時時警醒如哨兵一般的正知正念來守護自己的心相續，此為我們在有生之年能精進用功修行的必要。二因貪嗔癡等五毒煩惱非常厲害，所噴出的烈焰能焚毀我們的心相續和前所修積的善根，後患無窮，故當時時警醒如哨兵一般的正知正念，採取相應而有效的方法對治煩惱，生則滅除，未生不令生，如是嚴加把守。三是無始以來受寵於無明煩惱的貪欲心，於財色名等五種欲妙不知厭足，往往縱情恣歡，不擇手段地將所欲的財色等占為己有。當知貪欲如渴者飲用鹽水越飲越渴般永無滿足之機，故當警醒如哨兵一般的正知正念，採取

相應而有效的對治法，不令貪欲生起。四是猛烈的業力現前時，其勢險惡難擋，能摧毀自他二利，故當警醒如哨兵一般的正知正念，採取相應而有效的對治法，如依四種對治力修念金剛薩埵、百字明來勵行懺悔，精勤懺除前所造就的一切罪障，如是方可化險為夷。五是凡所從事之無義瑣事無疑將會喪失我們寶貴的時光，以致最終虛生浪死，枉負人身一朝，故當警醒如哨兵一般的正知正念，採取相應而有效的對治法，斷除無義瑣事，並嚴加守護。六是我們在輪迴中積累的堅固惡習令身口意三門所言、所想、所行極其放逸，為能如法軌正三門，故當警醒如哨兵一般的正知正念，施以相應的對治法來嚴加防護，謹慎身口意三門不令放逸。我們若能如是採取相應的防範措施，嚴密把守，則令一切煩惱怨敵無機可乘，諸魔亦只能是倉皇敗退，以致徹底消滅。修行人一旦忘失正知正念，煩惱怨敵便會趁虛而入，以致造成痛苦大患，是故我們在修行中時時提持正知正念是至關重要的。

實修不成六種歧途相：無用之人無義耗人生；
求名之人貪圖耗人生；貪食之人忙碌為果腹；
愚翁經商牟利耗人生；無信聞思成法油子因；
不聞盲修誤入邪道因。不入此六歧途極重要。

　　我們應當了知實修佛法不得成功之六種歧途相：一應了知世間愚人往往都是在無意義之瑣事中空耗了難得的寶貴人生，以致失去實修佛法的機會，百無一用。二應了知逐名求利之人往往在貪圖世間暫時的利養中空耗了如珍寶

竅訣寶藏論釋

118

一般難得的人身，故而失去實修佛法的機會。三應了知貪享美食之人整日忙碌於烹製美味佳餚，全身心地投入，而忘卻真實有益之殊勝佛法，日復一日，年復一年，一生寶貴的時間就為果腹之事而空耗殆盡。四應了知貪財不厭的愚翁起早摸黑地經商牟利，拼命掙錢，錢多越想錢，卻不知「金錢並非萬能」的道理，如是空耗了暇滿難得的寶貴人生，失去實修佛法的機會。五應了知若對上師三寶既無信心亦無希求解脫輪迴的出離心，此等修行人縱然趨入聞思行列，亦將變成佛法油子之因，毫無實義，所以樹立信心並生起出離心極為重要。六應了知不依止上師聽聞經論法義之人，自行盲修瞎煉，必將成為趨入邪道之因，極其危險。因此我等修行人應當睜開雪亮的雙眼，清醒自己的頭腦，以理智反覆思維觀察，慎重抉擇，善加取捨，不令自己誤入此六種障礙解脫生死之歧途是極其重要的。

出現過失遣除之六法：若失敬信思維德難得；
若隨散亂妄念轉道用；修無進展依種種方便；
四大不調了悟因緣法；受用殆盡積資供食子；
若失發心再三依對治。依此可除所現諸障礙。

當我們在修行中出現種種障道之過患時，可依六種方法來遣除：一是若對上師三寶失去了恭敬心與信心，則應思維此是障礙獲得修行功德之根本因，進而依經論和上師的傳記等思維上師三寶的種種功德，如理作意，直到重新生起恭敬與信心。二是如果經常隨順、散亂於外境，膨脹內心的欲望，則應將所生起的妄念轉為道用，如觀察妄念

七寶藏——竅訣寶藏論釋

的本性，或觀察其來源、住處、去處等。三是假如自己已歷經多年精進修行，但仍未獲得明顯的進展也不要灰心喪氣，應該繼續努力，依靠上師的教言、竅訣和種種善巧方便懺悔罪業，祈禱三根本，修上師瑜伽等，這樣一如既往地修行，相信不久的將來，您定會獲得修行的證相。四是當自身的四大紊亂、不能調順而疾病纏身之時，切莫為之苦惱，應當了悟因緣緣起的法性，將內身外物都觀為如夢如幻而修。五應了知短衣缺食、受用匱乏皆因往昔未修積上供下施等福報，由吝嗇之心感得貧窮的果報。逢遇類似困境的道友應數數反省，深思業果不虛，及時依佛法妙力扭轉自己的命運，如對一切應供的聖尊供養食子曼茶羅等，以此培養未來的福報。六是倘若我們利他的發心稍有退失，則應依靠種種對治力，如觀一切有情往昔皆曾做過自己的母親，他們都對自己有極大的恩德等，這就能重新生起無上的發心而廣利有情。依靠如是方法可以消除暫時現前的諸般障礙。

調伏相續內外六要訣：斷除我執之藤內要訣；外境轉為法身外要訣；分別執著道用密要訣；究竟見解密意上要訣；依教如理行法下要訣；專心護持正知中要訣。具此等者速詣解脫道。

　　我們應當了知善能調伏心相續之內外六種竅訣：一應了知斷除我執之藤蔓乃為內觀心性之要訣。事事不要以自我為中心，好事謙讓於別人，壞事自己納受，經常安住於如夢如幻的境界中修習無我空性。二應了知將一切外境轉

為法身而修清淨觀乃為外竅訣。將諸法觀為法身無二自現之修法同於修生起次第，比如在修上師瑜伽時，一切都觀為上師的顯現，因諸法顯而無有自性，如夢幻本體，實為上師的智慧密意自現，或者說是上師的智慧妙用相、遊舞力現，故通過修行之力，斷除內心對外境的執著，爾時如夢幻之諸法於自己無利無害，本體空性之境界也就自然現前了，這就是外境轉為法身道用之竅訣。三應了知當生起分別執著之時，我們應當依教觀其本面，爾時分別念自然消失並與修道融為一體，如是轉為道用為密竅訣。四應了知通過一定的修證能徹底究竟大中觀、大圓滿等見解的密意，於此境界如如安住乃為上要訣。五應了知依教如理修行，如取捨因果、嚴持戒律、奉行善法等為下要訣。六應了知專心護持正知正念，不令忘失為修行之中要訣。修行人一旦散失正知正念，即如行屍走肉般毫無能力，修證功德亦無法生起。凡是具足此等要訣的修行人定能速詣解脫正道。

欲成佛者重要之六法：雖證如幻警因果重要；
雖得定解不輕毀重要；雖現助伴依靜處重要；
雖知無修調妄念重要；無入出定不庸俗重要；
雖證實相通教理重要。境界雖高不離此重要。

七寶藏——竅訣寶藏論釋

　　凡是欲成佛果者皆應行持六種重要之法：一是雖已證悟諸法如夢如幻的本性，似無二取執著之心，然尚應警惕因果之間的細密關係，爾時取捨因果細緻入微更為重要。二是雖然通過聞思經論教典而獲得了殊勝的定解，但亦不

要隨意輕毀他宗觀點、他人的修行以及某些高僧大德。三是雖然已將一切親朋好友和顯現法作為修行的助伴而轉為道用，絲毫不受親友的干擾，亦不受財色等諸法的誘惑，但還是不可掉以輕心，而應繼續於靜處修行。四是雖已了知輪涅諸法的本體是本來大清淨大平等的，本無任何可修之法，超離能修所修，但尚應調伏無始以來積存於心續中的無明妄念。五是雖然到達了無有出入定差別之一味境界，但亦不可隨順世間人之庸俗行為而空耗人生，此時繼續實修內證很重要。六是雖已證悟諸法的究竟實相，但尚應精通顯密經續論典之教理。由此可見，就算您修證的境界高如虛空、智慧深如海洋，亦不能離開此等重要的修行竅訣。

宣說邊執束縛之六法：若貪縱是本尊亦束縛；
若執縱是高見亦束縛；執著縱是悲心亦束縛；
自詡縱是深意亦束縛；貪執縱是證相亦束縛；
執受縱是無二亦束縛。何況庸俗我執與財物？
故無任何貪執極重要。

竅訣寶藏論釋

　　在此尊者向我們宣說為邊執見所束縛之六法：一是如果您貪執的對象是自己經常觀修的本尊，認為能修的自己與所修的本尊是實實在在的有，這其實是一種束縛，故應斷除此貪執。二應了知所執著的法縱然是高深的見解，亦是一種束縛，諸如認為自己具足了大中觀、大圓滿的見解而生起執著傲慢等心。三應了知我們所執著之法，縱然是為利眾生的大悲心，但若認為自己具有大悲心很了不起，

這亦成為一種束縛。因為六度萬行最終也必須以三輪體空的智慧來攝持，才能成為佛果之無漏因。無智慧度攝持的布施、持戒等五度功德，均如盲人般不達究竟彼岸。《入菩薩行論》云：「此等一切支，佛為智慧說，故欲息苦者，當啟空性慧。」四應了知經常自詡之事縱然是自己所了達的經論的甚深意義，亦不出執著的範疇，顯然已被束縛，故當警惕。五應了知內心所貪執之法縱然是修行過程中的一種證相，如面見本尊或得諸佛授記等，對此若生貪執亦是束縛。六應了知若執著修行的覺受，縱然已達明空無二的境界，實際上也未脫離束縛之網。這些善妙的執著尚且都是束縛，庸俗的我執與財物等執著更何堪言，是故在無有任何貪執的基礎上修行是極其重要的。

斬斷束縛鐐銬六竅訣：斷貪增財守財之鐐銬；斷貪種姓名利之鐐銬；斷貪散亂憒鬧之鐐銬；斷貪名言我慢之鐐銬；斷貪證相慢心之鐐銬；斷貪法行對治之鐐銬。斷此鐐銬修行人罕見。

在此，可以憑藉尊者宣講的六種竅訣來斬斷如鐐銬般束縛我們的種種貪執：一是斷除欲獲得、增長、守護一切財物的貪執鐐銬，切莫為之所縛。世間人誰不希望自己擁有眾多資產，然而在獲得一定財富時並不會感到滿足，為了增上財物馬不停蹄地操勞，日夜為之守護，唯恐失去。他們的身心毫無自在，並在無意義中耗盡一切精力。這種鐐銬若不以慧劍及時斬斷，終將成為修行之大障礙。二是有些人貪執高貴的種姓，如權勢、名利、地位等，總是不

七寶藏——竅訣寶藏論釋

惜一切地追求，如是在名聞利養堆中打轉轉，即如被無情的鐐銬鎖住了手腳的人一般毫無自由，我等修行人應當斷除這些無有意義的束縛。三是有些人整日為散亂圍繞，時時不離人際交往，在憒鬧中恍恍惚惚地虛度時日，這樣身心毫無自在，絕對無有修行的機會。《彌勒請問經》中即宣說了二十種憒鬧的過失，我等修行人應當斬斷這種鐐銬。四是有些人相續中實無少許內證功德，僅貪執名言詞句之優美，尋章摘句地盜用他人的才華，卻自以為了不起，妄起我慢，這無疑是障礙修行之因。五是有些人稍有一點修證的幻相現前，便覺得自己已得文殊菩薩加持等等，沉迷於無明妄心之中，還沾沾自喜，妄起我慢之心，這也是實修的一種束縛。六應了知為貪求某種法而施行堅固、實有的對治法也是一種束縛我們獲得解脫的鐐銬，故應斷除。而今末法時期能徹底斷除此等鐐銬束縛之修行人是極其罕見的。

諸修行人必定之六法：若離生起貪嗔之對境，
則諸法行善根自然增；若無暴躁易怒計較心，
則定情意長久無爭論；若遵上師言教敬行持，
定得攝受加持與悉地；若已不為他人所控制，
則定快樂修行得究竟；若自行為鬆緩又調柔，
則定相合眾人之心意；若無偏袒執著心善良，
定受眾人信任與稱讚。

　　一分耕耘一分收穫，諸修行人相應自己所修之法必定會得六種修行功德證相：一是倘若我們棄離了引生貪心與

竅訣寶藏論釋

124

嗔心的對境，無論親人還是怨敵都不與之交往，則修行與善根將能自然生起並相繼增上。二是若行者為人和善謙卑，無有暴躁易怒的惡性，不與人斤斤計較，心量大如太虛無所不容，則彼對任何人的情意定能保持長久，數年相處，甚至終生相伴亦不會產生爭論。三是若能謹遵上師的言教，恭敬行持，毫不散失，這樣決定能得到上師的慈悲攝受與殊勝加持，最終能獲得自己所欲之悉地。因為上師是我們獲得一切成就的怙主、最為嚴厲的對境，故在依止之時應當依教奉行、小心謹慎。四是我們自己的所作所為如果不為他人所控制，這樣自由自在地修行，將來必定會獲得快樂和究竟的大成就。因此修行要有自己的主宰權，切莫像犛牛一般被他人拽住鼻繩，任隨役使。五是倘若我們自己的行為鬆緩又調柔，穩重而不急躁，處處恆順眾生，與任何人相處都顯得十分融洽，則必定會相合於眾人的心意。六是能一如平等地對待親友與怨敵，既不偏愛自方，亦不敵對他方，若能斷除此執著，而且心地純潔善良，樂於助人，善待一切可憐眾生，彼人必定會受到眾人的信任與稱讚，熟知之人無不對其倍加愛戴。

斷除惡劣奢望之六法：未曾利他奢望自得利；
未經苦行奢望得安樂；未修正法奢望獲成就；
未捨世法奢望得正法；自己未修僅說想利他；
稍修佛法奢望得利養。故當斷除此等六奢望，
否則如東西海難解脫。

我們應當斷除惡劣之六種奢望：一是自私自利，一意

七寶藏——竅訣寶藏論釋

孤行，未曾利益過他眾，卻不時地奢望自己獲得所欲的利樂，這種惡劣心境當斷除。二是從未經歷少許苦行，總是在順境中晃晃悠悠地虛度光陰，還奢望自己獲得永恆的快樂，這種異想天開之徒的惡劣心境亦當斷除。三是從未精進修持能得解脫的正法，卻奢望自己獲得大成就，這根本是不可能的事情，因為所有的成就都是建立在苦行與精進之基礎上。四是未能捨棄世間八法，不斷地與憒鬧者往來交際，卻奢望自己獲得殊勝的正法，這豈非癡人說夢？五是自己尚未真實修行，僅在口頭上說想利益他等眾生，這亦只能是如空谷傳出的回音般，響聲震天卻不見降下滋潤群生之雨露，隨口妄談而已。六是稍修幾日佛法，就奢望自己獲得一切利養，如有些人僅來五明佛學院小住過幾日，就打著學院的旗號高唱自己是法王的弟子，繼而肆無忌憚的騙取信眾財富。這些無疑都是令眾生不起信心反增邪見，且會毀損自之善根與法身慧命之惡劣行徑。是故我們應當斷除此六種非理奢望，否則即如同西海與東海之間距般離解脫甚遠。

秉性惡劣行為之六法：若分飲食欲得最上等；
倘若經商欲求自得利；若著衣服求自舒適暖；
自求佳品劣物施他人；住一日亦欲求自喜處；
愛戀親友勝過法上師。如是之人解脫苗乾枯。

　　尊者接著又為我們宣說了秉性惡劣者之六種醜陋嘴臉，敬請見聞者引以為戒：一是有些秉性惡劣之人，往往是好吃懶做，見好就上，見事就躲，在分飲食等物品時，

他們可是眼觀六路、耳聽八方，一躍而上、毫無慚愧地欲得上好物品。二是倘若在經商的過程中，秉性惡劣之人總是盲目地追求利潤，為達目的不擇手段，如以短斤缺兩、偷工減料等面對顧客，更有甚者以劣充優，為普通商品打製華麗的包裝後便妄稱是進口產品或出口轉內銷之上等貨，總以如是等等不如法的行為來牟取利潤。三是倘若在穿著衣服時，秉性惡劣之人便只知道自己應享受舒適與溫暖，他們總會將好而柔軟的占為己有，色澤稍差、做工粗糙的便毫不猶豫地扔給別人。四是秉性惡劣之人在遇到結緣財物時，喜歡求取最佳物品，破舊殘損之劣物就大方地施予他人。五應了知即便只與這種秉性惡劣者共住一日亦難得安寧，他們貪享舒適的住處，一見相合自己之境就強行占為己用，一旦發現自居處有缺陷便會以堂而皇之的妄語再換所欲之處，總之是軟硬兼施，不達目的豈肯罷休？這種人自私自利從不會顧忌他人的住處有何不適，絕無絲毫助人為樂之心。六是愛戀自己的親友已經勝過所求之法與所依止的金剛上師，這也是秉性惡劣者的行為。凡具此等惡行之人，能獲解脫種子的苗芽即已乾枯，故不會有成就的希望！

無誤趨入正道之六法：居於靜處勿執我我所；
生活條件勿執我我所；持戒賢智勿執為高位；
行為清淨勿護他情面；大悲利他勿混家人財；
無偏布施勿求得回報。

　　能令修持佛法者無誤趨入正道之法有六種：一應辭

七寶藏——竅訣寶藏論釋

親割愛遠離故鄉，萬緣放下居於靜處，切不可再執著我與我所之法，亦不要思此慮彼妄想紛雜。二是修行人應粗茶淡飯、清心寡欲，不以邪命資活，當堅信佛陀的教言「真心實意行道之人皆不為衣食之苦逼」，故勿亡命地執著我與我所等法。三是無論謹持清淨的戒行還是通過聞思修生起了賢妙的智慧，都不能執著彼為殊勝的功德而以高位自居，妄稱自己是法師聖賢，反倒更應該謙卑，默默無聞地精勤用功。四是只要自己如理如法地行持，具足正知正念，一切行為也都清淨無有染著，時時秉公辦事，問心無愧，這樣也無須護念他人的情面，不用在乎他人高興與否。五是我們應經常以大悲心來利益他等眾生，切勿將自己用以修行的財物與家人混用，以免產生無義爭執。六是當我們在發放布施時，應無偏袒之心，也不要有抱得回報之心，無論施捨何種物品，皆不著相最為善妙。

獨立自主實修之六法：表裡如一持戒堪逆緣；
精通竅訣了達實修法；知除違緣病魔障方法；
聞思究竟無需問他人；根除歧途通達大小乘；
具有魔不能害之鎧甲。

離開上師以後能夠獨當一面而自主實修之法有六種：一應表裡如一地謹持戒律，外行如法，威儀寂靜，內心相續亦極其調順，開遮持犯了了分明，時時處處堪能周遭的一切逆緣。這樣，無論您身處憒鬧境地，還是寂靜山林，皆能令心意調順而如如不動，不受任何外境的干擾。二是我們在依止上師期間應精通對治無明煩惱和修習心要的種

竅訣寶藏論釋

種竅訣，並了達日常中的實修法，諸如五十萬加行、生圓二次第、大圓滿等都要精通無礙，這些都是我們獨立自修不可缺少之法。三應了知在修行過程中違緣、病魔等諸障是不可避免的，屆時採取什麼相應有效的對治方法才能徹底遣除，自心當有把握。四是在上師面前聞思佛法不可淡而化之僅求皮毛，一定要求其精髓，力求通達究竟，於經論的所詮義遣除一切疑惑，具足無需詢問他人的智慧，自能依文解義，暢通無礙。五應依靠各種善巧方便來根除修行中的一切歧途，並通達大小乘的基本意義和深層的意義，懂得融會貫通之用。六應具有穩固的正知正念和修行的定力，如是即已披上了諸魔不能損害的鎧甲。

斷除慚愧教言之六法：若積財物資具真慚愧；
若愛妙衣打扮真慚愧；若愛裝飾美容真慚愧；
若喜散亂求財真慚愧；若行諸多非法真慚愧；
若具貢高我慢真慚愧。誠心修法之人當斷除。

作為修行人，我們應當斷除感到慚愧的六種過患：一是倘若整日忙於積累財物和資具等事，則難免與他人發生爭執，且會令貪欲之心潛滋暗長，為此我們真應感到慚愧，力行斷除積資之患。二是修行人若愛著妙衣、棄舊追新、搽脂抹粉等，則心思、精力、資財便都被此等無義瑣事而耗盡，又因過分執著外觀的華美而生嫉妒等煩惱，一旦發現自己有此過患，即應感到慚愧而力行斷除。三是修行人若熱衷於濃妝豔飾、修面美容，則其無疑已失去實修佛法的寶貴時間，再想想就算把自己裝扮得美如天仙又有

何用？無常到時照樣醜陋不堪！四是修行人若沉迷散亂放逸的生活，拉幫結派，不擇手段地追求財利，則應生大慚愧心而力行斷除。五是修行人若經常縱情妄行非理之事，則連人格賢良的世間人亦不如，又何談修行？捫心自問真應感到慚愧而力行斷除。六是在修法尚未獲得任何證悟之時，若貢高我慢、誇誇其談，乃至未證言證，真可謂罪大惡極，理應感到慚愧而力行斷除。凡是誠心誠意修行之人應依上述教言斷除此等當生慚愧之陋習。

追循前輩足跡之六法：專念無常死亡為鞭策；
了知輪迴痛苦捨棄之；拋棄國政受用如唾液；
以信精進趨入正法門；尋善知識聞思斷戲論；
歷經苦行不顧惜身命。如是而行必將獲成就，
故當堅定不移勤修持。

寶訣寶藏論釋

我等修行人若依靠六種殊勝法門便可緊緊追循前輩高僧大德的足跡：一應以專心意念死亡無常之理來鞭策自己希求解脫的精進心，不僅有情世間是無常的，器世間亦是無常，這是世俗中無可避免的自然規律。二應了知三界輪迴如同火宅般可怖，其間痛苦充滿，遍尋不得毫許真實安樂，故當捨棄一切瑣事，勤修能得解脫的正法。三是不管自己擁有一官半職，抑或官居顯位，貴為朝中重臣，乃至政界首腦，一旦發心修持正法便應拋棄自己的國政、家園以及一切受用，如棄唾液般毫無貪戀，專一修行。四是衡量上中下三種發心的殊勝與差別，我們應以對上師三寶的信心和力求解脫的精進心而趨入正法之門。五應在茫茫苦

海之中尋覓與自己有緣且有一定修證的善知識，將之視如佛陀，虔心依止他精進地聞思顯密經續論典，破析諸法本體，斷除諸邊戲論。六應了知古往今來的高僧大德們都曾歷經種種苦行，不顧惜自己的身命而求取正法。我等修行人若能如是追隨而行持，必將獲得大成就，故當堅定不移地精勤修持。

從中出現利他之六法：大悲究竟慈愛無親疏；
證悟如量無迷無我執；了知他心通達緣起法；
證悟法性一切現助伴；加持入心能轉他人心；
時機成熟攝受諸信眾。此時圓滿內外諸緣起。

　　我們若能追隨歷代高僧大德的足跡斷除世間一切戲論，則將從中出現六種利樂他人之法：一是大悲心達到究竟之時，能無分別、平等地慈愛一切親怨眾生。二是通過一定的修行，達到證悟如量，也就是說契證諸法實相本義之時，心無迷亂亦無我與我所等執著。證悟如量雖有不同層次的標準，但證達其本分實相義方為究竟。三是無礙通達甚深的緣起法，且自然具有一定的智慧和測析能力，能無誤了知他人的起心動念，一切行為都能契合或隨順他人的意趣。四是修有所證的行者，在徹底證悟諸法本性以後，能將一切顯現的內外諸法任運轉為道用，善惡諸境無不成為其修行的助伴。五是對上師三寶具有恆固不退的信心，於己所修之法勇猛精進不懈怠，上師三寶與諸佛菩薩的殊勝加持融入自己的心相續後，彼之作為即會有不可思議的帶動力，語言相當有分量，具有不可思議的吸引力，

故能任運牽轉他人之心。具緣眾生亦自然會把他作為自己的怙主，一切的一切都毫不猶豫地寄託於他。我們的法王如意寶任運攝受眾生的能力就是明顯的實例。六是具足無量的福德，利樂有情的時機也已成熟之時，即能廣設方便法門，攝受無量信眾。因為此時已經圓滿了內外自利利他之諸緣起。

善法未入自心六過患：若未實修知亦漂輪迴；
靶置身旁箭射向遠處；匪於東山西山去追趕；
賊逃林中上沙山追蹤；人被水沖卻去乾地救；
有吠陀經不知禳解術。如是之人遠離大樂果。

　　我們應當了知善法未融入自心相續以致背道而馳之六種過患：一是縱然已了知甚深經論的教義，甚或倒背如流，但若不結合實修，則生死問題仍然難以解決，必定會繼續漂泊於輪迴的苦海之中。二是善法未入自心者所欲和所行完全背離，如人將靶子放置於身旁，而向自身正前方射箭一樣，目標和射箭的方向完全相反，所行必定落空。三應了知善法未入自心之人如愚人剿匪，土匪本來潛伏在東山，他卻追往西山，結果可想而知。四應了知善法未入自心者好比愚笨的失主追尋盜賊，盜賊本已逃往林中，他卻上沙山去追尋彼之足跡，終是徒勞無果。五如遇難者已被大水沖走，搭救之人卻帶著救生用具猛衝向乾地，就算累得筋疲力盡亦是枉費心機，善法未入自心者亦復如是。六如一個愚不可及的婆羅門雖擁有吠陀經典，但卻不去學修，在遇到危難之時，他仍然不知施用禳解術而只能繼續

受苦，善法未入自心者亦復如是。可見未將殊勝善法融入自心相續而實修之人即是南轅北轍，離解脫的大樂果越來越遙遠。

導致困難過患之六法：希求輪迴生起正信難；無有慚愧護持三戒難；未遇上師入解脫道難；不依方便道則現智難；未離邊執證悟見解難；無有神通利益他眾難。因困難故成全者罕見。

　　不如法行持而導致的困難過患有六種：一是不具出離心而希求輪迴安樂者，已被財、色、名、食、睡五種欲妙所迷醉，心隨世法所轉，故於上師三寶難以生起正信。二是無有少許慚愧之人，過咎滿身卻不以為患，為得利養又使出渾身解數掩飾自己，如在人前偽裝得威儀具足、所行如法、大發悲心等，其實心中卻充滿惡念，這種人要護持小乘、大乘、密乘三戒中任何一戒都是極其困難的。三是若未值遇具相上師，就得不到正確無誤的教誡與竅訣等明示，若自己隨心所欲地盲修瞎煉一氣，則無論多麼精進，也不能真實入於解脫道。如當今以世智辯聰在書本上大做文章的某些學術界人士，雖然講得頭頭是道，言辭優美、流暢，但卻是分別心的產物，終不能了達因果正理而趨入解脫道。四是若不依修生圓次第、上師瑜伽等殊勝的方便道，則現起真實的智慧極其困難。五是若未破除四邊之執著與戲論，那麼欲證悟甚深的大中觀、大圓滿等見解就是緣木求魚。六是未證得無漏神通之人，要想利益他眾極其困難，因為只有具神通才可以無礙知曉他人相續中的起

七寶藏——竅訣寶藏論釋

心動念，如是對症施治方能以契合其根基的方便法對眾生作饒益。因為修證佛法和弘法利生都有種種困難的緣故，能徹底遠離上述六種困難與過患而圓滿成辦自他諸事者極為罕見。

專心不散實修之六法：憶念暇滿捨棄無義事；
專念無常遠離懈怠敵；獲得悉地精進不間斷；
證相增上修法有興趣；覺性自在散亂現法性；
顯密正法融入自相續。

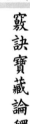

　　我們應了知能令自心專一不散而實修之六法：一是數數憶念暇滿人身較盲龜值遇木軛還難得、輪迴中充滿了生老病死等種種痛苦、業果不虛毫釐不爽、如是因必受如是果等義理來生起並增上出離心，這樣就能捨棄世間無義之一切瑣事。二是專心憶念內有情世間和外器世間之無常本性，諸法緣生緣滅，已生之法必定有滅盡的一天，然何時滅無有定準，同樣，自身壽命的無常亦非人力所能改變，是故，我們應抓緊閒暇之機頑強抗戰懈怠惡敵而精進修行。三是為獲得殊勝悉地故，我們不可間斷一切念修之法，即便已得悉地，乃至未證大樂涅槃之前精進心亦不能間斷。四是當我們修行的證相有所增上之時，如具足降伏分別心的能力、生起智慧等，善法已入自心故，法喜充滿，自然會對修法生起更大的興趣。五是當我們修證獲得覺性自在之時，一切內外散亂都現為法性本體之遊舞力。六是若我們能將顯密正法圓融、一味地匯入自心相續而專心實修，則極為殊勝。

竅訣寶藏論釋

乃至究竟依止之六法：捨棄親友依止法道友；
捨棄惡友依止賢智師；捨棄商議依止永樂法；
依止聞思盡力調伏心；捨離城鄉依止寂靜山；
尋覓教言精進而修持。如是而行迅速得成就。

　　乃至我們修法獲得究竟前應依止之六種法要：一應捨棄引生貪戀的父母親友，真誠依止於己修行有助益的賢善道友。二應捨棄不懷善意的惡友，誠心依止具有賢智的上師。常言道：「近朱者赤，近墨者黑。」如果我們跟隨惡友，則縱有賢善的人格也會隨之變壞，故當依止具有賢善人格和深廣智慧的上師。三應捨棄商議世間法之行徑而依止能令我們獲得永恆妙樂之殊勝正法。如云：「除事修持佛法外，萬事都無好商量。」因為諸世間法唯是助長貪嗔之因、墮落之源。四應依止上師廣聞深思顯密經續論典，以聞思之智慧盡力調伏自心相續。五應捨棄令身心散亂的城市和故鄉，專心依止寂靜的山林岩洞而實修佛法。六應尋覓具相上師，依之虛心聞思，待獲得甚深教言以後精進實修。我們若能如是行持，必定迅速獲得成就。

利益損害相雜之六法：依止不生功德之上師；
攝受不入正軌之弟子；不離世間八法而修行；
邪命養活同時利他眾；受持無有護心之戒律；
善惡錯亂行持密宗法。利害相混乃修法形象。

　　宣說利益與損害相雜之六種法：一是若不幸依止了不生功德的上師，也就是說所依止的上師不具足法相和成就相，僅以尋求名聞利養之心去攀緣、攝受弟子，彼對眾生

沒有大悲菩提心，內心相續也沒有清淨戒行等內證功德，那麼對弟子來說有何利益有何害呢？雖然從傳法灌頂和信心方面弟子仍能獲得些許功德，因為上師所宣說的都是諸佛菩薩的金剛教句，但從上師本人不具法相方面而言，久而久之弟子會生起邪見，誹謗上師，退失對佛法的信心等，將種下墮入金剛地獄之因。二是若不幸攝受了一位不入正法軌道的弟子，彼對上師的教言充耳不聞，更有甚者背道而馳，那麼對上師而言有何利益有何害呢？從悲心攝持分而言上師亦有些許功德，因佛法的加持是不可磨滅的。經云：「一歷耳根，永為道種。」一方面而言，上師不作觀察濫收門徒必有一定的隱患，其將甚深教言傳於非法器者，即如將鋒利的寶劍交予瘋人之手，極其危險，如蓮師云：「不察弟子如跳崖。」三是雖欲修持解脫正法，然心卻不離世間八法，整日盤算如何才能牟取種種利養，這樣利害參半而修行，決定得不到究竟的解脫。阿底峽尊者說：「勤行世間八法者，雖能獲得暫時利益，來世必趨三途，受苦無量。」《四十二章經》亦云：「財色之於人，譬如小兒貪刀刃之蜜。甜，不足一食之美，然有截舌之患也。」四是有些人唯以五種邪命養活自身，同時又發心利益他眾，這也是利害參半的行為。五是雖於行為上受持了三乘戒律，但卻不依教護持內心相續，或者表面上受戒而內在根本無有守持戒律之心。六是不明取捨、善惡錯亂、邪迷妄行之人卻修持密宗的甚深法要。這樣利害相混雜者，只能成為修法的形象，絕無真實修法之功德。

壓服邪念如釘之六法：作害怨敵越伏越多故，
壓邪調伏我執為要訣；欲妙愈享貪婪愈多故，
壓邪強制斷貪為要訣；閒言碎語愈說愈多故，
壓邪禁語獨處為要訣；護持他心愈做愈多故，
壓邪自然安住為要訣；緊搓自心疙瘩愈多故，
壓邪自心放鬆為要訣；世間雜事愈做愈多故，
壓邪安住自心為要訣。具足此等滅除希憂執。

　　我們應當了知壓服邪念如同被鐵釘扣緊之六法：一是對我們作害的外來怨敵，若欲強行滅除，這樣怨敵會越降伏愈增多。佛經中說：能滅世間一切怨敵之人不算強者，能夠降伏自心之人才稱得上是真正的強者。是故壓服邪念，調伏內在的我執乃為最勝要訣。二應了知世間的種種欲妙愈享受愈增強貪欲，就像口渴之人飲鹽水一般愈飲愈渴，故當壓服邪念，依上師的教言和種種善巧方便強制性地斷除各種貪欲，乃為修行的最勝要訣。三應了知無有意義的閒言碎語愈說愈多，就算是晝夜長談也難以述盡，故當壓服邪念，堅定禁語，獨自安住，或口誦心咒，或閱讀經論，或內觀心續。四應了知護持他心的事情會愈做愈多，故應當壓服邪念而自然安住，或觀修諸法如夢幻般的本性乃為最勝要訣。五是若強制性地緊搓自心，不令散亂，這樣攝心愈緊愈會增盛分別心，愈加胡思亂想，故當壓服邪念，令自心放鬆，坦然安住，這就是殊勝的對治要訣。六應了知世間的各種雜事愈做愈會增多，忙了此事，還有彼事，永無終了之時。若能壓服邪念，放下萬緣，綿

綿不斷的世間瑣事也就自然了結了，故說安住自性、直觀本性是最勝要訣。具足此等要訣之境界者，自然能滅除希求與憂慮等執著。

法融自心驗相之六法：知妙欲魔不貪輪迴相；所作利眾蒙受加持相；覺性自在獲勝成就相；不隨他轉生起正見相；想見上師具有敬信相；捨棄今生已得法利相。具此六相乃為真正士。

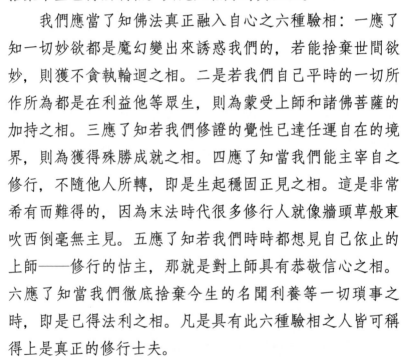

我們應當了知佛法真正融入自心之六種驗相：一應了知一切妙欲都是魔幻變出來誘惑我們的，若能捨棄世間欲妙，則獲不貪執輪迴之相。二是若我們自己平時的一切所作所為都是在利益他等眾生，則為蒙受上師和諸佛菩薩的加持之相。三應了知若我們修證的覺性已達任運自在的境界，則為獲得殊勝成就之相。四應了知當我們能主宰自之修行，不隨他人所轉，即是生起穩固正見之相。這是非常希有而難得的，因為末法時代很多修行人就像牆頭草般東吹西倒毫無主見。五應了知若我們時時都想見自己依止的上師——修行的怙主，那就是對上師具有恭敬信心之相。六應了知當我們徹底捨棄今生的名聞利養等一切瑣事之時，即是已得法利之相。凡是具有此六種驗相之人皆可稱得上是真正的修行士夫。

宣說所需不懼之六法：實修深義不懼惡念敵；觀心性義不懼八法敵；修煉法身不懼二取敵；無基道用不懼二障敵；實修大樂不懼痛苦敵；實修本體不懼希憂敵。具足此等而行成大事。

竅訣寶藏論釋

138

宣說修行人所需要的六種不畏懼：一是實修深義者不必畏懼惡念之怨敵。修持共同乘的行者一旦發現自己生起惡念就特別害怕，並立即施予強有力的對治法。而實修密法深義之行者，卻可依上師的竅訣將一切惡念直接轉為道用。二是在觀修心性本義時，不必畏懼世間八法這一怨敵的侵擾，如如安住即可，因以諸法本體一味無別。三是觀修法身自性時不必畏懼分別執著之怨敵，就在這樣的本性中安住，了認諸法是本來法身的遊舞，二取即可融入法界。四是實相本基中無有能所二取之迷亂顯現，了知此理將迷現轉為道用並安住於法界一味的本性中則不必畏懼煩惱障與所知障的怨敵，證悟諸法實相本空、離根之性，二障都會寂滅在心的本性之中。五是若實修無上密法中所明示的大樂智慧，則不必畏懼世間種種痛苦的怨敵，其性本來清淨故。六是實修諸法一味大平等的本體時，不必畏懼苦樂希憂之怨敵，輪涅本體無二故。若能具足此等要訣而行持，則將成辦普賢如來果位之大事。

趨入正法取捨之六法：不依正知行為不如法；
不捨隨順行善不正規；不依要訣不生暖覺受；
時機未到不能利他眾；不具威力不能遣違緣；
智悲脫離即生不成佛。是故依要行善極重要。

　　趨入正法的修行人應當取捨之法有六種：一是若不依靠正知觀察守護自之身口意三門，則行為不會如法。因此我們應當以正知來觀照內相續的起心動念與外身肢的舉手投足，盡量依教軌正不令散失。二是若不捨棄隨順世間的

散漫行為，則不會正規地行持善法，受世俗貪染故，凡所發心承辦之事皆是居於某種目的而為之。三是不依靠上師所開示的修行要訣，縱修亦不會生起暖相與覺受。四是在自己修無所證，也就是說沒有獲得一定的成就相和修證功德，且度化眾生的時機亦尚未成熟之時，若躊躇滿志而欲大張旗鼓地弘法利生，則是枉費心機。五是在成辦自他二利事業的過程中，自己若不具足一定的威懾力，則不能遣除所遭遇的種種違緣。因此我們應當努力修持，增上大悲與智慧等威力，待功德圓滿後就能輕而易舉地遣除一切違緣。六應了知成佛的根本是智悲大雙運，如果智慧脫離大悲，則即生不能成就佛果。如同開啟智慧寶藏之鑰匙一樣，修行不能不依靠要訣，是故我等修行人依要訣行持一切善法是極其重要的。

斷除惡劣之想六種法：上師視為凡夫離加持；
道友視為怨敵毀誓言；自高自大遠離正法道；
販賣教言邪命而養活；不修本尊捨棄正法道；
行法尋財遠離解脫道。離六惡想而修極重要。

修行人應當斷除六種惡劣想法：一是若將自己所依止的上師視為普通凡夫，則恭敬與信心難生而傲慢與嫉妒易起，如是將遠離上師所賜予的一切加持。故應將上師視為真佛，於彼虔誠祈禱，生起百分之百的信心，念念不忘上師，行住坐臥皆依教觀修上師。對此，喬美仁波切和噶瑪巴亦有殊勝教言：「上師在灌頂傳法時，十方諸佛都融入於他的身體，爾時生起如佛之恭敬信心能獲得極大加持與

竅訣寶藏論釋

功德。」二是若將在同一壇城內受過灌頂的金剛道友視為怨敵般勢不兩立，或爭執某些事情寸步不讓，互相諷刺、謾罵，則將毀壞自己的密乘誓言，終究不能獲得成就。三是自高自大之人，上不敬師長，下不和道友，且無慚無愧地高唱天上天下唯我獨尊，好像世界上沒有他地球就不會轉動似的。這種目空一切之人，已遠離正法之道，故不會生任何修行功德。如云：「我慢的山岡上，留不住功德的泉水。」四是若修行人居心叵測地妄求利養，以致毫無羞恥地販賣無價之寶——甚深教言，那麼這種邪命養活之人無疑已成為佛教變相的盜者。五是已入密乘之行者，不間斷地觀修本尊即為終身受持之誓言，若不觀修本尊，則有毀誓之患，如是自然也就捨棄了正法之道。此外以貪嗔之心觀修本尊法者亦有捨棄正法之道的過患。六是行持佛法者，若時刻尋求生財之道，一頭鑽進錢眼裡不能自拔，自己的身分與修行皆拋於腦後，則此人已遠離了解脫道。是故我等修行人遠離上述六種惡劣的想法而如法修行是極其重要的。

忘失解脫正道之六法：散於外境忘失敬信心；
忙碌溫飽忘失三寶尊；性惡急躁忘失密誓言；
盲目無知忘失輪迴苦；愛財謀利忘失行善法；
起嗔毒心忘失菩提心；放蕩不羈忘失惡趣苦。
具此六法長久漂輪迴。

我們應當了知忘失解脫正道之六法：一是若自身常處憒鬧之地，心無自在而散於外境，東聽西聞、左顧右盼，

這樣自然而然地就會忘失對上師三寶的恭敬與信心。二是執著溫飽者整日忙碌於烹製美味佳餚、購買華美的衣飾，漸漸地生死大事便拋之腦後，情不自禁地也就忘失了上師三寶尊——這一殊勝的皈依境。三是性情惡劣又急躁之人沒有耐心去分析事情的來龍去脈、利益過患，往往感情用事，按捺不住自己的性子，需要秘密守持的誓言總是在事情一來就不顧一切的惡劣性情中忘失，或生貪心窮追不捨，或生嗔心提刀殺人等。四應了知若人無善辨是非真偽之智，盲目無知地虛度光陰，時時以苦為樂，自我麻醉，這樣自然就會忘失輪迴的三根本苦與八支分苦，而且還顛倒妄執為輪迴有樂無苦。五應了知貪愛財富之人總是不擇手段地謀求利潤，諸如偷稅漏稅、倒賣偽劣產品、敲詐勒索、暗盜三寶財物等，如是自然會忘失行持善法的重要性，更不會身體力行。六應了知易起嗔恨等惡毒心者，自然會忘失珍寶菩提心。本來一切眾生無始以來都互相做過父母，故應如現世自身父母般對待他們，施予仁慈、悲心，為他們造作種種利樂之事，呵護有加，不僅發願自己覺悟解脫，亦要發願令一切父母眾生覺悟解脫。若人恆時放蕩不羈，就自然會忘失三惡趣的種種痛苦，深溺五欲之中，肆無忌憚地造殺生、偷盜、邪淫等罪業，滅盡善法功德，遠離解脫正道。具足上述六種忘失正法之過患者，必定會長久漂泊於輪迴的大苦海中，了無出期。

激勵自己教言之六法：正士傳家之寶即修行，
切莫懶怠拖延修正法；妄念乃為焚燒智慧因，

莫視執著所緣為殊勝；痛苦逆緣激勵行善法，
切莫憂傷呻吟而斷之；顯現五毒乃為智密道，
見敵害己切莫生反感；種種違緣乃是成就兆，
切莫懷有惡意生瞋心；輪迴顯現乃是佛淨剎，
莫執迷現二取為實有。

我們應當了知能激勵自己的信心、精進心等修行之六種教言：一應了知古往今來的高僧正士們代代相承的傳家寶即是「修行」。為此我們切莫懈怠懶惰、拖延修法時間，而應當機立斷，勇猛精進地修持正法。二應了知妄念乃為焚燒智慧之因，若於所緣境不起妄念，則菩提智慧將日日增上，所以不能視執著某種所緣境為殊勝證相。從另一個角度講，若能將妄念以善巧方便轉為道用，彼即是能盛燃智慧火焰之因，故應了認妄念與執著的本體。三應了知所遭遇的一切痛苦和逆緣都是激勵我們行持善法的助緣，故當化悲痛為修行的動力，切莫為之憂傷呻吟，亦不必想方設法斷除逆緣痛苦，而應恆時以此作為鞭策我們精進修行的方便。四應了知所顯現的貪瞋癡等五毒煩惱乃為成熟現前自然智慧之殊勝密道，是故遇見怨敵造害於己之時，切莫於彼生瞋怒之心，當轉反感為恭敬，念彼為助進我們修行的大善知識。五應了知我們所遭遇的種種違緣乃是自己獲得成就的一種徵兆，切莫為此滿懷惡意妄起瞋恨之心，應內觀心性，坦然安住。六應了知三界輪迴的一切顯現都是佛陀的清淨剎土，因諸法為大平等的本性，無有清淨與不清淨的差別。了知此理，我等修行人切莫執著因

七寶藏——竅訣寶藏論釋

堅固的迷亂習氣而顯現之二取諸法為自相實有，當時時安住於夢幻本淨的境界之中。

染污法性歧途之六法：實相本是逸然無偏袒，
然被貪心分別妄念染；法性本是遠離諸言思，
然被有無邊執增損染；心性本是無二無生滅，
然被執著生死想所染；境現本是心性空明鏡，
然被貪嗔二取實執染；勝義本是離諸戲論相，
然被實執懷疑所污染；實相無偏阿賴耶緣起，
然被二取迷亂習氣染。

以分別心染污法性而入歧途之六種法：一是諸法的究竟實相本來是逸然、明然、空寂的本性，既不偏於明分，亦不偏於空分，無有任何偏袒之相，然而卻被貪心等分別妄念所染污，以致顯現迷亂的輪迴，有情深受迷惑而執著能取所取。二應了知諸法法性本來是遠離一切言說與思維的，然而此超思離言的究竟本性卻被有無等邊執戲論增損染污。三應了知心的本性本來是明空無二，超離一切生滅之相，然而此無生無滅的本體卻被執著生死循環的雜亂思想所染污。四應了知外境的一切顯現本來是心性空寂的明鏡中幻現而有的，即心性之明分不滅，毫無自相實有，然則此顯而無自性之法卻被貪心嗔心等二取實執所染污。五應了知勝義諦本來是遠離有無等一切邊執戲論之相的，然而此空寂離戲的本體卻被實執和懷疑等分別心所污染。六是實相本為無偏頗之真實義阿賴耶，本來無離無合，且遠離一切執著等相狀，因緣起而顯現種種幻化之

竅訣寶藏論釋

144

相，然而卻被二取分別心的迷亂習氣所染污。

斷除邪命養活之六法：斷除詐現威儀之邪命；

斷除諂媚奉承之邪命；斷除旁敲側擊之邪命；

斷除巧取訛索之邪命；斷除贈微博厚之邪命；

斷除恣意享財之邪命。如理修法斷此為最佳。

我等修行人應當斷除邪命養活的六種行為：一是現今末法時代有些心術不正之人為了求取種種名聞利養，便會在信眾前顯露出異乎尋常的行為，又為保護自己的名譽和地位而費盡心機掩飾自己的過錯。我們應當斷除這種詐現威儀、巧取信財之邪行。二是有些人為了迎合世人的心意而求得利養，便窮思竭慮地虛談一些無意義之事，比如對自己看準的對方說，「我已暗中遣除了你和你家中的違緣，以後我會繼續善護你的事業，讓你安享高官厚祿」，或言「你的前世是某某佛菩薩、你是某某活佛的轉世」等。用這種諂媚奉承的方式討好世間人而求取利養是極為卑劣的，我等修行人應斷除這種邪命。三是有些人為了求得一些錢財，就對信徒說「我長期住山苦行，不幸身染重疾，醫生吩咐我需服用什麼營養補藥，穿什麼柔軟衣服」等力求別人的援助，或見別人有什麼自己喜愛的東西，就無慚無愧地說「你這東西從何處買來，我需用此物，怎麼也買不到」，希望對方能賜予自己。這種旁敲側擊的邪命我們也應當斷除。四是有些人假借某種理由或以威脅恫嚇的方法強行向他人索取財物。如對某人說：「你在某時有命難，若供養我多少錢財，我便可以為你化險為夷。」此

外亦有嫌棄別人的低劣供品，誇讚某人的上好供品等行為，我們應當斷除這種巧取訛詐的邪命。五是有些人將自己的一些微廉物品贈送給有錢之人，希望博得豐厚的回報，如將藥品、糖果、衣物等普通物品送給某些人，還美其名曰是法王的加持品或解脫聖物，這樣居然也能討得有些人的傾囊回贈。這種舉動從表面上看來是慈悲的關懷，但其發心濁穢不堪，我們應當斷除這種贈微博厚的邪命。六是有些人從不衡量自己修行有無功德，亦不以因果作為修行的準繩，卻恣意享用三寶和信徒的財富並且鋪張浪費無慚無愧，我等修行人應當斷除這種邪命。若能如理修法斷除此等邪命則是最為善妙的。

宣說共法教言之六法：循序漸進為淨行教言；
修四無量為發心教言；現空雙運為實修教言；
甚深地道為尋要教言；正見心性邊解脫教言；
無偏聞思乃殊勝教言。

竅訣寶藏論釋

宣說行持共同法門之六種教言：一是我們的修行一定要遵循秩序，逐漸上進。順次第者，如先受灌頂，次受竅訣，後再修行，或先修五十萬加行，然後再進入正行，當如是依次而修，切莫逆次而行，此乃清淨行為之教言。二是欲發菩提心者，首先應修慈悲喜捨四無量心，此為發心之教言。三是我們在修行時既不能墮有邊，亦不可落無邊，而應處於中道，修習現空雙運之法，此乃實修之教言。四是我們所尋覓而依修之法，應是含攝五道十地的甚深要訣，如是修行乃為尋覓修要之教言。五是所謂的正

見，即是了認心的本性，生起決定信解，此為邊解脫之教言。六是既不偏愛自宗，亦不嫌棄他宗，當廣聞博學各大宗派之經論教典，這樣的無偏聞思乃為最殊勝的教言。

斷絕希望竅訣之六法：無愧之人守戒無希望；
不精進者修法無希望；無敬信者得加持無望；
無智之人證悟無希望；懈怠者獲道相無希望；
惡意之人利他無希望。

　　能令我們斷絕修行中無正因而欲獲正果的六種竅訣：一是無有慚愧之人，無論能做還是不能做的事情都恣意妄行，這種人要想清淨地守持別解脫戒、菩薩戒、三昧耶戒任何一戒都無有希望。二是不具精進之人，放蕩不羈，懈怠懶惰，不是睡大覺就是忙於吃喝玩樂，以諸多無義之事消磨時光者，於修法無有希望。三是若於上師三寶無有恭敬與信心，則欲獲得加持無有希望。末法時期很多人在形式上皈依上師三寶，但卻不如法行持，自己背道而馳，還惡說上師三寶沒有加持力。四是愚昧無智之人，欲獲得高深的證悟境界，決定無有希望。因為高深的證悟只有在福德資糧與智慧資糧修積圓滿時才能獲得。五是懈怠懶惰之人欲獲得修行的道相無有希望。因為顯宗和密宗的任何一種道相都是建立在精進的基礎之上。六是滿懷惡意而無少許善心之人，人格極其卑劣故，若期待他們做利益眾生之事，那絕對無有希望。是故我們每一位修行人首先都應當改善自己的人格，之後再談利他。

宣說修學次第之六法：入門初學諷誦聲因明；

七寶藏——竅訣寶藏論釋

次當守戒聞思諸經論；第三依止上師入正道；
第四令師生喜聞教授；第五精進修持究竟法；
第六無有厭倦利他眾。隨學此等大德之規範。

　　宣說修學次第之六種法：一是剛趣入佛門的初機學者，首先應該學習儀軌諷誦及聲明(文法)學和因明(邏輯)學。這樣熟練儀軌、掌握語法、打開思路、遣除疑惑、穩固信心等能助進智慧的增長。第二步應當依次求受並嚴淨持守沙彌戒、比丘戒等，同時聞思一些經論教典。第三步應當依止具相上師求受灌頂而趣入修行正道。所謂具相上師者，噶瑪巴曾說：「若人能令我們對正法生起不退的信心，依彼所傳之法及其加持等威力能於自己的心續中生起無二智慧，了認無二真諦，則為終生依止的根本上師。」明朗大師在《三戒論》的注釋中亦說：「賜予灌頂和密法之人乃為根本上師。」第四步是我們應當以修法、侍奉、財富三種供養來令上師生起歡喜，進而精勤地祈求聞受耳傳方面的甚深教言。第五步是在我們獲得大圓滿等耳傳方面的竅訣後，就應勵力精進修持此究竟法要。第六步是當我們通過實修實證獲得一定證相或境界時，對無量無邊的苦難眾生不應生起厭倦之心，而應精勤耐心地饒益他們，為最終將之引至究竟的解脫彼岸而廣發大菩提心願。無垢光尊者在此告誡我們應當隨學此等大德之高尚風範。

護持善緣弟子之六法：了知攝受有緣具信者；
令其精進修道棄瑣事；令其實修不耽聞思句；
令其行善不求得名利；令其不積財物學知足；

令其修法圓滿斷今世。如是善巧賢明上師軌。

上師慈悲護持或培養善緣弟子之法有六種：一是上師首先應觀察眾生的根基，了知自己所攝受的弟子是否與上師三寶有殊勝緣分，是否為具有恭敬信心之人。雖然每一眾生都具有如來藏，但根器卻有優劣之分，緣分相對來說也有成熟與否之別，若於不具信心之非器施予慈悲攝受則徒勞無益。二是上師要諄諄教誡，並以各種善巧方便令弟子拋棄世間一切瑣事而精進修道。三是上師應令弟子精益求精地實修甚深法要，教誡他們不可耽著聞思經論的詞句，而應深解法義，將法融入於自心相續，令心融入於道。四是上師對修學有一定基礎的弟子亦要嚴格要求，經常令其棄惡行善、不攀求名聞利養、如法軌正三門行為。五是上師應教誡弟子在受用財物方面不可貪得無厭，而應隨學前輩高僧大德們知足少欲的高尚風範，將主要精力放在聞思修上面。六是上師應隨機善巧地教令弟子樹立正知正見，斷除對今世的貪戀，一心成辦道業，時時鞭策弟子早日圓滿一切修法功德。修行人常常應依輪迴痛苦和萬法無常之理來清醒自己的頭腦，以淡泊名利、看破紅塵、腳踏實地地遁入能獲得解脫的正法之道。具有如是智慧與善巧方便引導弟子者即是賢明上師之軌範。

正念哨兵巡視之六法：正念巡視心散現世否？

正念巡視懈怠散亂否：正念巡視出現歧障否？

正念巡視妄念紛呈否？正念巡視口出綺語否？

正念巡視庸俗而住否？

正念如同哨兵一般為護持我們的修行而經常巡視之法有六種：一是經常以正念內觀，巡視自己的心有否外散於世法？散則依教令其收攝，未散則令其穩固。二應以正念巡視我們是否在懈怠散亂，如果懈怠，則依教力行精進；若有散亂，則深深自責立即安住正念。三應以正念巡視自心相續在修行過程中有否出現歧謬諸障，若心裡生起欲遠離上師等念頭，則應思維是否有魔障在作怪，同時觀修護輪，並念誦一些遣除違緣之祈禱文或心咒。此外還應不斷地觀修上師瑜伽法，誠心誠意地祈求加持。四應以正念巡視我們內心相續的分別妄念是否紛呈不息。正當妄念紛飛之時，急呼「啪的」一聲，寂然安住，或直觀其本面而如實安住，這樣就能寂滅一切雜念。五應以正念巡視我們的口中是否綺語紛飛，一旦發現自己沉浸於無稽之談中，就立即警告自己此是自他散亂之因，言不謹慎、信口開河者往往會給自己帶來很多預想不到的麻煩，所以我們應當緊鎖綺語之伏藏門。六是以正念巡視自己是否在庸俗無記中安住而未做任何有意義的事情，是則嚴厲自責，思維我今如是渾渾噩噩地虛度時日是否受魔指使，故當提起精神，無論持咒，還是聞思，皆當做有益之事。

諸修行人當作之六法：壽命無常速逝當修法；
業果細微當取捨善惡；利他難成切莫失自利；
學問無窮切莫耽詞句；未生定解切莫盲目修；
賢善戒淨博學莫驕傲。

我等修行人當勤作之法有六種：一是思維壽命無常，

猶如風中殘燭般剎那即逝，故當在死亡來臨之前，精進用功修法。二應思維業果細微、毫釐不爽，其中奧妙非凡夫的分別心所能揣測，唯有一切智智的佛陀知曉無餘，因此我們應當依聖教量來取捨善惡諸法。三是末法時期的眾生剛強難化，沒有一定修行功德和能力的人欲利他眾卻難以成功。如有些人以利他為藉口，深入世間度化眾生，結果反被對方所度，導致破戒、返俗等嚴重的過患。或有些在利他的過程中，因貪享利養而染污了自己的相續。但也不可因此而退失菩提心，當嚴持戒律、精進修持，切莫失去對自己來說最為究竟的利益。四雖然學問無窮無盡，越學越會發現自己學識的淺薄，但卻不可對經論詞句生起耽著，而應抓住相應自己根基之法專一實修。修行的標準在於調伏自續煩惱，而不在於詞句的優美，聞思教典的目的是遣除修行的疑惑。五是雖然我們通過了一定階段的聞思，但若未從理性上生起定解，就不能盲目修行。初步的定解在於確認因果的理性，進一步再對萬法的理性生起堅定不移的定解。在如是定解的基礎上實修最為善妙。六是若我們的戒行清淨如法，廣聞博學三藏教典，弘法利生的事業亦興盛廣泛，且為眾人尊為賢善者，縱然具足這些功德自己也不能驕傲自滿，而更應該謙卑謹慎。

欲修行者慎思之六法：未捨今生故土不願離；未斷貪執靜處待不住；未通宗派自心為法縛；未生禪定墊上坐不住；無有對治不能勝散亂；執戒禁取智慧亦成毒。是故慎思此等極重要。

七寶藏——竅訣寶藏論釋

凡欲修行之人皆當慎重思維之六種法：一是我們若未生起捨棄今生的念頭，則會貪戀故土而不願離開，如是貪執自己的家園和父母親友，一旦提起自己的故鄉就會讚不絕口、嚮往不已。若能捨棄今世，則會義無反顧地捨棄故鄉這一引生貪嗔的來源。二是若我們未斷除對財色的貪執心，則於適宜修行的靜處是待不住的，具有貪心之人就算已經安住靜處，並賭咒發誓不得成就絕不離開此地，但幾日或幾月以後他就會思此慮彼，妄想紛呈，情不自禁地便會隨貪等煩惱飄離靜修聖地。三是在我們未能圓融地通達各大宗派的教旨之時，若恣意破斥他宗，妄立自宗，自己的心則會被所執著之法束縛。一味地偏愛自宗者，於其他任何宗派的教義都不能觀修清淨心，非但不恭敬頂戴，而且還橫加破斥，如是過患堪多。四是在我們未能生起禪定的境界之時，身心浮躁不安，當然在自己的墊子上是坐不住的。世間人亦說：「修行不好的人，好像他的坐墊上長有荊棘，剎那亦難安住。」五是如果無有善妙的對治法來對治自心相續的煩惱，則不能戰勝散亂的怨敵，而且還會成為散亂怨敵的俘虜，使身心皆不得自在，所以我們應當時時依善妙有力的對治法來力敵一切散亂。六是持執外道邪眾的戒禁取見者，依五火修煉、殺生祭祀神壇等邪行，如是他們的相續中縱有智慧亦將成為毒物。是故我等修行人應當慎重如理地思維此等道理，以理智正確取捨諸法是極其重要的。

詳說內外道相之六法：具觀察者做事皆究竟；

具證悟者所言皆穩固；具遠見者何事皆了知；
生定解者苦行能堪忍；心法相融之人調相續；
具智慧者聞法不厭足。此等即是內證相外現。

　　在此，尊者為我們詳細宣說了內外吻合之六種道相：
一是具足智慧且善於觀察事物之人，無論什麼事情都能圓
滿究竟地成辦。因為他們在行事之前會仔細考慮事情的成
敗，看準之事必盡全力而行，這樣一切事情無不圓滿成
辦。二是具有證悟功德之人，所立誓言極其穩固，言必
行，行必果，言行一致，因為他們明因識果，利弊了然，
取捨明清，故無虛言，也無變異。三是具有遠見之人，
無論對什麼事情的發生都有一定的預知，對事物的發展過
程亦瞭如指掌，故胸襟寬廣，高瞻遠矚，絕不鼠目寸光地
面對某些事情，故能坦然面對未來的一切。四是通過聞思
經論而生起定解之人，心裡充滿了無盡的法喜，故能堪忍
修行途中所應經歷的一切苦行。五是心與法相融一味之
人，能善調自己的內心相續，令心堪能自在，故不被任何
外緣和無明煩惱所轉。六是具甚深智慧之人對佛法的渴求
是熱切的，縱經多年，甚至終生聞法，也不生厭足之心，
聽聞佛法即如渴者痛飲甘露般喜不自勝。無有智慧之人僅
聞幾日佛法便會自滿自驕，或聞法時心煩意亂，往往有頭
無尾，斷諸傳承。此等即是顯現於外而可供我等修行人觀
察、印證之內證功德相。
解開二取繩結之六法：生貪嗔時觀心即解開；
生五毒時觀本面解開；生痛苦時修大樂解開；

七寶藏——竅訣寶藏論釋

生雜念時觀自性解開；生厭倦時放鬆即解開；
處茫然時具明清解開。

　　能解開二取繩結之六種法：一是當我們被貪心與嗔心
之繩結緊緊束縛時，應當直觀其心性，尋覓貪嗔之根源，
這樣自然而然就能解開其緊縛之繩結。二是當我們生起貪
嗔癡等五毒煩惱之時，應當直觀其本面，如是自然能解開
如繩結般的五毒煩惱。三是當心裡生起不可名狀而難以堪
忍的痛苦之時，若觀修大樂智慧，尋覓痛苦的來源、住
處、去處等則會發現除分別心以外何者亦不存在，了認痛
苦的本性為大樂智慧，就自然能解開如繩結般的痛苦。四
是當我們生起各種分別雜念時，應當直觀其自性，待了知
彼為大空離根的本體，顯而無有自性，就自然能解開一切
如繩結般的雜念。五是當我們對修法生起厭倦之時，切莫
攝心過緊，而應自然放鬆寂然安住，這樣即能解開如繩結
般的厭倦心。待厭倦之繩結解開之後再重振精神，繼續用
功。六是當我們的修行處於一種茫然的狀態時，應致力於
了認明然之覺性，在具足明清的境界中安住，就自然能解
開如繩結般的茫然狀態。

當與修法結合之六法：甚深教言結合師指示；
指示結合前輩之傳統；傳統亦與體驗相結合；
體驗必須結合諸暖相；暖相需與所得果結合；
果位需與利他相結合。脫離此等修法誤歧途。

　　我們應當了知結合修行之六種法要：一應了知顯密的
甚深教義深奧難測，若僅以自己的分別智慧於經論的文字

上做遊戲，則其密意、隱義無所知之，了義、不了義亦難以明辨，故只有依靠上師的竅訣才能得以明示，蒙師指點迷津方能如理修持。二應了知上師的指示亦必須結合前輩高僧大德們的優良傳統，不能隨心所欲，亂示一氣，依法不依人，故當按原則依教指示。三應了知所謂的傳統非為民間習俗，而是祖師大德實修體證之經驗，作為一名具相的上師，自己必須具足一定的體證驗相，如是方能無誤地引導弟子趨向解脫，若自己未生起體證與驗相而僅依前輩大德的傳統人云亦云地為弟子作指示，則難免不入歧途。四應了知所謂的體驗必須要結合諸密續中所說的暖相和覺受，因密續所明示之暖相和覺受真實不虛，無疑是一把印證我們修正確與否的標尺。五應了知其暖相亦必須要與修行所得之果相結合，譬如認識心的本性所生暖相必須要與我們欲獲之果相結合。六應了知我們欲獲之果位，不可夾雜自私自利之心去求，而應與利他的廣大菩提心相結合，求證無上的佛果。如果我們在修行的過程中脫離了此等修法要訣，則將誤入歧途。

極為重要教言之六法：行善不離禪坐極重要；心與教法相應極重要；外緣不亂禪定極重要；正見解脫邊執極重要；境界不離法性極重要；所現方便生智極重要。

　　了知對自身修行極為重要之六種教言：一應了知行持善法之人時時不離禪坐極為重要。也就是說修行之人首先應讓自己的身體安住一處，進而攝心正念逐步專注所緣境

不散亂，最終才能修得自心堪能無縛。這樣一切善法功德就能自然而然地修積圓滿。二應了知令心與佛陀的教法相應是極其重要的。佛陀所宣八萬四千法門，法法殊勝，門門圓融，具不可思議的加持，然若行者僅停留於聞法的路口而不將法融入自心相續，則再甚深的法也不能起到調伏分別妄念的作用。在聽聞佛法後依教奉行，令身心調柔即是心法相應之相。三應了知在禪修之時，令禪定境界不為一切外緣所擾亂是極其重要的。外界財色等五花八門的事情對人心具有相當大的誘惑力，但相對於具有一定禪定境界的修行人來說亦是無利無害，喜怒哀樂之事理所當然會置之度外。四是我們通過聞思所得到的大中觀或大圓滿之正見應當解脫一切邊執戲論。因為只有在無垢而究竟的見解基礎上實修才能獲證究竟的果位，而離一切邊執戲論是大法界的本性故最為究竟，樹立此離一切邊執戲論之正見亦極其重要。五應了知我們在修法過程中所獲得的任何境界均不離法性，爾時不起任何分別執著是極其重要的。六應了知顯現的一切法都是能令我們生起智慧的一種方便，故有方便與方便所生的關係。無論是眼識所見，還是耳識所聞等諸法都可相應轉為道用而成為生起智慧的方便，這是極為重要的竅訣。

當行真實正法之六要：觀輪迴過當除貪執心；
修煉無實當知如幻化；發菩提心當唯行利他；
密意離思當辨輪涅法；一切妄念當知自解智；
自獲加持當轉他人心。

欲獲究竟解脫的修行人皆當行持六種真實的正法：一是經常觀察輪迴的諸般過患，諸如地獄的熾熱苦、餓鬼的飢渴苦、旁生的愚癡互啖苦、阿修羅的嫉妒戰爭苦、人間的三苦八苦、天人的臨終五衰苦，如是處處充滿痛苦，故當斷除對輪迴的貪執心，生起堅固的出離心。二是經常觀修諸法無實、如夢如幻之性，無論依聖教量還是理論都能抉擇諸法的無實本體，了知任何法都是緣起和合的一種假象，其作者就是我們迷亂的心識。如是數數熏修，以串習力漸漸就能斷除對諸法的實執心，終將徹證諸法顯而無有自性的本體。三是欲發菩提心者，唯一應當行持的就是利益他眾的事業，時時以大悲心愍念眾生苦楚，身體力行地救護一切眾生離苦得樂。四是通過聞思修行和誠敬信心的祈禱，即能獲得上師的意傳加持，其真實密意雖然超思離言，但在本然安住時，亦應明辨輪迴與涅槃之法。我們所了認的本來覺性是涅槃法，一切分別尋思都是輪迴法，如實了了分明，不可混亂。五是我們應當依靠上師所明示的竅訣來直觀一切分別妄念的本面，無誤了知妄念即是自解脫的智慧。六是在我們獲得上師三寶的加持以後，應當盡力以各種善巧方便轉化他人之心，如未信佛法之人，令其誠信；疑信參半者，令其消除懷疑；已信佛法者，令其增上並穩固信心，從而趨入真實正道修行。

斷除修行歧途之六法：心不散亂離戲中安住；

心不茫然自具明覺性；心不漠然以正念攝持；

心不愕然具明樂覺受；心無希憂光明任運成；

七寶藏——竅訣寶藏論釋

心無方圓無偏而觀修。如是而行無誤殊勝道。

　　修行的目標雖已明確，但在實修之時仍有許多方面需要注意，誰也不會希望自己成為睜著眼睛跌落深淵的不幸者，所以我們應當了知能斷除修行過程中的種種歧途之六法：一應攝心正念不令散亂，安住於遠離有無等一切邊執戲論的境界。二是我們應恆依上師的教言對治修行中的種種境現，不可使自心呈現茫然無所措的狀態，如是智慧明清，自然就具足了明清的覺性。三是在修行的過程中不管出現何種境相，自心皆不可漠然視之，當時時以正念攝持相續，依勝觀與寂止雙運而修。四是無論會遇善妙的順境還是出現惡怖的徵兆，自心皆應如如安住，不可感到驚愕，如是於彼境界中就自然會具足明樂無念的殊勝覺受。五應了知我們修行之心既不能希求涅槃亦不可憂慮自己沉溺輪迴，因為大光明的本體是任運自成的。六應了知我們每一個眾生的心本來無有方圓等任何相狀，究竟實相遠離言思，故當無偏袒、執著地如實觀修。真能如是行持之人，即可遠離種種歧途而無誤趨入速獲解脫的殊勝正道。

諸入道者莫成之六法：穩固信心莫成二取心；
厭離輪迴莫成痛苦心；廣聞博學莫成為名言；
精進修行莫成圖安樂；發心利他莫成為形象；
高高見解莫成傲慢心，此等極為重要具者少。

　　令諸入道者莫成過患之法有六種：一是我們雖應穩固對上師三寶的信心，但切莫將信心轉為執著而增上能取與所取的實執心，更不可以虛偽的信心對待上師三寶。二是

竅訣寶藏論釋

我們雖然應對輪迴深生厭離，並強烈希求從中獲得解脫，但切莫將此心轉為另一種無形的束縛，以致覺得難以自拔而成痛苦心，當以輪迴的種種苦患來增強自己的出離心，從而勤修能獲得解脫之正道。三是我們雖應廣聞博學一切知識，但切莫耽著名言詞句的優劣，當深入細緻地理解所修之法義，令心與法相應。四應了知精進修行的目的是為了獲得究竟的成就，乃至最終成辦利益眾生的事業，故切莫將此精進心轉為貪圖暫時的福報與安樂之有漏因。五是我們既然已廣發菩提心，就一定要拿出實際行動，積極真實地利樂他眾，切莫成為形象上及口頭上的利生事業，願行一致才能圓滿菩提大業。譬如，有些人雖常常鼓吹自己是大乘佛子，但於心裡卻從未發起少許利益眾生之心，遇到好事自己就拼命攀求，遇到壞事就推諉於人，時時處處自私自利，這就是大乘佛子修行的一大錯舉。六是大中觀、大圓滿等高深的見解難以真實堅固地生起，一旦生起如是甚深正見切莫以此成為滋生傲慢心之因。上述之要點對我們每一個修行者來說都是極為重要的，但這幾點要求比較高，實行起來亦有一定的難度，而且時值末法，具高深見解而無傲慢者少，精進行持而不貪圖利樂者少，發心利益他眾而不成形象者少，還有很大一部分人為達到自己的目的唯持佛法的形象，如是等等。真能圓滿斷除此諸過患之人非常稀少，故當牢記這些教誨，防非止惡。

作為最深要訣之六法：滅除我執恆自取失敗；

根除實執莫有表功心；斷除無義散亂閒雜語；

七寶藏——竅訣寶藏論釋

所見皆觀離戲之心性；斷絕牽連莫隨六境轉；
遠離貪執了達法性義。如是而行自利速成辦。

　　作為修行人我們應當了知最甚深的六種竅訣：一是若欲滅除我執這一流轉輪迴之根本因，就應恆時身處卑位，處處謙讓別人，自己取受一切失敗與痛苦以錘煉自己的意志。如《修心八頌》中所云：「虧損失敗我取受，利益勝利奉獻他。」二是當我們根除了對萬法生起的實有執著時，切莫滋生表功稱德之心，也就是說不可美言自己破除實執的功德，此心一起，便落執著，試問有何功德可言？三是我們應該斷除一切無義的散亂和閒言碎語，令自己的身體穩然安住，口中常誦經咒讚偈，心意思維佛法義理，當如是如法行持。四是日常生活中所見聞的一切法皆應以理觀修為離戲之心性、遊舞等力現。五是我們應當斷除對親友眷屬的牽連，令身體穩如泰山、心如如不動，安住於如夢如幻的境界之中，不隨色、聲、香、味、觸、法六境所轉。六是當我們最終遠離一切貪執之時，就能徹底了達萬法之本性──真實義。若能如是行持者，雖不求自利而一切自利都將自然而然地迅速成辦。

詳細宣說真相之六法：誠心依止上師無迷亂；
及時行善死亦無後悔；不執親怨相合眾人心；
感恩圖報眾皆成恩人；斷除嫉妒報復調自續；
追循前輩足跡成所願。

　　在此尊者又為我們詳細宣說了修法之六種真相：一是若能不假虛飾地以誠敬的信心依止上師聞思修行，則在修

竅訣寶藏論釋

行的旅途中決定無有迷亂，亦不會被違緣擊倒，且能轉逆境為順境圓滿成辦道業。二是若我們毫不懈怠地及時行持分內的一切善法，則能修積足夠的善根資糧，如是縱至死亡來臨亦無有後悔。三是不以貪嗔之心偏執親友與怨敵，坦誠平等地相待一切眾生，如是自己所作所為都能相合眾人之心。四是我們應當培養知恩報恩的美德，世間諺語亦云：「受人滴水之恩，當以湧泉相報。」凡是有恩於己之人，哪怕僅僅是點滴恩惠都要盡心盡力地報答，這樣眾人都將成為自己的恩人而自然能平息心中的怨恨、嗔恚。五是修行人應當勵力斷除惡毒的嫉妒心和報復心，恆時與人為善，常修隨喜，乃至他人的一毫之善也真心實意地隨喜讚歎，如是數數熏習，很快就能調伏自心相續。六是我們的一生唯有追循前輩得道高僧的足跡，腳踏實地地修行，才能速疾成辦自己的一切所願。

最深解脫相續之六法：見為心性認識其本面；
修為光明境界詣明性；行為如幻所行轉道用；
體驗現為法性斷貪執；果位自具放下希憂執；
事業利他悲心度眾生。

　　我們應了知能解脫自己相續且最為甚深之六種法：一應了知見修行果四步驟中之「見」是通過聞思經論的智慧來認識自心本面而得來的，如大乘了義經中所說「心無有心，心的自性即是光明」，如實了認本體方為甚深之見。二應了知我們所「修」持的是心性之光明自現，在達到既無合離，亦不退轉的明性境界時，能如實安住即為殊勝之

修。三應了知我們所「行」持的是在後得位中不離如夢如幻之性，以夢幻境界來攝持一切所行，將一切顯現轉為道用，破除一切貪欲實執心，如是乃為殊勝之行。四應了知我們在修行過程中的一切體驗或覺受之現都是無有實質之法性，無論好的覺受還是不好的覺受均不可執著，佛來佛斬，魔來魔斬，一切如小兒看戲般毫無執著。把握住空寂離戲的本體並斷除賢劣等一切貪執即能解脫自心相續。五應了知我們最終所獲證之「果」是自然本具且圓滿一切功德的，故當放下一切執著，既不希求涅槃等安樂，亦不憂慮自己墮落輪迴的痛苦，如同流浪異地變成乞丐的王子，一旦回歸王宮，理所當然地會登上國王的寶座一般任運自在。六應了知我們獲得成就的最終目的是為度化一切眾生，所以自己畢生事業就是展示大悲心，引導眾生離苦得樂，直至成佛。

諸修行人秉性之六法：發心利他則愛諸有情，
出現嗔心當知安忍伴；仁慈布施則具眷屬眾，
未聚當知增上善法緣；具有證悟雲集護法神，
未集當知失毀誓言致；斷除貪心集聚諸財物，
未集當知往昔業所感；接近成就違緣多出現，
未現當知前輩師加持；精進修行之人易著魔，
未著當知行善極切要。未知此理容易生邪見。

諸修行人通常具有的秉性有六種：一是若人已發菩提心利益他眾，則能慈愛一切有情，時時以大悲心護念眾生。在自己的人生旅途中縱遇他人的種種非理傷害，都能

善增安忍，並認知此為修習安忍的最佳方便，使之成為修行的殊勝助伴。二是具足仁慈心者，常常會毫不吝嗇地發放布施，此舉自然能集聚眾多眷屬。倘若自己施以如是仁慈之舉，仍然未能集聚眷屬，則應了知此乃增上成就一切善法因緣的方便。因無人際關係的干擾，自己會有更多的時間來成辦道業，故不必為此憂慮而應生大歡喜心。三是修行具有一定證悟之人，他的周圍自然會集聚無數護法神眾。倘若未能如是集聚護法神眾，或自己無有這方面的感應，則應了知可能是因為自己在某些方面失毀了誓言的過患所致，故當深生慚愧，勵力懺悔。四是斷除貪欲心而知足少欲之人，自然能積聚諸般財物，且不勞自得，受用無窮。倘若我們未能如是積聚財物，切記不可怨天尤人，應當了知這是自己往昔因吝嗇而未能上供下施的業力所致。補救之方即及時將自己所擁有的少許財富以無限歡喜之心上供三寶、下施貧眾，以此修積來生福報。五是當我們的修行達到一定境界，且接近成就之時，一般來說，容易出現眾多違緣，不是身體的四大不調就是心裡的妄念叢生，使身心不得安寧。如果在我們修行的旅程中未出現此諸逆緣，一切都吉祥圓滿，則應了知這是前輩傳承上師的慈悲加持與呵護所致，因此更應該增強信心，猛厲祈禱，切莫以此滋生傲慢。六應了知不具足正見、福報又欠缺之人，若忽視福資糧一味地精進，往往容易走火入魔，心著魔境或出現一些魔障。所以在未出現魔障違緣之前我們應當依具德上師的開示樹立殊勝正見，同時精勤行持善法，注意

七寶藏——竅訣寶藏論釋

福慧雙修。由此可知具有足夠福德資糧及無我智慧空見的修行人，任何魔障都不能傷害他。我們若未了知此等道理，則容易對上師三寶生起邪見，乃至不能正確如理地面對現實。

究竟了義教授之六法：欲證見解當尋證悟者，
未得見者脫離四邊網；欲修等持當尋觀修者，
未得修者動念無實體；欲持行為當尋行持者，
未得行者無別自解脫；欲獲果位當尋獲得者，
未得果者自然圓三身；欲成事業當尋成辦者，
未得成者未尋任運成；欲得地道當尋得證者，
未得證者詣至實相地。此乃究竟精華之教授，
當知一切皆為覺性幻。

我們應當了知最究竟了義之六種教授：一是若欲證悟甚深的見解，在實修之時就應當尋找心的本性，看法性之中是否有一個實有能證悟的補特伽羅，若如理觀尋以後，見心的本性遠離虛妄分別，始終未能找到自相實有的證悟見解者，爾時就自然脫離了有無等四邊戲論之網罟。二是若欲修習止觀一味之等持者，首先應當尋找法界本性中是否有自相實有的修習等持者，這樣以理觀尋始終未能得到自相實有之修者，則一切本無實體之動念，就自然融入法界而生起止觀一味之等持。三是若欲如理行持甚深教法者，首先應當尋找自心本性中是否存在實有能行持之人，如是以理觀尋後，結果未能獲得自相實有之行者，則一切行為皆無別而自然解脫。四是我們若欲獲得普賢如來的果

竅訣寶藏論釋

164

位，首先應當尋找法性中是否有自相實有的能獲得此果之人，如是以理觀尋後，結果未能獲得這樣的得果者，則自然就會圓滿成就三身無別的本體。五是我們若欲成辦事業，首先應當尋找真如本性中是否存在實有能成辦之人，如是以理觀尋後，結果未能獲得這樣的成辦者，則自然覺悟一切事業無需尋覓和勤作而能任運自成。六是我們若欲獲得五道十地之一切功德，首先應當尋找大法界的究竟本性中是否存在自相實有的能如是證得之人，如是以理觀尋後，結果未能獲得這樣的證悟者，則自然詣至究竟實相之本地。無垢光尊者在此諄諄告誡我們：此等乃為究竟精華之甚深教授，眾修行者應當了知一切諸法皆為覺性幻化之遊舞力現。

七寶藏——竅訣寶藏論釋

調伏自心殊勝之六法：摧毀自以為是我慢山；
所嫉妒者頂戴為本尊；貪執利他以慧利刃斷；
辨別善惡勿謗因果法；不謗正法調柔不放逸；
妄想他過思自不清淨。如是而行心與法相應。

　　了知善能調伏自心相續，且最為殊勝之六種法：一應摧毀自以為是、貢高我慢之惡見大山，因為只有將一切惡見之山夷為平地，才能留存功德之水。否則不管我們如何精進行持皆不能獲得加持和修行之功德。二應將自己所嫉妒之境觀想成本尊，對之恭敬頂戴，思彼一切顯現皆具甚深密意，我不敢妄加輕視誹謗，時時隨喜他的善業功德。三是我們若恆時貪執利他之事業，如是著相不捨則會變成束縛之因，故應力揮智慧的寶劍，徹底斬斷執著之網，將

一切利他的善行都觀為無實夢幻之性。四是我們在辨別善惡諸法之時應當謹遵聖教量來正確取捨，若隨心所欲地妄下結論，則容易導致毀謗因果法的過患，故切莫誹謗因果法門。五是我們每一位修行人都不能隨意誹謗正法，若能依教調柔自己的相續，攝伏根門，不令放逸則為最善妙的行持。六是若發現自己在妄想他人的過失，則當立即思維此是自相續不清淨的緣故。因為外在的一切境現皆是自心的幻變，只因自己的心不清淨才時時處處唯見別人的過患。若自己的心清淨，則所見一切無不清淨，山河大地皆現為清淨剎土、一切眾生皆現為佛和菩薩。能如是作觀、行持之人，其心與法已畢竟相應。

區分界限直指之六法：覺性明淨解脫宗派執，
即是直指見解當斷定；自性大樂解脫緣二執，
即是直指修持護本性；方便智慧雙運果道用，
即是直指行為如幻行；現有剎土斷除耽俗念，
即是直指誓言當清淨；所現自然智慧大樂性，
即是直指四灌證地道。如是行即密宗瑜伽士。

　　區分修行界限而直指心性之法有六種：一應了知我們的覺性是本來明淨、本來解脫的，沒有任何宗派的偏執。若以貪嗔之心耽著各宗各派有賢劣之別，則不可能現證覺性的本體，這就是無上大圓滿見解的竅訣，應當如實斷定。所謂金剛密乘的無上見解，並不是依宗派的辯論來抉擇，而是依上師的竅訣來直接了認的。二應了知我們所要修證的自性大樂智慧本來就解脫於所緣之二取執著，此即

166

是大圓滿直指修持之竅訣，應當如實護持本性。三應了知以方便與智慧雙運，將果轉為道用而修即密咒金剛乘直指行為之竅訣。我們依上師的教言已明知法界的真如本性，於修道中不起實有耽著，以如夢如幻的觀修方式而行持。四應將現有之器情世間觀修為清淨剎土，以斷除耽著世法之庸俗分別念，此即是密乘直指誓言之竅訣，我們應當謹慎護持，恆令誓言清淨。五應了知器情世間所現之一切諸法，都是自然智慧大樂的本性。此即大圓滿中直指寶瓶、秘密、智慧、句義四種灌頂的竅訣，我們依此竅訣即能如實地證悟一切地道功德。真能如是行持之人即可稱為無上密乘之瑜伽士。

如法行持具足之六度：無有貪執即是布施度；自心無垢即是持戒度；無有嗔心即是安忍度；厭離出離即是精進度；安住密意即是禪定度；證悟心性即是智慧度。

如理如法行持之人必定會具足六度功德：一是如果我們自己的心對任何有情、財物都無有絲毫貪欲吝嗇等執著，那麼就已成就了布施度之功德。二是無論遇到美妙悅意的對境還是穢濁惡劣的對境，自己都能以清淨觀等同視之，自心無垢故不分別外境的垢染與清淨，這即成就了持戒度之功德。三是縱然無端遭受他人的欺辱和損害，自己也毫無嗔惱與敵對之心，這就成熟了安忍度之功德。四是我們若對世間一切具有欺誘性之法生起厭離，並且迫切希求出離三界輪迴，應當了知這就是精進波羅蜜多之功德。

五是我們若能一心安住於諸佛菩薩的智慧密意之中不散亂，也就是了認自己的心與上師本尊的智慧密意心無二無別，那麼我們的心性就是上師的心，上師的心就是諸佛菩薩的智慧，如是安住密意，即已成就禪定波羅蜜多。六應了知當我們通過上師所介紹的竅訣而了認並證悟心的本性之時，就圓滿成就了智慧波羅蜜多。

大乘總綱教言之六法：恆念死亡鞭策己精進；
所行均依串習修正法；籌劃所作積善淨惡業；
勤積二資行持三殊勝；心向正法行善入正軌；
所作利他相應無我義。何人行此趣入勝藏乘。

　　我們應當了知大乘總綱教言之六種法：一應以恆念壽命無常、死亡不定之教言來鞭策自己精進地聞思修行。在尚未得到生死自在之前，誰都不能事先預知自己何時何地何處死亡，死神亦不會提前給你通風報信，所以我們應當抓住現前閒暇圓滿的時機精進修持正法。二是我們應當斷除一切無義瑣事，將平常一切所作所為都歸攝於聞思修行，依靠一種善法加善法、更增上善根的串習力來修持正法。三是我們若欲對美好的未來作籌劃和準備，則所作所為都應達到修積一切善法功德、淨除三世一切惡業的目的。四是若欲精勤修積福慧二種資糧者，應當以前行發心殊勝、正行無緣殊勝、後行迴向殊勝而行持，如是則能攝持自己所修積的一切善根，且令善根乃至菩提果間無有窮盡。五是我們的心唯一應趨向正法，行持一切善業，這樣才能步入正法之軌道。六是我們的一切所作皆應以利

他為準則，並以三輪體空的智慧來攝持，如是才能相應人法二無我空性之真實義。當我們真實證悟無我的大空性境界時，一切煩惱與痛苦都如煙消雲散般不復存在。我們之所以煩惱痛苦，追根溯源就在於有我執與我所執的顛倒與迷亂。若行者能謹依理智來透視人法二我之自性，逐層破析，最終所證悟的二無我的智慧就是殊勝的大樂財富，無論何人，只要能如理行持都將準確無誤地趨入殊勝寶藏般的金剛乘。

斷除脫離過患之六法：依止具相上師勿脫離，
若離不能進入解脫道；自心穩固信心勿脫離，
若離不能詣至法性境；實修甚深竅訣勿脫離，
若離不生菩提之苗芽；廣聞博思智慧勿脫離，
若離不解懷疑之束縛；住所山間靜處勿脫離，
若離則隨散亂憒鬧轉；精進毅力誓言勿脫離，
若離無有獲得功德時。是故不相脫離極重要。

　　修行人應當斷除不該脫離之法，因脫離所致之六種過患：一是當我們依止了一位具足圓滿法相的上師時，就應常以三喜供養敬獻上師，如幼兒不離慈母般緊緊依偎在大恩上師的身旁聞思修行，切莫與之脫離。倘若自己因學無所成，或其他某種因緣而棄離了上師，那麼於行道途中肯定會遭遇誤入歧途乃至跌落深淵的苦果，總之不能進入解脫生死痛苦之正道。二是自己的心切莫如絮隨風飄蕩，一定要努力使其得到穩固，當然更重要的是此心萬萬不可脫離對上師三寶的信心，倘若棄離了信心，那我們肯定不能

詣至本來法性的境地。三是我們在實修的過程中切莫脫離了上師介紹的甚深竅訣，倘若離開了如此重要的竅訣，則肯定不能生起菩提心之苗芽。四是我們若欲廣聞博思浩瀚如海的三藏教典，那就不能脫離殊勝的智慧，倘若離開了智慧，無論您怎樣精勤地廣聞博思，都不能解開懷疑的束縛網。經云：「深入經藏，智慧如海。」因此我們在廣聞博思三藏教典的同時應努力生起殊勝智慧，如是才能解開一切疑網。五是我們的住所切莫脫離山岩林間等寂靜處，倘若離開了有利於修行的靜處，則自然會隨散亂憒鬧諸境所轉。所謂憒鬧者，憒即糊塗，鬧即熱鬧，糊塗加熱鬧等於胡鬧，如是身心隨境散亂，時時與人胡鬧，根本不利於修行。六是我們在修行的過程中切莫脫離了精進用功和吃苦耐勞的毅力，以及種種應當受持的誓言。倘若此三者互相脫離，則肯定無有獲得修行功德之時日。是故我們在聞思修行的過程中千萬不要脫離上述六種息息相關之法，這些修要竅訣對於我們來說都是極其重要的。

恆依止時除魔之六法：依上師時莫入剛強魔；依三寶時莫入不敬魔；依靜處時莫入懈怠魔；聞思之時莫入難化魔；修禪定時莫入無增魔；利他之時莫入散亂魔。不入此等魔者如晨星。

　　我們恆時依止上師三寶修行的過程中，為遣除魔障所應謹慎之六法：一是無論我們需要成辦什麼事情，事先都應請示上師，得到上師的開許和指點以後再實行。若剛愎自用，自以為是，則容易趨入剛強難化的魔境，是故我們

竅訣寶藏論釋

應當時時處處謹依師教奉行，切莫讓剛強魔乘虛而入。二是皈依佛法僧三寶時，切莫趨入不行恭敬的我慢魔，因為三寶的加持唯依自己的恭敬與信心方能獲得。雪域大成就者華智仁波切亦說：「儘管三寶有不可思議的加持和功德，若無恭敬心，仍然不能得到。」三是當我們依於寂靜處修行時，應當趁此大好時光和優越的環境，精勤用功修行，切莫讓自心趨入懈怠散亂之魔。如果無有精進，則世出世法均一無所成。四是我們在聞思之時應當依文解義，令法義深入自心，善調相續，切莫趨入難以化度的魔境。若將經續論典的教義當作耳邊風，聽聞後就置之不理，將法本束之高閣，或將經論教義視為一種與自己毫無關係的傳統，如是心法背離之人已完全失去了聞法的意義，無疑將成為佛法油子。五是我們在修習禪定時，所修之境界應當步步增上，若自己修的是世間有漏的禪定，則應令其禪境增至出世間無漏的禪境，切莫如海底頑石般趨入無增之魔境。若能虔心精勤地於上師處祈示疑難，生起無漏正見，如理起修，則能順利地增上禪境，令自己的修證更加明清，進而圓滿一切功德。六是我們在發心利益他眾之時，不能心生疲厭，應當一心一意、精勤不懈。如《華嚴經》所云：「不為自己求安樂，但願眾生得離苦。」切莫令自己利他之行趨入散亂懶惰之魔境。當今末法時期，眾生業障深重而福德淺薄，所以，不趨入此等魔境之人確實寥若晨星。

修學究竟相伴之六法：殊勝見解相伴穩固翅，

七寶藏——竅訣寶藏論釋

否則無法翱翔法性空；清淨誓言相伴三學處，
否則無法獲得諸成就；殊勝行為相伴諸時機，
否則無法渡至輪迴岸；實修相伴自然智慧見，
否則無法根除二取惑；覺受增上相伴修妙力，
否則無法戰勝煩惱敵；甚深竅訣相伴諸境界，
否則無法實現諸願望。故當修此真實精藏義。

　　為令我們修學達到究竟的彼岸，途中需要六種相伴助益之法：一是通過聞思經論教典而樹立起來的殊勝見解必須要相伴穩固的雙翅，否則就無法任運翱翔在法性太空之中。譬如雄鷹，若無強健的翅膀則難以飛翔，同樣，若我們的見解如同雲霧中的日輪時隱時現般不穩固，則無法證悟法界本體。二是我們若欲清淨自己所守持的誓言，則必須相伴戒定慧三學功德，否則就無法獲得暫時與究竟的諸般成就。因為勤修三學功德之人，其內在的貪嗔癡三種煩惱亦能相繼斷除。經云：「勤修戒定慧，息滅貪嗔癡。」待我們內在的無明煩惱淨除後，所守持的一切誓言自然就會清淨。三應了知雖然密咒金剛乘中有很多不共的殊勝行為，但這些秘密行為在非時非處或不契機的眾生面前是不能隨意顯示的。縱要顯示亦必須相伴成熟的時機，否則，自他都無法渡至輪迴苦海之彼岸，且易令見聞之眾生生誹謗而造重罪，如是更加墮落，受苦無量。四是無論何者欲實修佛法，所行都必須建立在正見的基礎之上，「見」如雙眼，「修」如雙足，實修必須相伴自然智慧之正見，二者只能相隨，不得脫離，當如是善加攝持，否則決定無法

根除能所二取的無明煩惱。五是若我們欲令自己修行的覺受得以增上，則必須相伴修行的妙力，也就是了認覺性並加以修煉，二者相輔相成方可趨至所欲之境地，否則就無法戰勝內心相續的煩惱怨敵。六是上師為我們指示的甚深竅訣必須相伴實修的諸般境界，否則亦無法實現自利利他的一切願望。是故我們應當速疾修持此等真實有利的精藏教義。

宣說主要教言之六法：主要住處依止寂靜山，
否則他境皆是痛苦因；主要道相上師敬為佛，
其餘道相錯亂緣起法；主要誓言現空皆雙運，
否則相互脫離不成就；主要證相妄念轉為智，
否則無法擊敗所斷軍；主要作想斷除輪迴貪，
否則將隨今生瑣事轉；主要見解認識證者面，
否則不能擺脫常斷邊。恭敬牢記此等珍貴藏。

七寶藏——竅訣寶藏論釋

　　在此宣說我們主要應依修之六種教言：一是修行人主要的住處應該是寂靜的山間，因為依止寂靜之處可以免去人際往來的雜亂和干擾。如是常與鳥獸為伴，絕不會產生爭執和煩惱，故能一心成辦道業。若處繁華都市之人際雜亂等境地，不具定力之人自然會隨境所轉，以致一切所作所為皆成痛苦之因。二應了知我們在修行中主要生起的道相是恭敬頂戴自己的上師為佛陀，其餘顯現的道相，諸如本尊現前、得諸佛授記等，若行者對之生起耽著，則將成為錯亂意識的緣起法。三應了知我們在修行過程中主要守持的誓言是現空雙運或智悲雙運。在名言顯現中自己的內

173

心應對一切眾生具有平等無偽的大悲心，同時不離諸法如夢如幻的境界，於勝義的自觀境界中皆無二取執著，通達諸法本體空性，超離一切邊執戲論。若現空相互脫離，耽著顯現與空性為自相各異之境，則根本不能獲得無上的成就。四應了知修行中雖有不同層面的多種證相，但其中最主要的證相則是將一切分別妄念轉為無垢智慧，無論生起什麼妄念皆以與之相印之五種智慧來攝持，或依教觀察並了認妄念的本性，如是當下就能現前智慧。否則就不能擊敗無明煩惱的軍隊，因為妄念尚未轉為智慧之時，一切證相都是虛假的，所修如同紙上談兵，根本不能解決實際問題。如果一切妄念與智慧達到無二無別之等性，則如具足力敵千軍的大將，一切煩惱怨敵都將摧毀無餘。五應了知我們一生中主要作意思維的是如何斷除對輪迴的貪執心，如以教言竅訣認知輪迴的過患與痛苦，淡化妙色美境的誘惑力，看破、放下輪迴諸法，如遠離毒蛇坑般刻不容緩。我們在輪迴苦獄中修行，如履薄冰，如臨深淵，故當小心謹慎，剎那亦不可放逸，否則將隨今生諸般瑣事所轉，不僅身心失去自由，且有沉溺輪迴、永遠不得解脫的過患。六應了知利於修行最主要的見解是認識證悟者之本來面目，也就是了認心的本性、現空一味的真如實相，否則根本不能擺脫常斷二邊之戲論，無疑還可能會形成修行的最大惡見。是故我們應當恭敬聞受、牢記此等最為珍貴的教言寶藏。

宣說自然成就之六法：捨棄瑣事自然成善法；

竅訣寶藏論釋

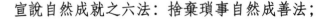

174

三學清淨自然聚護法；悲心究竟自然利眾生；
念修圓滿自然成事業；悠然放鬆自然見法性；
成就殊勝自然成共同。

　　宣說能令修行人自然獲得成就之六種法要：一是作為
修行人，我們應當捨棄世間的一切無義瑣事而一心專入出
世間善法之正事，如此無論是利益他眾還是自己聞思修行
等一切善法都能自然成辦。二是若能清淨守持三乘學處，
也就是說令小乘別解脫戒、大乘菩薩戒、密乘三昧耶戒都
清淨無染，則於自己的周圍自然能雲聚護法神眾，他們也
必定會鼎力護持我們所修之道業。三是若我們愍念眾生苦
楚的大悲心達到究竟，則自然而然地會去廣利一切眾生，
把他們從痛苦的深淵中解救出來，令他們獲得暫時與究竟
的安樂。因為菩薩在大悲心的催促下，唯行拔苦予樂
的利生事業。四是倘若我們的念修得到圓滿，如念誦某些
儀軌和心咒以及所修之等持都能達到要求的極限，則將自
然圓滿成辦息增懷誅等一切事業。五是在修行中我們不能
攝心過緊，比如琴弦，太緊易折斷，太鬆無力亦不能奏出
妙音，修行亦需要鬆緊適度，當悠然放鬆時，則自然能現
見法性本面。六是若自己能成就殊勝而不共同的悉地，則
於一切共同的悉地，即便心無希求也會自然圓滿地成就。
譬如，在我們成就無學道佛果的同時，無疑也圓滿成就了
有學道所攝的一切功德。

不墮眾多人中之六法：不斷耽著愛現世者多；
不修佛法平庸死者多；不依對治毀三戒者多；

不行聞思盲目修者多；輕視因果墮惡趣者多；

修為憒鬧之魔誘者多。望己莫墮眾多人之中。

　　修行人應當身處寂靜之地，潛心修學，為了不墮入眾多聞雜的人群中，我們應恆念六種法要：一應了知在末法時期貪愛現世者眾多，若行者不能斷除對世間八法的耽著，並苦苦追逐，迷戀不捨，這無疑將釀成無限循環之苦因。因此我等修行人應當看破今世，捨棄世間漏法，獨自往詣靜處修行。二應了知世間之人不知修持佛法而平庸慘死者眾多。歷史上曾出現許許多多名垂千古的著名人物，誠然他們對人類社會作出了巨大的貢獻，但因不懂佛法因果，在死亡之時仍是非常平庸可憐的，甚至有些所謂的修行人，由於未能如法行持，在死亡之時自然忘失正知正念，故也顯露出平庸可憐的境相而離開人間。三應了知修行不如理依法對治，任隨自己的分別妄念恣意毀犯三乘戒法者眾多，只有令善法融入自心相續而如理如法行持者才能持守清淨戒律。四應了知當今末法之時於經續論典不行聞思、初入門就盲目地修持甚深法要者眾多。有些人認為聞思並不重要，因其費時費力，還不能獲得神通等證相，鼓吹只有實修最為重要，且是直取證相的唯一途徑。這些大言不慚地高讚實修而忽視聞思的重要性之人，自以為是上根利智便立即著手於大圓滿、大手印、大威德等甚深法門的修持，如是毫無見解地盲修瞎煉，最終卻落得走火入魔、深陷惡境不能出離的慘境，豈不哀哉！因此，除上根利智者外，我們必須通過聞思的智慧來樹立殊勝的正見，

竅訣寶藏論釋

176

在正見的基礎上實地起修，這才是最為安全穩妥的修行途徑。五應了知現今不以因果作為修行的準則，輕視毀謗因果，並恣意妄行毀損律儀，由此墮落惡趣者眾多。六應了知當今之行者因不知善護自之根門，放蕩不羈，隨波逐流而被憒鬧之魔誘惑者眾多。所以我們應當祈望自己切莫墮落在眾多雜亂人群之中。

以六肯定戰勝諸魔眾：專心修法不著懈怠魔；
修心重他不著私欲魔；實相斷定不著懷疑魔；
實修離邊不著偏袒魔；修行核心不著空談魔；
密意離邊不著宗派魔。

我們應當以六種肯定法來戰勝一切魔眾：一是提持正念，日日夜夜專心修法，不著懈怠之魔。修學佛法，無論是聞思還是持咒、觀修等都不能明日復明日地拖延，否則終將萬事成蹉跎，時光總是在不知不覺中流逝，故當念「及時當勉勵，歲月不待人」之教言，時時以壽命無常之理來鞭策自己精進。二是佛陀所傳講的八萬四千法門皆以修心為要，除修心以外，別無他法可修，故應對治自己的分別妄心，輕視自己而看重一切眾生，為能利益他眾，就算捨棄自己的內身外物亦在所不惜，切不可令自己著了私欲之魔。三是對於諸法的究竟實相，我們依靠上師的竅訣已經作了相應的斷定，故應生起穩固的定解，不要著了懷疑之魔。四是實修或安住超離邊戲的法界本體時，不要著了偏袒執著之魔。既不能著有，亦不能著空，當處無緣中道而如然本住。五應了知修行的核心是身體力行實際修

持，故不要著了誇誇其談的空談之魔。六應了知我們所修持的覺性是諸佛菩薩的密意，是超離一切邊執戲論的，故不要著了分別宗派等辯論之魔。我們應當了知各大宗派貌似有別而意趣同歸的道理，佛教各大宗派原本是一家，之所以各派側重點有不同，完全是為了契合眾生不同根器的種種權巧方便之說，其究竟密意都是圓融一味的。不懂此理而增上伺察分別者，終難獲得真實義。

謹慎抉擇標準之六法：細緻取捨因果誠信量；
言語小心有愧之標準；薰染功德善友之標準；
心性離境妙修之標準；功過不混實修圓滿量；
三身道用法盡之標準。具足此量之士最殊勝。

依理謹慎抉擇之法可用六種標準來衡量：一是若行者能細緻入微地取捨一切因果，則知此人對上師三寶的誠敬信心之量度已達到標準。二是若我們常以正念攝持相續，言語小心謹慎，既不招惹是非，亦不傷害別人的自尊心，這就是知慚有愧的標準。若不善察他人情緒，信口開河地胡言亂語，這樣不僅易把自己推進是非之圈，且易刺傷他人的心，同時亦顯露了自己無智無愧之心行。三是經過長年累月的實修，若自心相續中薰染濃厚之功德妙香，則說明我們所接觸的是賢善的道友。譬如，常與一位具有心地善良等優良品德並且喜歡聞思修行之人接觸，受他的薰染，自己亦會變得喜好如是善行。四是我們若能如如安住於心之本性，遠離一切緣相執著，則即達到了善妙修行的標準。五是當我們對功德與過失了了分明，且能毫無混雜

地正確取捨之時，就是實修達到圓滿的量度。實修尚未達到此標準的修行人，往往會顛倒執取諸法或功過混雜、不能明辨。實修實證如量的大成就者，具足如明燈一般的智慧觀照輪涅諸法，故於功過能了然無誤。六是若能將法報化三身轉為道用，則稱為大圓滿法性盡地的標準。修行具足此等量度之大士最為殊勝。

不應具有罪過之六法：受三戒律不應染墮罪；
隨精華義不應隨詞句；修菩提者不應墮八法；
獲得人身不應空耗廢；得深義法不應求劣法；
精通講法不應無實修。

　　我們應當了知不應具有之六種罪過：一是我們既已受持了三乘戒律，就應該謹慎的防護根門，令三戒清淨無染而不應染著根本墮罪。二是我們應當依隨聖教的精華要義，不應依隨詞句而為假立之名言束縛。因為我們受取的不是能詮之詞句而是所詮之法義，如經云：「依義不依語。」三應了知修持菩提心之人當以究竟成辦自他二利為準則，故不應墮於稱、譏、毀、譽、利、衰、苦、樂世間八法之中。四應了知人身是非常難得，今得珍寶人身更是難上之難，既然已獲得了暇滿的人身，就應利用它精進修行，一心成辦道業，不應無義空耗或廢棄這樣寶貴的人身。五是當我們獲得甚深修要之法義時，不應再求為了某種方便而暫時引度眾生的低劣法。六是當我們精通講經說法這門行業時，無論自己的口才、辯才多麼驚人，都不應該缺少實修功德。也就是說，講經說法的法師必須結合自

七寶藏——竅訣寶藏論釋

己的實修實證，才能真正起到弘法利生的作用。

思維修行過患之六法：若多違緣則斷隨順行；
若貪世間則觀修無常；若無悲心以己為例觀；
若失加持則勤生敬信；若多損害則自多磨煉；
若欲利他發心與發願。如是而行脫離諸過患。

應當思維在修行中容易生起的六種過患：一是倘若我們在修行中出現眾多違緣，阻撓自己的道業，則應採取相應的措施，勵力斷除隨順他人的散亂行為，除上師以外，何人亦不隨順，閉門自修斬斷一切外緣。二是倘若我們貪執世間的人法諸境而難以斷除，則應觀修萬法無常、迅速毀滅等理來令自己看破放下世間諸事。久而久之，自然就能如願以償的放下一切。三是倘若實在無法生起對苦難眾生的大悲心，則應將心比己，以自己為例而觀修。當如是思維，自己不欲受苦、欲享安樂，眾生亦復如是；在窮困潦倒、遭受種種痛苦之時，總是希望能得到別人的救助，眾生亦復如是……凡事都以自己的感受來衡量一切眾生，這樣漸漸就能引生大悲心。四是倘若我們失去了上師三寶的加持，或得不到三根本的加持感應，則說明自己對上師三寶的信心有所退失，或根本不具足信心。此時就應當勤觀上師的功德，思維上師的恩德，一步步引生自己的恭敬信心，漸漸就能得到明顯的加持與感應。五是當我們遭遇諸多損害時，切莫怨天尤人，亦莫灰心喪氣，而應歡喜納受，因為損害可以磨練我們的身心、增強我們的意志。只有具足堅強的意志，我們在茫茫生涯中才能獨當一面，勇

往直前地跨越生死的大沙漠。六是倘若我們欲利他眾，則於實際行為上應盡心盡力地做些有利益他眾之事，進而不斷地廣發大願，靠願力來推動自己的一切行為，最終能以六度四攝四無量心來圓滿成辦自他二利。如是行持之人，必定能脫離一切過患，順利趨達解脫的究竟彼岸。

所修妙法正量之六法：受持經續佛語之正量；傳承不斷教言之正量；未染破戒加持之正量；未染邪法真實之正量；調伏自續覺受之正量；現量比量推理之正量。具此六種正量極重要。

若欲使自己所修之妙法修有所成，則必須具足六種正量：一是我們所受持的經續論典，必須是佛陀或佛之化身所說的金剛語。唯以佛陀的智慧自然流露而非分別心臆造之經續才有一定的可信度，如實依修也決定不會誤導行者，故為佛語之正量。二是我們所修之法無論承襲哪位佛陀或哪位祖師的法脈，其傳承只要是一脈相承而來的清淨源流，就非常可靠，我們大可遣除疑慮，放心依修，此乃祖師教言之正量。三是若我們遵循修持的法脈未曾被破戒等過患所染污，也就是說歷代傳承上師那誓言的金絲沒有沾染過破毀誓言的鐵銹，則為具足殊勝加持之正量。四是若我們所修的密法既未混染過外道的邪法，也沒有被持邪見之人篡改過，則為真實之正量。五是在具有恭敬信心和精進心的基礎上，我們運用修法來調伏自心相續時，若確實起到藥到病除、立竿見影的功效，即為體驗之正量。秉持這樣的殊勝法脈修行後，諸如看破世間生起出離心、樹

立正知正見、生起慈悲菩提心調伏無明煩惱、身心獲得快樂等都能驗證我們所行之道是無誤之捷徑。六應了知若我們所修之法不僅通過現量尋覓不得少許過患，且依比量觀察亦不見少許過患和缺陷，則說明此法是經得起一切推理觀察之正量，如云：「真金不怕火煉。」綜上所述，無論我們依修什麼法要都必須具足此六種正量，不具條件者，無論多麼高深、怪異之法都不能稱為正法，修則徒勞無益，甚至損人害己，故應引經據典對自己所修之法善加觀察抉擇，如理正確取捨是至關重要的。

揭露自己過失之六法：勿以虛偽惡規欺自己；
勿以不善惡業毀自己；勿著貪執鬼祟之自魔；
勿以嗔心擾亂自相續；勿以散亂憒鬧欺自己；
勿令自墮輪迴之深淵。聽此忠告前途定善妙。

揭露自己因不如法行持而導致過失之六種法要：一應了知人身難得、壽命無常之理，反觀自己如今已得人身且具諸緣修學佛法之時，應生歡喜，如法軌正三門，切莫以一些虛偽和惡規來欺騙自己。世間俗語云：「舉頭三尺有神明」，你的種種非理行為縱然可以蒙騙官府和百姓，但卻蒙騙不了諸佛菩薩和你自己的因果，今未來世都會招致一定的苦果。二是我們應當清晰辨認善惡諸法以便正確取捨，切莫麻木不仁地以不善惡業來毀壞自己難得的寶貴人身。三是我們在修行的過程中不要著了貪執鬼祟之魔的陷害，應當自己主宰自心，常以聖者教言審視自己，貪念一起立即鏟除，如是即可遠離自心貪欲之魔境。四是修行人

竅訣寶藏論釋

千萬不要以嗔心來擾亂自己的相續，萬事都要理智地面對，如云：「一念嗔心起，百萬障門開，一把無明火，燒盡功德林。」又云：「忍字頭上一把刀，為人不忍禍自招。」可見嗔心的過患是難以估量的，故當善增安忍，切莫將自己百千萬劫勤苦修積而來的功德付之東流。五是我們應攝心正念，提持不令忘失，切莫以散亂憒鬧來欺騙自己，更不要自尋刺激，自我麻醉，諸如以歌舞娛樂、談天論地等方式與庸人同流合污，以致喪失自尊與人格等仍不自知，故當勵力斷除這些惡緣。六是我們應當精進如法地修持能獲得解脫的正法，以期取證安樂妙果，千萬不要令自己在袈裟底下失去珍寶人身、在教法的光耀之下墮落輪迴的惡趣深淵，一定要直奔涅槃聖城。當知凡是能聽受此等忠告之人的前途一定是善妙平坦的。

宣說總結高低之六法：上供上師本尊空行眾；
下斷器情受用之牽連；中間修煉現空雙運義；
向外善根迴向諸眾生；向內三寶功德入自心；
中間自他行善趣空性。依此成就深道精藏法。

七寶藏——竅訣寶藏論釋

宣說總結高低之法有六種：於「上」我們應當經常陳設花、香、燈、水、果五供敬獻三寶三根本，並以資財、承侍、修持聖法三種殊勝供養大恩至尊上師。於「下」我們為了成辦自他之殊勝利益——修行道業，應當勵力斷除器情世間不利於修行的一切受用之牽連，如優越的生活環境、豐厚的物質享受以及朝夕相處的至親等，對這些牽連難捨而能捨，毅然隻身一人往赴靜處修行。於「中」，我

們應當經常熏修正法，特別是修煉現空雙運或智悲雙運之妙義。在名言中所謂的現空雙運，即是對一切眾生修大慈悲心，以三輪體空的無緣智慧攝持，觀修諸法如夢如幻。於「外」，在大乘佛子廣發菩提心的基礎上，我們應將自己所造的一切善根一無遺餘地迴向三界一切眾生，願他們依靠此等善根功德而離苦得樂。於「內」，即平時我們在修行的過程中，應以虔誠而堅定的信心數數憶念三寶無量無邊之功德，並將之完全融入自心相續。要知道三寶雖有量如海際之功德，但若自己不具恭敬與信心，仍然不能獲得，因無信心的器皿，故無法容納加持的甘露。於「中」，即自他所行持的一切善法，都應以三輪體空的智慧攝持並迴向無上菩提，如是行持即能助我們趨達空性的境界。依此教言如法行持者皆能成就甚深道之精藏法——普賢如來的果位。

違背正法可悲之六處：獲人身後造罪誠可悲；遇正法後不修誠可悲；受戒律後破戒誠可悲；失誓修行之人誠可悲；以法邪命養活誠可悲；謀求自利利他誠可悲。思可悲人極多真失望。

　　見解違背正法之人應深感可悲之法有六種：一是獲得珍寶人身有如盲龜值軛、須彌穿針之難，如今我們依靠往昔的福德因緣已經獲得了如此難得的珍寶人身，故當善加珍惜並實際運用。若修行人反依人身而造種種罪業，以致虛生浪死，空耗人身，則誠堪悲愍！二應了知值遇正法較獲人身更難，如今憑藉往昔的福德因緣已經值遇了如此殊

勝的正法，倘若未能用功修行而放浪形骸、虛喪光陰則誠可悲愍！三是我們已受持了能使自己離苦得樂的戒律如意寶，但若未能善護自之根門，時時處處恣意妄行，無慚無愧、掉以輕心地破毀戒律則誠可悲愍！四是我們不但已踏上解脫正道，並且無比幸運地接受灌頂而趨入了密乘，可以修持即生成佛的無上密法，其根本即是守持誓言，不令有損。然若行者不善護密乘戒而失壞誓言，則唯有金剛地獄為其最終歸宿，誠可悲愍！五是若人在表面上弘法利生或自己修行，暗地裡卻以五種邪命來資養自己則誠可悲愍！六是以表相的利他來謀求利養，日日夜夜僅求一己私利而不擇手段地損害眾生利益，如是偽裝賢善之人誠可悲愍！思維這浩瀚無垠的眾生世界，這種可悲可憐之人是不可勝數的，為此無垢光尊者當真感到非常失望。

宣說喪失正法之六因：依止惡友喪失善法因；
觀察師過喪失敬信因；不勤修行喪失覺受因；
處散亂中喪失聖法因；觀察他過喪失淨心因；
盲目認識導致迷亂因。當斷此等六因修妙法。

　　無垢光尊者又為我們宣說喪失正法之六因：一是我們若依止惡劣的道友，則於無形中將令自己薰染上惡劣者的諸多過患，隨之人格亦變得極其卑劣，這就是喪失一切善法之因。如《佛子行》中所云：「交往惡人增三毒，失壞聞思修事業，令成無有慈悲者，遠離惡友佛子行。」二是倘若我們不具清淨心，經常觀察上師的過失，則是喪失對上師三寶的敬信之因。因此我們應當恆時以清淨心憶念上

師的大恩大德，以增強並穩固我們的恭敬信心。三是倘若修行人不具精勤心，縱然曾修行生起明樂無念的覺受亦將蕩然無存，故懈怠懶惰是喪失覺受之因。四是如果修行人身處散亂之中，奔忙於無義瑣事，心思複雜，妄想紛飛，這就是喪失聖法之因，是故遠離散亂，安住靜處，如法行持才是增上聖法之因。五是若我們經常觀察他人的過失而喜於說是道非，則為喪失清淨道心之因，故當常修清淨觀，視山河大地等器世間為清淨剎土、有情世間為佛和菩薩的化現。《札嘎山法》中亦云：「平時應視自己為有過失的劣者，視他人為圓具功德之賢者。」如思維自己無始以來流轉輪迴，心相續中積存著深厚的無明煩惱，故為一切過患之源，他人則是一切功德之主、圓滿斷證功德的如來，這樣觀修漸漸就能增上清淨心。六是不具智慧唯以無明分別心抉擇諸法之人，其盲目認識即是導致迷亂之因。是故我們應當急揮智慧利刃，以強力斷除此六種過患之因而勤修妙法。

不予六敵教授之六法：暇滿人身不予溫飽敵；發心利他不予小乘敵；心性寶珠不予迷亂敵；二資至寶不予今生敵；精華修法不予懈怠敵；敬信誠心不予邪見敵。

　　為令我們珍貴的修行功德不落入無明怨敵毒手的六種教授：一是切莫將千百萬劫中難得的暇滿人身給予整日忙從於溫飽瑣事之怨敵。也就是說，我們在得到這樣珍貴的人身時，應當對之倍加珍惜，精勤用功修行，不要僅以忙

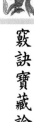

竅訣寶藏論釋

從溫飽等瑣事而空耗了人身。二是生為大乘佛子者即應以弘法利生為己任，精勤地發心利益他眾，且應對此殊勝的發心倍加珍惜，千萬不要給予小乘劣心怨敵的手中。也就是說，我們既已發起了菩提心，就應勇猛精進地迎難而上，不能再退墮小乘。《攝集經》云：「捨棄大乘菩提心而退墮小乘者，其過失已超勝破毀根本戒的過失。」三是我們通過聞思修行而認識的心性如意寶，應當倍加珍惜，千萬不要將此珍貴的心性寶珠給予迷亂的怨敵。也就是說，通過上師介紹直指心性的竅訣，自己如法依修後也真實地認識了覺性，倘若我們未能繼續熏修，不經意地在迷亂中散失了這樣珍貴的覺受就太可惜了。四應了知福慧二種資糧是我們取證佛果的唯一資本，因此千萬不要將此如至寶一般的二種資糧給予今生貪求名聞利養的怨敵。五是我們在獲得經續教義的精華時，應當倍加珍惜，精勤修法，千萬不要將甚深法義信手給予懈怠之怨敵。六應了知對上師三寶生起敬信與誠心是非常難得的，故千萬不要將此珍貴的敬信與誠心給予邪見的怨敵，也就是說，若以邪念來毀壞自己的信心是非常可惜的。

恣意享受欲妙之六過：眼為色欺如蛾撲燈火；
耳為聲欺如獸聽琵琶；鼻為香欺如蜂嗅旃檀；
舌為味欺如魚縛鐵勾；身為觸欺如象入淤泥；
意為法欺如駱駝失子。六識切莫恣意享外境。

我們應當了知恣意享受欲妙而引生之六種過患：一應了知若眼識貪著外境之財色諸法，則一定會被外境所欺

七寶藏——竅訣寶藏論釋

誘，如同飛蛾貪著燈光而撲向　燈火般自取滅亡。二應了知若我們的耳識貪著妙音，則一定會被音聲所欺誘，如同野獸酷愛靜聽琵琶之妙音，結果喪生於毒箭之下。三應了知若我們的鼻識貪著香氣，則必定會被妙香所欺誘，如同蜜蜂追尋香氣而飛往茂密的旃檀林中，不幸迷失方向，最終被困死林中。四應了知若我們的舌識貪著妙味，則必定會被美味佳餚所欺誘，如同魚兒貪著香餌，最終喪生於鐵鉤之上。五應了知若我們的身體貪觸柔軟樂境，則必定會受到美妙觸覺的欺誘，如同大象貪享淤泥中那清涼柔軟的觸感，沉入淤泥不能自拔，最終困死在淤泥之中。六應了知我們的心若迷戀諸法，執著不捨，則必定會被法所欺誘，如同駱駝痛失愛子，以致肝腸寸斷，最終喪身於迷戀愛子的痛苦之中。因此我等修行人切莫恣意貪享一切外境，應當依教修行，如法攝伏自之眼耳等六種根識，不隨境轉，時時以如夢如幻的方式而觀修。

違緣轉為道用之六法：今生念起自內斷貪執；出現病魔視為淨罪障；逆境違緣視為勸行善；怨敵損害視為勸安忍；所現妄念明觀為智慧；器情顯現視為佛剎土。如是諸緣皆成菩提道。

　　我們應了知並通達將一切違緣轉為道用之六種殊勝法要：一應了知內心相續的貪執是修行的極大違緣，在對今生的財、色、名、食、睡的貪執之念生起之時，應當觀尋貪執的根源並施以對治，從而自內心予以斷除即是轉為道用的竅訣。二應了知修行中出現的種種病魔是淨除我們累

世罪障的方便法，可因受苦而了業，如是視 病魔為修行助緣而歡喜承受即是將違緣轉為道用之竅訣。三是無論我們遇到何種逆境違緣，都不要為之憂慮，應當視之為勸勉我們精進行持善法之方便，切莫因此而退失信心。四是在我們遭受怨敵的無端損害時，應當滅除瞋恚之心，逆來順受，將外來的一切損害視為勸勉我們修習安忍波羅蜜多之方便。五是我們應將所顯現的一切妄念明觀為智慧的本體。阿底峽尊者也說過：「縱然一日中生起一百個妄念，只要善於將之轉為道用，就會呈現出一百種法身智慧。」故說明觀妄念的本性是轉為道用的竅訣。六是將器情世間的一切顯現視為諸佛菩薩及其清淨剎土，如是觀修清淨即為顯現轉為道用的竅訣。我們若能恆時如是觀修，則一切違緣都將成為菩提正道之因。

未知此理誤解之六法：對於功德過患行取捨；
對於六道輪迴執高低；對於覺性本面執生滅；
對於通徹智慧行斷治；對於覺性之義欲修證；
妄想他處尋求勝妙果。未懂高深義之自性故，
淺慧凡夫追求世間法。

　　未能了知此等甚深道理而引起的誤解有六種：一是若人未能了知諸法平等一味的道理，則會導致著相取捨功德之過失。二是若我們未能了知諸法平等一味的道理，則於六道輪迴中會執著有高低之別，認為三惡趣低、三善趣高而生起自相的執著。三是若我們未能了知諸法平等一味的道理，則於覺性本面亦會執著有生滅之相。四是若我們未

七寶藏——竅訣寶藏論釋

能了知諸法平等一味的道理，則會將通徹無礙的自然智慧執為所斷法而勵力施行對治，如是依修仍落入有執之戲論，離法性真如的無分別智慧尚有千里之遙。五是若我們未能了知諸法平等一味的道理，則認為本來的覺性是新生之有為法而欲修證，乃至此執未斷除前，終不能證達本來之覺性。六是若我們未能了知諸法平等一味的道理，則不知自心是佛，反而於他處尋求勝妙之佛果，如是捨近求遠，費時費力而難證菩提。凡是尚未懂得如是自性之甚深義理的淺慧凡夫必定會追求世間諸法而遠離正法之捷徑。

諸修行者羞愧之六法：入佛門者造罪真羞愧；
耽著詞句不修真羞愧；立誓發心執我真羞愧；
佛法世法混淆真羞愧；貪戀嗔恨爭論真羞愧；
誹謗正法與人真羞愧。如理斷此羞愧者極罕。

　　諸修行人應當生起大慚愧心之六法：一是已入佛門者倘若不務修行利生等正業，反而肆無忌憚地造諸罪業，則真應感到羞愧。「諸惡莫作，眾善奉行」乃佛陀的遺教，如是背道而馳者豈有資格稱為佛子？二是若修行人耽著詞句而不受持法義，更不知如理修行，僅在渾渾噩噩中虛度光陰，則真應感到羞愧。三是我們在上師三寶面前已經立下誓願，發心救護眾生擺脫一切危難、困苦，做眾生不請之友，但若頑固地執著我與我所，事事以個人利益為重，於己有利之事則一馬當先，毫不客氣地巧奪，不益於己之事卻「慈悲」地「謙讓」他眾，這樣的形象修行者真應感到羞愧。四是我們應當明辨諸法，如理取捨，切莫混淆

竅訣寶藏論釋

佛法與世間法，如果以佛法不離世法的高深見解做幌子來完成自己的私欲大業者，真應感到羞愧！五是我們皈依佛門成為佛子，就應該追隨佛的足跡，學修佛的思想、言行，若對世間法貪戀不捨，於怨敵或道友嗔恨嫉妒而爭論不休，則真應感到羞愧！六是若修行人非但不務修行正業，反而大肆誹謗正法與某些高僧大德，如是真應感到羞愧！當今末法時期，於五濁惡世中滾打、熏修的眾生積累了深厚的無明陋習，沉陷泥沼而不覺穢惡，更不知出離，故真正能如理斷除此等應深感羞愧之惡習者是極其罕見的。

真實意義教言之六法：憒鬧乃是魔業斷散亂；福祿乃是違緣捨興趣；名位乃是魔業處低位；邊執乃是常斷知法界；無要乃是呆坐尋竅訣；無覺受乃口禪調自續。如是而行成就妙功德。

我們應當了知真實有意義的六種教言：一應身處寂靜之地，善調自續，切莫與世人鬼混胡鬧，因為一切憒鬧都是生起魔業諸障之因，故當依教謹慎修行，斷除一切散亂的行為。二應了知一切福祿都是產生違緣之因，雖然在世間中福祿是俗人夢寐以求的，它象徵著權勢、錢財、資具，但對修行人來說卻是一種莫大的違緣。因追求福祿者必定會整日為此事而忙碌，如積財、護財、處理等必定會令行者虛喪光陰，從而失去修法的機會，所以我們應當捨棄對福祿的貪執。三應了知世間的一切名譽、地位對於修行人來說都是一種障道的魔業，只要我們對世間人那些

勾心鬥角、爭名奪利、權勢欺人、揮霍無度等事例略作觀察，並以因果至理來衡量，怎不令人膽戰心驚，的確可以稱為誘人墮落惡趣深淵的恐怖魔業。是故修行人應當恆時身處卑位，默默無聞地成辦菩提道業。四應了知現空任何邊執都是戲論之法，就算執如來藏為實有亦不出常斷之邪見，都是中觀理論的所破法，是故我們應當樹立一切邊戲都是空寂離戲的大法界之正見。五是我們在修行過程中必須依靠修行的要訣，若無要訣明示而如磐石般呆呆地禪坐，縱經百千萬劫亦不會生起證悟的覺性智慧，是故初學者首先應當依止具有法相的上師，並在其跟前尋求修法的竅訣。六應了知若我們如理如法地修行，則修行的境界和覺受自然會日益增上，諸如削弱我執、增上智慧、調伏煩惱、清淨相續等覺受不斷地生起。倘若行者修而未生起覺受，則可推知他的修行已經成了一種口頭禪，意即口中說得天花亂墜，實修卻未令法入相續，故不能生起修行的覺受。因此我們應依教調伏自心相續，斷除我執與我所執最為關要。若能如是行持者必將成就勝妙功德。

了知分寸教授之六法：多次漂泊生死中陰故，
今日獲得堅地時已至；多次步入痛苦輪迴故，
今趣大樂果位時已至；多次受捨生死五蘊故，
今獲無變法身時已至；多次迷於無明暗中故，
今點智慧燈火時已至；多次為此四魔摧毀故，
今勝輪迴之敵時已至；多次作為貪欲奴隸故，
今獲永樂王位時已至。時間甚至已遲當思此。

為使具緣者了知並掌握修行的分寸而教授六種法要：一應了知我們無始以來漂泊於生死中陰的次數是難以計量的，而今獲得暇滿人身，值遇了圓滿法相的善知識，應該是到了趨達生死堅地(佛地)的時際，故應努力向目的地進取。二應了知一切眾生無始以來步入六道輪迴所感受種種痛苦的次數是難以計量的，對此具有宿命通者不難了知，我們亦不例外，無始以來一直在苦難中循環不息，而今憑藉上師三寶的慈悲垂念與自己久遠以前所修積的福德因緣促成了修行正法的機會，這就意味著我們趨向成就、獲得大樂果位的時際已到，對此毋庸置疑。三是我們無始以來在輪迴苦海中浮沉不定，無數次地受取五蘊，又無數次地捨棄五蘊，這樣生死循環的次數是難以計量的，如今幸遇善知識大力提拔，垂賜教誡，明示義理，這即說明我們獲得無變法身——普賢如來果位的時際已到，因此事不宜遲，趕快用功修行。四是無始以來串習的我執與我所執令我們無數次地迷茫於無明黑暗之中，受業力的驅使，感遭了無量的痛苦，而今幸遇善知識與正法，說明點燃智慧明燈遣除癡暗之時機已到。五是在我們無始以來受生於輪迴的過程中，無數次地被四魔怨敵所摧毀，生死無定，其間所承受的慘痛也是難以計量的，而今幸遇正法，說明我們戰勝輪迴一切怨敵之時際已到。六是我們無始以來造業無數，經常身不由己地受著煩惱的驅使，無數次變成貪欲的奴隸，恣意妄行非理之事的次數是難以計量的，今已解脫這樣的束縛，即意味著我們獲得無苦永樂的王位(佛果)之

時際已到。不但是時間已到，甚至顯得此時機來得太遲，因為我們已是無盡輪迴中的老眾生了，故當思此而刻不容緩、努力地勇攀生命的巔峰。

觀察成為有義之六法：痛苦自性若未知大樂，
欲求安樂乃為大痛苦；貪嗔自性若未知等性，
取捨貪嗔乃為大過患；惡緣自性若未知助伴，
依他方便乃為大束縛；惡兆自性若未知吉祥，
成就亦成魔障與歧途；未以正法調伏自相續，
詞句豐富反成鸚鵡語；任何善行若不具發心，
亦成聲緣或隨福德分。故具真實要點極關鍵。

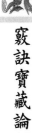

通過教理觀察並抉擇而成為修行真正有義之法有六種：一是雖然人生的痛苦多得無可言喻，但我們可以依上師的竅訣來了認痛苦是大樂智慧的本性，如果未能了達此理，且執著所斷痛苦和所求安樂為自相實有，則如同在傷口上撒鹽般將增上苦受，因為一切痛苦均來源於執著。二應了知我們無始以來的無明業惱以串習力會不斷增上貪嗔等煩惱，若依教了認其本性，則能現前等性智慧。如果未能了達此理而對貪嗔之境作取捨，在分別心的作用下，已落執著之網，此無疑將成無上修法的極大過患。縱然自己修行能力微弱，亦不具足勝觀的智慧，但卻可以依靠上師的竅訣來認識貪嗔的自性，了認其本體為等性智慧，即是寂滅貪嗔和攝受智慧的最勝竅訣。三應了知在修行的過程中雖然會遭受種種惡緣，但也不必為之苦惱，應當歡喜納受違緣，視之為增上我們修行的助伴，如果未能了知一切

竅訣寶藏論釋

194

惡緣是增上修行的助伴，而欲依種種方便來將之遣除，則將成為修行中的最大束縛。四應了知一切惡兆的自性是吉祥，如果未能了知惡兆的本性是吉祥徵兆而生起自相的執著，那麼就算現前成就悉地的徵相亦會變成魔障與歧途。比如我們在修法中顯現了成就悉地的徵兆，然因不認識這種祥兆反而執著為惡兆，以此實有執著成就相也會變成魔障歧途。同樣的道理，當我們在日常生活中遇到一些惡兆時，切莫生起實執，應視為夢幻的境界，如是則能將一切惡兆轉為祥兆。五應了知倘若未以正法來調伏自心相續，就算具有令人拍案叫絕的口才，其豐富優美的詞句反而會成鸚鵡學舌之語，毫無意義。所以我們應當常念人生無常、輪迴痛苦而精進依法實修，調伏內心相續。六應了知無論我們行持任何善法之前，必須要具有發菩提心這一大殊勝，倘若不以菩提心攝持，則一切善業無不成為聲緣二乘的善根或是世間一般隨福德分之善根，終不能成為大乘不共的隨解脫分的殊勝善根。是故我等修行人努力具足此等真實要點是極其關鍵的。

諸修行人自然之六法：依止靜處自然增善法；
讚歎他人自然起信心；調伏自續自然增善妙；
積累七財自然遣貧窮；功德增上自成佛子嗣；
護佑眾生自持佛子行。如此行持之士極鮮少。

　　諸修行人自然能成善根之法有六種：一是我們若依於人跡罕至的寂靜處，遠離一切憒鬧散亂而專心聞思修行，則將如上弦月般自然增上身口意的一切善法功德。二是如

果我們經常口出妙音，隨喜讚歎他人的種種功德，那麼自己對上師三寶、道友以及三門善法自然能生起信心。三是我們若能依教調伏自心相續，如法行持，則自然能增上智慧等有漏無漏的善法功德。四是我們若能夜以繼日地積累聖者七財(信、戒、慚、愧、聞、施、慧)，則將自然遣除貧窮，增上無盡的福報，令自己受用圓滿無缺。五是我們若能不斷增上一切善法功德，則自然將成為佛子，也即是佛陀的子嗣，最終成就佛的果位，荷擔如來家業。六是我們若能以大悲心護佑眾生，令眾生出離痛苦的深淵，不辭勞苦地弘法利生，做隨緣教化等事業，則自然行持了大乘佛子的殊勝行為。然於當今末法時期能如此行持之人卻是極其鮮少的。

依六重要生起歡喜心：深深生起敬信困難故，
精勤改變自心極重要；妄念現為助伴困難故，
生何憶念解脫極重要；器情現為淨剎困難故，
了知如夢如幻極重要；證悟解脫同時困難故，
勵力精勤觀修極重要；直接利益他眾困難故，
修學發願發心極重要；內心無有貪執困難故，
漸漸知足少欲極重要。修學此義速得殊勝果。

　　修行人可依六種重要竅訣來生起歡喜心：一是現處末法時期的眾生於內心深處真實生起對上師三寶的恭敬信心和對因果無誤的信解極其困難，因為我們誕生以前經過胎障的迷惑，在成長的過程中自心相續又受到世間八法的嚴重染污，如是飽經惡習薰染的心對人事萬物的執著恰恰違

竅訣寶藏論釋

196

逆因果正理，總是顛倒執取，以苦為樂，是故我們應當精勤依教改變自心惡習，樹立正確知見是極其重要的。二是眾生無始以來的邪惡知見和五毒煩惱非常堅固，要想將一切分別妄念轉現為修行的助伴，除上根利智者以外，普通行者很難成辦，故於平時需要養成一個良好的習慣，即無論生起任何念頭都要認知彼為自然解脫的本性，因為真正以理觀察時，除智慧的妙用力以外，內外遍尋不得意念的自體，於此數數串習熏修是極其重要的。三應了知一切器情世間皆為諸佛菩薩與清淨剎土的本性，然因我們生生世世流轉輪迴，薰染了強烈的執著心，福薄障重而難以真實現見，故應依靠經論教理了知諸法如夢如幻、本體清淨之性，如實觀修極其重要。四應了知濁世眾生根器愚鈍，業障深重，通過修行而同時獲得證悟與解脫是非常困難的，只有教法處於果期時，眾生根器非常銳利，即便是佛陀片言隻語、少許法義一經耳根，立即證果，且在證悟的同時獲得解脫。而今處於佛法教期，除乘願再來的利根利智者外，我輩凡夫縱聞千經萬論亦難證果。是故我們入密咒金剛乘的甚深捷道，通過上師直指心性等竅訣勵力精勤地如法觀修，以期不久的將來獲得證悟與解脫是極其重要的。五應了知不具實修實證之功德者欲直接利益他眾極為困難，是故對於我們來說精勤修學三藏教義、廣發大菩提心願是極其重要的。阿底峽尊者也說：「不具神通，亦未真實成熟利他心之前，利生事業很難直接成辦，但我們應當常發善心，從而精勤地聞思修行。」六應了知我們生為凡

七寶藏——竅訣寶藏論釋

夫俗子，要想內心不為貪欲等煩惱執著所縛是很困難的，全知麥彭仁波切曾說：「見道菩薩才能斷除現行的煩惱障，而俱生煩惱要到七地才能斷盡。」可見，七地以下的聖者菩薩尚有細微的煩惱未斷，何況我輩凡夫？為了削弱或漸除無始以來的貪執心，我們應當精進修學知足少欲的高尚風範，這一點是極其重要的。若能修學此等教義，必定速得殊勝的解脫果。

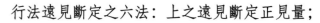

行法遠見斷定之六法：上之遠見斷定正見量；
下之遠見了知所行時；彼之遠見知境現如幻；
此之遠見捨棄二取執；外之遠見聞思無偏袒；
內之遠見調伏心五毒。如是而行擊敗輪迴軍。

　　斷定修行正法之六種遠見：一是通過聞思經續論典及上師直指心要的竅訣，若生起等淨無二的最上遠見，則可以斷定其為正見之量。也就是說我們首先要依靠各種方便來抉擇無上正見，復次依見行持才不會錯路。二是修行應該從淺入深，從低到高，如同登上高樓的階梯，當依次第逐一修行，不可疏漏。以戒法為例，內心應生起無上的見解並受持外之威儀諸行，首先唯依別解脫戒(小乘戒)等共同行為，取捨善惡因果細緻入微，如是逐步上進，待修行達到無上乘相應的境界時方可任運行持無上密法的不共行為，如圓滿次第中依她身方便道或大圓滿中的二十一種行為等等，這主要根據自己的內證境界而了知並決定自己所行的時間，何時應作共同行為，何時應作不共同行為，也就是說下之遠見是指了知自己應作共不共行為的時間。三

竅訣寶藏論釋

應了知彼等一切外行之遠見是要了知一切境現如夢如幻，任何行為都無自相實有，當以如夢幻般的境界攝持而行。四應了知此等內觀之遠見是通過如夢如幻的觀修來徹底捨棄能所二取的執著為根本目的。五是若欲達到上述四種遠見的極限，則需要一定的條件，那就是外之遠見——依止上師廣聞博學一切顯密教典，如寧瑪派所安立的九乘法門等。唯有依靠無偏的聞思才能融會貫通教義精華，以便了了分明地無誤修行，如是即可契證諸乘之精要極限。六是通過聞思修行，逐漸調伏五毒煩惱，令心清淨無染，回歸本然，此乃內之遠見。若能如是行持者，必定迅速擊敗輪迴的一切魔軍。

不能實現奢望之六法：未調自續奢望調他心；

耽著字面奢望悟實相；有緣觀修奢望淨煩惱；

依邊執法奢望獲解脫；不行善法奢望得善趣；

不斷惡業奢望離惡趣。如是奢望之人欺自己。

　　僅僅抱著一分奢望而不能實現之法有六種：一是若人從來不對內調伏自己的心相續、息滅貪嗔等煩惱，卻一味奢望調伏他人的分別惡心，當知這是根本不可能實現的事情。我認為欲嚴格要求別人者，首先更應嚴格要求自己，這樣才具有帶動的能力。二是若修行人僅僅耽著經論的字面，不依文解義、領納於心，卻奢望證悟諸法實相，當知這不契實際的願望是根本不能實現的，因為只有如法實修才能如實證悟。三是心有緣相、實執而觀修之人，奢望破除我執、清淨煩惱亦是不可能實現的。因為淨除煩惱的唯

一對治法是破除實執的無緣智慧。四是依有無等邊執法而修持之人奢望從中獲得解脫亦不可能實現，因為解脫是建立在遠離邊執戲論基礎之上的。五應了知三門從不行持十種善法之人，若奢望獲得人天善趣的福樂也是根本不可能實現的。因為佛經中已明確指出：奉行十善業者才有資格生人天善趣享受種種安樂。六應了知不斷除惡業亦不行持善法者，奢望從惡趣中獲得解脫也不可能實現。因為輪迴中，因果無欺而存在，毫釐不爽，行十不善業者必墮三途，感召種種苦受。如是不切實際地寄於奢望之人只能是自己欺騙自己而已。

未覺喪失正念之六法：人生以五毒惑而虛度，
將墮惡趣自尚未發覺；誤入夫妻子孫束縛網，
將沉苦海自尚未發覺；貪親嗔敵偏袒而度日，
已造惡業自尚未發覺；三門所作所為未斷前，
希求安住心性失正念；今生世間瑣事未斷前，
希求入解脫道失正念；貪執空見詞句失境界，
希求證相暖相失正念。未覺喪失正念人太多！

　　自己尚未察覺就已喪失正念之六法：一應了知人身難得且壽命又極其短暫，然世俗中人不明因果，大多數都以五毒煩惱造業而虛度人生，以此深重的罪業即將墮落惡趣，他們自己卻尚未發覺。二是迷失自我者，一旦誤入夫妻及子孫後代這一束縛的網罟之中，便整日為衣食及生兒育女等繁瑣之事而忙碌奔波，不但飽嘗了人生的辛酸苦辣，而且新積了無量的罪業，為此即將沉溺更深更險的

苦海，然而他自己卻未發覺。三是現今諸人大多貪愛自方親友，嗔恚他方怨敵，唯以偏袒邪執而度日，依此已經造作了數以萬計的惡業，他們自己尚未發覺，仍然執迷不悟地繼續造業，實在可悲！四應了知修行人尚未斷除身口意三門的庸俗作為之前若希求安住於心之本性中，則是一種喪失正念的妄想。欲真實安住於心性光明的境界者，在具有無上正見的基礎上應當斷除身體的種種行為、口中的言詞、意識的分別等一切勤作。五應了知凡欲趨入解脫道者，首先必須斷除世間的雜亂瑣事，如果在未斷世間瑣事之前而希求趨入解脫道者，則也是喪失正念的一種癡心妄想。六是以無明貪執偏空見解及如糠秕般的詞句，並且散失修證的真實境界者，若希求獲得修行的證相和加持的暖相等，亦是喪失正念的一種妄相。如今末法時期未能如是察覺便已喪失正念，而且還自以為是之人實在太多！

自他共同需要之六法：思維輪迴痛苦心向法；
恆修敬信調伏自相續；積善滅罪淨除自他障；
以善發心成辦自他利；灌頂教言令自他行善；
精進實修摧自他迷亂。

我們應了知自他共同需要之六種法：一應經常思維三界六道輪迴的種種痛苦，上至天界下至地獄，其中痛苦雖有輕重差殊，但畢竟終歸極苦，無一倖免。經云：「六道升沉，四生出沒，人間八苦，天上五衰，旁生愚唉，修羅嗔妒，餓鬼飢渴，地獄寒熱。」思維此等必定要感受的痛苦，真實令人膽戰心驚、毛骨悚然，所以我們應如避火坑

般一心趨向正法精進修行，以資徹底解脫生死輪迴。二是為能獲得殊勝的加持，也為了生起修行功德，我們應當恆時修習對上師三寶的恭敬與信心，依教調伏自心相續，這樣自己的修行才能如願以償。三應了知欲獲無上菩提者皆當精勤修積一切善法，勵力滅除三門的一切罪業，平等地斷除自他修行的諸般障礙，如是即可為順利成就自他一切善法功德而奠定穩固的基礎。四是作為大乘行者，我們應精進不懈地以賢善發心成辦自己和他眾的一切利益。法王如意寶曾於《勝利道歌.天鼓妙音》中明確地指出：「若欲長久利己者，暫時利他乃竅訣。」所以只有利他才能達到真實的自利，如是才能趨達究竟菩提。五是如果自己具足一定的修證功德和度化眾生的能力，則應通過舉行灌頂和傳授教言的方式來令自己和他人行持饒益眾生的一切善法。六是既然我們已發心修行，且欲作眾生菩提道中的不請之友，荷擔如來家業，就一定要痛下決心，一定要精進實修佛法，念念謹慎，善調自續，這樣才能摧毀自己和他眾的無明煩惱和迷亂習氣。

詳說關鍵要訣之六法：今生來世斷惡極關要；
行為不雜庸俗極關要；細心取捨因果極關要；
智慧大悲雙運極關要；方便欲妙道用極關要；
證悟法性得果極關要。誰具此等乃大瑜伽士。

　　詳細說明修行中最為關鍵之六種要訣：一應了知修行人勵力斷除今生與來世的一切惡業極其關要。具體說來即是今生我們應當力斷有損於眾生的一切惡行，進而發願，

願我們於未來世中永遠不要變成造惡業之人，生生世世不離正法光明。二應了知凡夫的行為很容易受外緣的影響而改變，所以我們首先應當為自己的修行安置第一道防線，即斷絕與見行不正之庸俗人的交際往來，衣食住行等亦不與他們混雜。我們雖然身處於五濁惡世，但應努力讓自己具足如蓮花般出淤泥而不受染著之品性，如是極其關要。三是我們應以因果作為自己修行的準則，上至監院方丈，下至普通僧人、居士都應細心取捨因果，如理行持不相背離是極其關要的。四是我們在修行過程中所行不能偏袒一方，應以觀修無我空性的智慧與救拔眾生離苦得樂的大悲心雙運而行持。也就是說智慧與悲心相互印持、不相脫離是極其關要的。如果修行人以觀空為主，對眾生不具絲毫大悲心，或根本不具甚深空性的智慧，僅對於自己有利的個別眾生有悲心，未能遍及一切眾生，此等相對來說均非真實正道。五是當我們在享受欲妙之時，應依各種方便竅訣來將之轉為道用，諸如如夢如幻之觀修、眾會大修、薈供等，如是享受妙用是極其關要的。六是當我們證悟諸法本性之時，應再接再厲，於百尺竿頭更進一步——獲證究竟之佛果，在此之前精進不懈是極其關要的。誰能具足此等關要即為殊勝的大瑜伽士。

無散轉為道用之六法：初學者當無散而修行；
修禪者當不散住法性；修習者當不散心境智；
得境界時無散與散者；穩固究竟散境現法性；
法盡之時超離言詮境。力求趨至如此之修量。

七寶藏——竅訣寶藏論釋

我們應當了知令心無散亂而能將內外諸法轉為道用之六種法要：一是初學者不可往詣容易引起散亂的憒鬧都市，因為在這樣的地方難以收攝身心，容易隨境而轉，故應安住靜處，身心穩重而無散亂地精進修行。二是喜於修習禪定之人應當心不散亂，如法安住法性的境界之中。三是除修禪定以外的其餘修習亦當心不散亂，一緣專注，不離了認諸境本性的智慧而印持。四是當我們通過如法的修行而獲得真實的修證境界時，既無散亂之心，亦無散亂之人，因散亂心的本體亦是覺性智慧，故都是一味大平等性的光明境界。五應了知在我們的這種修證境界獲得穩固、究竟之時，內外一切散亂諸境皆會呈現為法界本性。六應了知當我們的修證到達法性盡地之時，則輪涅所攝的一切法都將現為超離言說詮釋之不可思議的一味境界。我等修行人應當力求趨達如此修量的極限。

觀察極易錯亂之六法：信解厭離心情不安樂，
與因惡緣不喜易錯亂；深深生起無量敬信心，
彼與口頭虛偽之信心，短期而觀相互易錯亂；
內心斷絕親友之牽連，彼與薄情寡義易錯亂；
本尊賜予殊勝之成就，彼與魔緣幻變易錯亂；
悲心引導一切諸眾生，彼與形象利他易錯亂；
處於光明法性境界中，彼與落入單空易錯亂。

　　我們通過理智觀察可得知極易錯亂之六種法：一是有的人因往昔的善緣力而於因果、三寶能生起一定的信解，對三有輪迴亦能生起極大的厭離心，從而導致心情不甚安

樂，鬱鬱寡歡；另一種人卻是因某種惡緣力的打擊而不生歡喜，諸如遭受怨敵的危害，或父母死亡、疾病纏身、事業慘敗等，這兩種不歡喜從本質上有極大差別，但在未作觀察時卻很容易被人理解錯亂。儘管這兩種情況都有可能使人發心遁入佛門，乃至出家修行，但前者一般都能穩固，後者卻不一定穩固，對此攝受徒眾之善知識應當善加分析。二是有者因往昔的善根力而於內心深處真實生起了對上師三寶無量的恭敬與信心；另一種人口是心非，心懷某種目的而於口頭上虛偽地言說自己對上師三寶有如何如何的信心，內在卻沒有絲毫信心。這兩種信心從短期來觀察雖然難辨真偽而易於錯亂，但若長期仔細觀察就會發現二者有天壤之別，為此上師選擇弟子時，對口頭上的信心和內心深處的信心應當善加分析取捨。三是有者深知眷戀父母親友是修行的極大違緣，互相牽腸掛肚痛苦不堪，故淡薄交際，不與親朋往來，於內心深處斷絕一切親友之牽連；有者本來人格低劣，薄情寡義，一切好事都只顧自己，從不顧念和關心父母親友，亦不與之往來，最後由於個人的私欲等原因斷絕關係，這兩種情況亦容易被錯亂，我們應當善加分析。四是有者在修行的過程中，因自己的信心和精進心得到了本尊垂賜的悉地和殊勝成就；另一者不具足正見，盲修瞎煉而招來了魔鬼因緣幻變的本尊，受賜的是邪惡的教言和悉地等，這兩種成就相也很容易錯亂，故當樹立正確知見善加分析。五是有者因具有強烈的大悲心，故發起引導一切眾生離苦得樂的菩提心；另一者

七寶藏——竅訣寶藏論釋

卻居心叵測，於形象上利益他眾，以期達到自己追名求利的目的，這兩種利他行也易於錯亂，智者當善加分析。六是有的修行人依教通過實修實證後，真正安住於光明法性的智慧境界中；另一種人耽著心所境界，早已落於單空之中，卻自以為現見了光明智慧境界，這兩種境界亦容易錯亂，行者當善加分析。

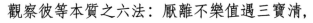

觀察彼等本質之六法：厭離不樂值遇三寶清，
惡緣不樂遇境皆不喜；深深生起敬信身心變，
口頭信心面部不改色；斷絕牽連了知無所需，
薄情寡義暫時離親屬；賜勝悉地數數生喜受，
遭魔違緣恐懼蒙自心；悲心利眾無有私欲心，
八法利他貪求自利養；法性境界諸根明又清，
空落愕然如籠罩黑暗。是故辨別真偽極關鍵。

竅訣寶藏論釋

　　觀察前文所述之彼等本質差別有六法：一應分析兩種出離心的差別，前者因為對輪迴深生厭離心而致情緒低落，心生不喜，待值遇上師三寶後立即會有大轉機，能以大歡喜心依止聖福田而不願捨離；後者因某種惡緣而致心不喜樂，縱遇上師三寶這一大福田，也只是走投無路般地草率出家，仍然難以生起歡喜，甚至坐立難安，心情根本不會穩定，一旦違緣遣除便後悔不迭，疾思還俗。二應分析兩種信心的差別，前者從內心深處對上師三寶生起恭敬與信心，無論身體的行為還是心意的境界必定都會愈轉愈善妙，如行為如法、心意調柔等；後者口頭虛言信心，僅依他的表面行為來推測也不難了知意樂，就算他說得口沫

橫飛，其面部都不會呈現任何賢善的起色，的確是江山易改，本性難移，心境就更不用說了。三應分析兩種斷絕關係的差別，前者深知對親友的眷戀很不利於修行，為能無雜念地專意修行，故斷絕一切親友的牽連，同時要了知一切親友於己解脫生死之正道中無所需求，亦是障礙解脫之因，並且自己一心修行才是對親友的最大利益，故應獨自往詣靜處修行。後者因人格卑劣而厭倦對親友的負擔，當自己衣食豐足之時，不願報答父母的生養大恩，自私自利、薄情寡義，乃至暫時性地避離父母親友；當他在缺衣少食、事業失敗之時，又會回來割取父母省吃儉用而積蓄的少許財物。四應分析兩種悉地的差別，前者若真正得諸佛菩薩賜予殊勝悉地和加持，則於自己的內心會禁不住數數歡喜，且出離心、大悲心、菩提心、智慧等會愈來愈增上，法喜會油然而生；後者遭魔所賜的加持與成就悉地，在這種違緣的驅使下，莫名其妙地會產生一種恐懼的意識狀態，從而迷蒙自心的明清，漸漸地喪失出離心、大悲心等，一切所作亦將轉成魔業。如果我們在修行的過程中出現這種不良狀況，則應立即祈禱上師蓮花生大士加持遣除一切違緣。五應分析悲心利眾與形象利眾的差別，前者真正唯以大悲心利益眾生，無有私欲，一切行為無不是以利他為等起；後者心術不正，為了自己在世間八法上有所成就，不得不在形象上相似地利益他眾。六應分析兩種境界的差別，前者真正安住於明樂無念的法性境界中，於自己的眼耳等諸根自然都會愈來愈增上明清。無垢光尊者

在《心性休息大車疏》中說：「出入定中亦有現分與空分之別，現分為出定，空分為入定。」這種現分境界在根識面前是無執而明清的，如同聖者看外境，雖了了分明，卻無毫許執著，出定入定一味平等。後者安住的是無記、空落、愕然的境界，自心被一片黑暗籠罩而處於一種迷念之中。是故我們應通過聞思、祈禱上師等方法增上定解與智慧，無誤辨別此等真偽是極為關鍵的。

一者即可竅訣之六法：一生即可今斷諸牽連；
一資即可上師視為佛；一事即可上師修為佛；
一戒即可斷除非法事；一悟即可動念認法性；
一修即可護持彼境界。聽取此言速成大樂果。

我們應當了知於一法中能含攝一切修要竅訣之六法：一應了知一生中最巧妙的修行是斷除自己對今世的諸般牽連與掛礙，即萬緣放下，一心修行，這樣必定能令修者速得成就。二應了知所有的資糧都可以歸攝在一項資糧之中，也就是說只要成辦這一種資糧，即可圓滿修積一切資糧，那就是將自己內心依止的上師視為佛陀而恭敬頂戴，虔誠專意地祈禱。三應了知我們若能成辦一件關鍵的事情，則等同圓滿成辦了一切事情，那就是將自己的根本上師觀修為佛陀，特別是在觀修上師瑜伽時，一定要觀修上師與佛無別。四應了知我們若能守持重要的一條戒律，即可圓滿受持一切戒律，這條戒律就是斷除自己身口意三門的一切非法之事，如是就受持了清淨的戒行。五應了知我們若能證悟一法，即可圓滿證悟一切法，那就是將自己的

208

起心動念都了認為法性而如實安住。六應了知我們若能修持一法，即可圓滿修持一切法，那就是毫不散亂地護持前所認識的真如本性之境界，不令散失。凡是能聽取此等教言之修行人，必定速得大樂果位。

甚深要訣教授之六法：欲得法利心依有利法；
欲調自續自勸自修法；欲獲法身認識頓現念；
欲護覺受無散觀心性；欲斷動念捨棄風心法；
欲趣究竟不改住本性。此乃最深精華之教言。

甚深修要竅訣之六種教授：一欲獲得法利之人，首先自己的心必須要依於具有利益之正法，並且是契合自己根基之法。因為眾生根器有千差、佛之法門有萬別，而且都是順應眾生根基而安立乘門的。二欲調自心相續之人，應經常以理智來勸誡自己精勤修法，切莫懈怠懶惰。佛陀曾經這樣說過：「自己是自己的依怙。」三欲獲得法身果位之人，應當依靠上師所介紹的竅訣來認識自心頓時現起的種種分別念之本性。四若我們欲護持自己通過修行所生起的覺受，則心無散亂一緣安住，時時內觀已認知之心性即可。五若我們欲斷除自己的起心動念，則應捨棄風心運行等勤作修法。六若我們欲自己的修證境界趣達究竟之本地(佛地)，則自心不加改造而安住本性即可，因為我們的錯誤概念已被清除，能現見自己及一切事物的真實面貌——究竟實相。此等乃為最深精華之教言。

內外緣起竅訣之六法：若生信心拋棄世間事；
若得加持生起卑微想；若具發心所作皆利他；

七寶藏——竅訣寶藏論釋

若斷貪執平息世八法；若證勝義自然無二取；
若督促己恆時勤行善。具此相士趨至三有岸。

我們應當了知內證而外現之六種緣起竅訣：一是若人於上師三寶真正生起了無偽的信心，則一定會拋棄世間八法等一切瑣事。反之，整日忙碌於世間法者，肯定不具足對上師三寶的信心。二是若我們已經獲得了諸佛菩薩與上師的意傳加持，則自然能息滅自己的傲慢心，一切行為恆時謙卑、為人和善，也就是說內心對自己總會生起一種卑微之想，經常輕視自己、看重他人，如斷角的犛牛般毫無我慢之心。三是若我們已具足殊勝的發心，則自己外現的一切所作所為皆會以利他為等起。反之，自私自利者肯定不具殊勝發心。四應了知若已斷除了貪欲執著之人，則自然能平息稱、譏、毀、譽、利、衰、苦、樂世間八法的貪執心。五應了知若我們已是證得勝義諦之人，則於外現諸法自然不會生起能所二取之執著。若修行人於能所二取固執不捨，則可以肯定他未證達勝義諦之本性。六應了知若我們能經常督促自己，則恆時都能勤行善法。具足此等證相之士夫定能速疾趨達三有輪迴之解脫彼岸。

大圓滿金剛句之六法：基大圓滿即抉擇心性；
道大圓滿實修邊解脫；果大圓滿希憂至盡地；
境大圓滿無有境心執；心大圓滿妄念現助伴；
義大圓滿動念自消失。誰知此理即是瑜伽王。

我們應當了知大圓滿金剛句之六法：一應了知所謂的基大圓滿，即是依靠上師的竅訣來抉擇心性本體。二應了

竅訣寶藏論釋

210

知所謂的道大圓滿，即是實修邊解脫之法門，如依上師明示竅訣所抉擇的見解而次第修持，一步步斷除邊執戲論。三應了知所謂的果大圓滿，即是我們的修證達到極限，希憂一味地趨至於滅盡地。四應了知所謂的境大圓滿，即是無有外境與內心的分別執著，本來心境一味一體故。五應了知所謂的心大圓滿，即是一切分別妄念皆現為修道的助伴，因為我們本身沒有什麼值得分別的，那麼又有什麼好執著的呢？六應了知所謂的義大圓滿，即是一切動念自然消失，因為我們在本初之時，無有念與無念之別，動念隨因緣所生，且緣生緣滅，待了達心之本性後，一切動念便如雲消於虛空般無影無蹤。誰能了知此理即是大瑜伽王。
生起確信所現之六相：中陰自滅如賢護送者；
罪障自淨如寶珠自清；覺受自現如酒糟發酵；
大樂自起如同飲醇酒；心性自得如蜂粘花粉；
加持自獲如莊稼豐收。現此相時乃大瑜伽士。

　　對大圓滿的境界生起確信所現之六種徵相：一是當我們獲得大圓滿的確信時，則自然能滅盡中陰的迷亂顯現，即如旅行者幸遇了一位賢善的護送者一樣，必定毫無迷失地直達彼岸。二是當我們獲得大圓滿的確信後，則自己無始時來所造的一切罪障都能自然清淨，即如寶珠的本性——自然清澈透明而無絲毫染著。三是當我們獲得大圓滿的確信以後，則自然能呈現出明樂無念的覺受，即如酒糟發酵後自然能噴出股股香甜的氣味。四是當我們獲得大圓滿的確信以後，則大樂智慧能自然現起，如同飲用醇酒般

安享大樂無為的境界。五是當我們獲得大圓滿的確信以後，則無需任何勤作，自然能獲得心之本性的證悟，如同蜜蜂在花叢中穿行，自然會粘得花粉一樣。六是當我們獲得大圓滿的確信以後，則自然能獲得一切傳承上師的意傳加持，如同莊稼豐收後，農夫們自然能安享歡樂與幸福。顯現此等徵相之人乃為大圓滿的真正瑜伽士。

諸修行者不近之六法：供養親友不趨近二資；聞時修法不趨近悉地；行善除障不趨近佛果；雜言誦經不趨近威力；具德傲慢不趨近證悟；搞世間法不趨近佛法。未染此六不近極重要。

　　諸修行人應當了知不能接近成就和悉地之六法：一是我們若將自己的財富用來供養親戚朋友，由於他們不是福田的緣故，所以對他們大興供養卻不能趨近福慧二種資糧。二是我們若對修法不能持之以恆，在公務繁忙之時就將修法一事拋之腦後，到閒暇之時方事修法，這樣時修時不修，則不能趨近成就的悉地，只有持之以恆地精進修法才能獲得理想的成就和悉地。三是無論我們行持任何一種善法，皆應具足賢善而廣大的發心，即所行要以一切眾生的利益為出發點，如果僅為斷除自己的障礙而行持善法，則不能趨近圓滿的佛果。四是我們不論念誦經典還是共修都應當斷除閒言碎語等無稽之談，最好以禁語的方式來念修，如是方能增上無量功德的效力，若以雜言誦經、笑語共修、三門放逸而不謹慎等則不能趨近誦經的威懾力。修行人若具足語言威力，那麼他念誦咒語必將產生極大的加

窮訣寶藏論釋

持力，咒音一經眾生之耳，有形或無形都會得到利益。五是當我們通過修行或某種善事而令心相續具足少許功德之時，倘若以此不能增上自己修行的心境，如觀修夢幻反而滋生傲慢者，則不能趨近證悟之無上功德。六應了知作為修行人，如果整日大搞世間八法，則根本不能趨近出世間之解脫正法，因為世間法與佛法是完全相左的。我們明了上述教理後，令自己不染著此等不趨近正道之患是極其重要的。

危險極大教誨之六法：交往野蠻之人危險大；以法結緣惡人危險大；無有對治受戒危險大；未曾聞思而修危險大；破誓言者修密危險大；商主赴海取寶危險大。細察此大危險極關鍵。

　　我們應當了知修行過程中危險性最大的六種教誨：一是如果我們不善加觀察而感情用事、盲目地交往一些野蠻的惡人，則危險性之大是難以估量的。因為在與野蠻人交往的過程中，他們稍微有點不滿足的時候，就會到處讒言誹謗，甚至暗中加害於你，故當遠離這種惡人，不予交往。二是若以佛法來結緣於這些惡人，亦有很大的危險性。倘若上師不善加觀察就大事灌頂，則秉性惡劣之人極易混雜其中，這種惡劣之徒根本不會在乎上師及所賜授之灌頂的殊勝與可貴，非但不知報恩，反而還會恩將仇報，大肆誹謗，以致造下無量無邊的罪業，因此以法結緣惡劣者危險性很大。三是修行人若無毅力亦無對治心，在這種情況下就匆匆忙忙地受持三壇大戒是極其危險的，因為

213

他們沒有樹立穩固的正確知見，亦不具足慚愧心，匆忙受戒，又會起煩惱而快速破戒，且因不知教理或性格卑劣而不行懺悔，如是將會墮落惡趣深淵感受無量痛苦。四是未曾經歷聞思階段的修行人未能樹立正見，亦未開啟智慧，如是什麼都不懂就盲修瞎煉，極易導致走火入魔等危險。我們在修行旅途中耳聞目睹的很多事例亦能充分證明這些盲修瞎煉的危害性。《札嘎山法》中這樣說過：若未築成穩固的正見基礎就忙修甚深法要者，如同在冰地上修建高樓般極其危險。五應了知破毀密乘誓言之人實修密法，結果使他自己只能成為魔的眷屬，危險性之大，墮入金剛地獄不說，且難再獲正法光明。六是商主往赴大海中取寶的危險性也很大，我們都知道海中有很多大得能吞下船隻的摩竭魚，有可怕的颶風狂瀾，有專吃人的鯨魚、嘎巴和西西瑪等大鱉魚，還有海盜及海神等作障，因此很多不具智慧又缺福德的商主總是有去無回，趨向解脫寶洲的修行人亦復如是。我們詳細觀察此等具大危險性之事而警策自己提持正念精進聞思修是極其關鍵的。

實際修行教言之六法：一切所現本面自清住；
一切明覺自然自淨住；一切動念無有蹤跡住；
無別解脫逸然本解脫；觀解脫者輪涅皆成空；
滅除二取趨至實相基。若知此理精通勝乘義。

　　實際修行之六種教言：一應了知我們若能直觀所現諸法的本面，則會發現其本體無須改造，且自然明清而住，因為法界的本性無始以來從未發生任何變異。二應了知一

竅訣寶藏論釋

切明清的覺受也是自然清淨而安住的，在我們獲得如是覺受時，身心皆已獲得自在，既沒有什麼需要改造的，也沒有什麼值得修持的。三應了知我們若通過每一個細緻的環節來觀察一切分別動念，則會發現其本性是沒有任何來去的蹤跡而本然安住的。四應了知無別解脫的心性是逸然、明然、本來解脫的，佛陀在第三轉法輪中講到：「我們沒有什麼要了知，沒有什麼要克服，沒有什麼要獲得，也沒有什麼要修行的。」五應了知若觀如是解脫者，則輪涅所攝的一切諸法皆成大空離戲的本體。六應了知當我們最後滅除能所二取之時，就已直接趨至了實相之本基。若我們能了知此等義理，則可精通勝乘之真實義。

以絕非是區分之六法：求名福德絕非好上師；
過執財物絕非好行者；著重世法絕非好僧人；
偏執我見非好瑜伽士；次第經劫絕非好密宗；
墮入偏袒非好大圓滿。當知普通平等廣大義。

　　我們應當學會區分六種絕非之法：一是修行人若整日貪求名利，以行為上的一些表相福德來遮蔽信士眼目，以期達到自己名利雙收之目的，那麼這種人絕對不是好上師，因為他們根本不具足經論中所說的上師法相。《札嘎山法》中說：「欲令自己變成真正的好修行人或好上師，則必須根除對今世的貪執，從而精勤修積來世的善法資糧。」二是修行人應知足少欲，若過於貪執自己的財物，則絕對不是好修行人。《札嘎山法》中說：「若行者能將自己的一切財物視若牛糞般毫無執著，則是好的修行

215

人。」三是如果修行人著重忙於世間法，諸如應酬客人、修建寺院、搞經懺、經商貿易等事，則於修法必定就會放逸懶散，這種人絕對不是好僧人。四是修有所證的瑜伽士應該具足大清淨、大平等的見解，自稱為瑜伽士卻偏執我見者，絕對不是好瑜伽士。五應了知無上密咒金剛乘中本來具有殊勝捷徑的修行要訣，可令行者即生成就，然若自己隨學的宗派教法需如顯教那樣次第歷經三大阿僧祇劫才能成就的話，則說明此宗派絕非好密宗。六應了知覺性本體是清淨、平等而超離一切邊執束縛的，如果修行人經過實修後反而墮入某一空分或明分之偏袒執著中，則說明彼所修之法絕非好的大圓滿。是故作為修行人，我們應當普遍平等地了達此諸廣大教義。

安住法性義中之六法：所取莫以五根為依處；
能取莫以散收而改造；明樂無執莫隨分別念；
自然悠然莫著戲論衣；法性逸然莫入執著籠；
全解脫心莫被想網縛。誰知此理趣近真實義。

　　我們應當了知安住法性義中之六種竅訣：一應了知當我們安住法性之中時，心識切莫以五根為依處執取諸法，否則便不能安住法性真實義，僅僅只稱得上是根識的安住。二應了知當能取之心本然安住時，切莫以散收而改造，如心時而外散，時而內收，這完全是出於意識形態的一種改造，絕非真實的安住法性。三應了知當我們證達明樂無執的境界時，自心切莫跟隨分別動念而轉，應本然安住。四應了知法性是自然悠然的本體，故在安住法性義

竅訣寶藏論釋

216

時切莫為之著上戲論的衣服，而應赤裸本住。五應了知法性是逸然明然的本體，故於安住法性義之時切莫誤入執著的牢籠。六應了知諸法全都是解脫之本性，故安住法性義時，自心切莫被異想、動念的網罟所縛。誰能了知此理則能趨近法性真實義。

未懂大乘法義之六法：於諸本是佛子之眾生，
輕蔑之人未懂大乘義；於諸本是勸善恩乞丐，
慳吝之人未懂大乘義；於諸本是安忍對境敵，
嗔恨之人未懂大乘義；於本遣過教言之惡語，
發怒之人未懂大乘義；於諸本是鬼祟之名利，
起慢之人未懂大乘義；於諸本是著魔加持力，
生我慢者未懂大乘義。如是之人多數漂輪迴。

　　辨別未懂大乘法義之六法：一是眾生皆具如來藏，所以把一切眾生都應看成佛與佛子來恭敬對待，若修行人輕毀蔑視他等眾生，則可推知彼人尚未懂得眾生即是佛的大乘教義。二應了知乞丐本來是勸導我們行善積資、成就布施波羅蜜多之大恩人，當乞討者來臨之時，若人將他們拒之門外，不欲布施少許錢財或食物，乃至譏諷惡罵，這即是尚未懂得大乘教義的標誌。三應了知怨敵本來是我們修習安忍波羅蜜多的唯一對境，然若不將這一殊勝對境轉為道用，卻以忿怒嗔恨之心與他們大動干戈，如是之人尚未懂得怨親本來平等的大乘教義。四是當我們在依止善知識的過程中，往往會目擊上師對剛強難化的弟子進行嚴格訓斥，如以粗惡語言呵斥的方法來教導，這種屬語本來是遣

除罪過的殊勝教言，然若修行人不能如理接受、發露懺悔，反而大發嗔怒之心，暗中伺機報復，如是之人也尚未懂得大乘的教義。五應了知世間的一切名聞利養本來是將我等修行人推向絕境的鬼祟，是障道的極大違緣，然而某些得名利之人卻無慚無愧地妄起我慢之心，認為自己了不起，這種人亦未能懂得大乘教義。六應了知有些修行人本是因受魔的加持而莫名其妙的顯得有點能力，若其不依教自我反省，妄生我慢之心，則也是尚未懂得大乘教義之行者。如是之人大多數都會繼續漂泊於輪迴的大苦海中。

斷除而住應行之六法：斷除憒鬧之境住靜處；
斷除貪執部落獨自住；斷除世間牽連安樂住；
斷除聚眾獨於靜處住；斷除眾多瑣事住靜處；
斷除不善無記行善住。

竅訣寶藏論釋

　　我們應了知並斷除修行的違緣而住持當行之六法：一應了知一切憒鬧都是令身心散亂之因，是故我們應當徹底斷除憒鬧諸境，一心安住寂靜處修行，這才有利於成辦道業。二應了知故鄉村落都是引起貪心嗔心之因，故應斷除對自己的故鄉、部落、村莊的貪執，不與世人往來閒聊，獨自一人安住修行。三應了知一切雜事和親情的牽掛都是修行的障礙，故應斷除世間瑣事以及對父母親友的俗情牽連，以修行為根本，無憂無慮，毫無牽掛之心，如是安樂而住。四應了知眾人聚集之處即是非之地，除無稽之談外，還會談論他非我是等無義虛喪時光，故應斷除人群聚眾的散亂，而獨自在寂靜處安住，一心成辦生死道業。五

應了知一切瑣事無一不是身心的累贅、阻礙修行的違緣，故應斷除世間的眾多瑣事，萬緣放下，安住靜處修行。六應了知人身難得而易失，光陰易往而難追，在因緣具足之時，我們當勵力斷除一切不善法與渾渾噩噩非善非惡之無記法，唯以行善而住，精進修積二種資糧。

如是住時應行之六法：認識赤裸覺性之本面；
抉擇心性本來之實相；遠離苦想一切諸需求；
不應刻意專注而實執；欲精進者心滅本地中；
行者本體應當至盡地。

　　如是安住靜處時應當行持之六法：一應依靠上師直指心要的竅訣來認識赤裸覺性之本來面目。二是為認識覺性本面，我們即當依無垢的教理竅訣來觀察心的來源、住處、去處、形色等，如此抉擇心性本來的實相。三應了知通過如理無誤地抉擇心性後，即當徹底遠離苦想一切需求之心識。四應了知心性之本體是遠離一切邊執戲論的，所以我們不能刻意地專注某一所緣而生實執心。五是當我們的修行達到終極之時，既沒有能修之我，也沒有所修之法，即便是欲以精進力行持諸法者，彼心亦會無餘寂滅在本地(法界)之中。六應了知如實行持諸法者之本體亦當詣至法性滅盡地。

覺性安住禪定之六法：顯現不滅燦然清然住；
心識不昧本然清然住；不染掉舉自明清然住；
不隨掉舉平等坦然住；無有昏昧自地怡然住；
不墮四邊自然平然住。具此六相而修無歧途。

七寶藏——竅訣寶藏論釋

我們應當了知覺性並安住禪定之六法：自性之顯現不滅，以燦然清然的方式而安住；心識明清，從不愚昧，即本然清然而住；本性不被掉舉染污，即自明清然而安住；本性不隨掉舉，平等一如，坦然而住；本性無有昏昧，自己恆時怡然而住於覺性之本地；本性不偏墮四邊及其任何一邊，即自然平然而安住。若能具足此六相而修，瑜伽師所行之路決定無有任何歧途。

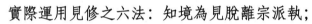

實際運用見修之六法：知境為見脫離宗派執；
知心為修脫離座間執；無執行持脫離刻意執；
所現顯為境界離覺受；所證斷為法性無地道；
所修成就五身無果執。知此即如虛空瑜伽士。

我們在實際運用見解與修行之時需了知六種甚深法要：一是依靠上師的竅訣來認知一切境現的本體是本空離根的，樹立如是正見後，自然會脫離一切宗派的執著。二是了知心之本性而如實安住為修，這樣就會自然脫離閉關實修中座間的執著，出定入定均無差別，行住坐臥、息食起居無不是修。三是若我們的一切威儀都能在如夢如幻般無執著中行持，則自然會脫離對某一所緣境的刻意執著。四是若我們面前所顯現的一切根塵萬法皆顯現為修行中的境界，則自然會遠離一切偏袒自相的覺受。五是一切所證都斷定為法性，自然圓滿一切果位，故無地道之差別。六是一切所修最終目的也都是為了成就五身無別之本體，實相中的確無有可得之果，如是自然滅除對證果的執著。了知上述甚深義理之人即如虛空般離戲之瑜伽士，恆時任運

竅訣寶藏論釋

自在一切功德。

觀察而斷過患之六法：雖具信勤若早離上師，
道不究竟如幼雛離母；雖懂因果若未斷貪心，
隨外緣轉如狡猾之徒；智慧雖高若未實際修，
需時無用如戰場落刃；雖已證悟若未勤修習，
隨妄念轉如沙場孩童；雖久修習若未滅貪執，
徒勞無益如石女生貪；雖知是非若未斷根本，
煩惱復燃如肉中子彈。是故不隨過患極重要。

　　通過觀察而應斷除的過患有六種：一是雖然具足信心
和精勤之心，但若未能恆依上師指點、穩固自己的見解與
修行，過早地離開了上師，獨自往詣別處修行，當知彼人
所修之道是決定不會獲得究竟的。如同沒有獨立生活能力
的幼兒離開母親一樣，他的文化教育、人生觀念、為人道
德等都不可能很好地健全成熟。《札嘎山法》中說：「在
熙熙攘攘的人流往來之中，小孩若緊拽母親的衣襟，寸步
不離，即可順利地回到家裡，如果脫離母親而自由穿行，
就會迷失方向不能歸家。」因此我等修行人千萬不要隨意
離開上師，一定要緊緊跟隨，直到自己具足獨立修行的能
力。二是修行人雖懂因果，善惡取捨了了分明，然若未能
跟上實際行動，亦未斷除內在的貪欲心，那麼彼人在遇到
妙色美境之時就很容易隨外緣所轉而不能自主。如同能言
善辯的狡猾之徒，因人格下劣故口是心非，能說卻不能
行。我等修行人應當表裡一致，言行無違，經常思維因果
義理以斷除一切惡行，一心修行正法之道。三是有的修行

人智慧雖高，對經論教義的領悟能力也很強，但卻知而不行，如是之故，當煩惱怨敵現前而需要對治兵器時，這些儲存在書本上的理智仍然無濟於事。如同在戰場上奮力殺敵的勇士，其手中的兵器已掉落在地上般，落地的兵器對勇士來說已起不到任何作用，他一定會被怨敵生擒活捉。四是行者雖已證悟心的本性，但若未能精進熏修串習，則前所證悟心性的境界隨妄念所轉也會逐漸散失。如同在茫茫沙場上被遺棄的孩童，沙場上的戰士因不知彼孩童屬自方還是他方，故於小孩流浪何方也未了知，同樣證悟的境界若不繼續修習、令其穩固並增上，則此暫時現前的智慧將來是融會於法界還是回歸無明亦難有定準。全知麥彭仁波切這樣說過：「僅依竅訣修習七日也能摧毀內在的惡分別念。」五是若人經久修習卻未能斷除世間八法和貪欲等執著，則所行仍是徒勞無益，因彼所行已失去修行的作用和效力，如同對姝妙的石女生起猛烈的貪欲，但卻絲毫不能得到滿足。仲敦巴格西曾說過：「所謂的修行，根本在於對治煩惱，否則便不能稱之為修行。」六是若人雖具足深邃的智慧，一切是非、真偽、天地萬物的緣起假象無所不知，但因未能斷除輪迴的根本——我執，則仍會觸境生心，煩惱之火亦將復燃。如同自身中彈且彈頭或彈片留存在肌肉中的戰士，暫時雖然不覺疼痛，但最終必定會引發極大的苦患。是故我等修行人不隨上述六種過患而修行是極其重要的。

證悟實相無需之六法：淨心安住自身山中時，

無需依止深山寂靜處；任何所現不離法性時，
無需定期苦苦而閉關；外緣現為智慧遊舞時，
無需特意閉關而修習；斷得體相自淨本基時，
無需積累有相之資糧；所現現為三身剎土時，
無需依靠對治而觀修；境界顯現無偏逸然時，
無需生起希望憂慮想。誰具此六現見智慧義。

　　我們應當了知證悟究竟諸法的實相以後根本不需要之六法：一應了知若我們的心無有煩惱、清淨無染、正念具足從不散亂，且能一心安住於自己身體的山王中之時，則無需特意依止外界的深山等寂靜處，無論身處何地，只要調順清淨的心就能入道如法修行。而今末法時期的很多修行人身體的山王雖然安住一處，心卻如脫韁的野馬狂奔亂馳，所以他們有必要依止深山寂靜處。二是當我們修行達到任何所現均不離法性之時，則一切所緣與法界本體無二無別，寂滅了一切分別妄念，心能自主，不隨境轉，這就無需定期苦苦閉關。達到這種境界的修行人無論何時何地，無一不是在閉關修行。三是在自己的修行境界中，當一切外緣皆現為自然智慧的遊舞時，無論是別人的美言讚歎還是惡口謾罵、無端譏毀等，對自己來說都是無利無害的，心能一如平等地泰然安住，爾時就無需特意要去某一靜處閉關修行。因為息食起居等一切行為都是在大圓滿的光明境界中無離無合地本然安住，故一切修證境界都能任運自成。四是當所斷的二障等違品與所證的三身五智一味體相都自然清淨於原始本基之時，則無需勤作積累有相

的善根資糧，一切都無勤而自成圓滿。五是當我們根識面前所現諸法現為三身無別的本淨剎土之時，則無需刻意依靠某種對治法而勤作觀修。六是當我們如實修證的境界顯現為無有偏袒、逸然無為之時，則無需生起希望獲得涅槃與憂慮沉溺輪迴等妄想，因為輪涅本來是一味大平等的本性。誰能具足上述六相則必定已現見了自然本智的真實義。

宣說六種堪為之竅訣：不造罪者堪為勇敢士；
滅五毒者堪為具力士；無執著者堪為行善士；
具正知者堪為賢智士；忍損害者堪為具鎧士；
聚護法者堪為具眷士。堪為此稱之人最殊勝。

宣說六種堪為勇賢聖士之竅訣：一是若人依教棄惡從善，畢生不再造作有害於眾生的任何罪業，時時如理善調自續，則堪為真正的大勇士。佛經中說：「能消滅世間的一切怨敵，不算勇士，能降伏自心之人乃為真正的大勇士。」二是若修行人能內觀心續，樹立正知正念，息滅貪、嗔、癡、慢、疑五毒煩惱，則真正堪為具強大能力之士夫。三是若我們在行持任何善法的過程中都無有自相的執著，一切皆以如夢如幻的境界來攝持，則堪為真實的行善大士。四是無論我們成辦任何事業，若都具有正確知見，且做事井然有序，則堪為賢善智士。五是我們若能泰然自若地安忍別人的無端損害與欺辱，則堪為身披忍辱鎧甲的大勇士。六是若自己身邊經常能聚集眾多護法神，那麼就可稱為真正具有眷屬之大士。凡是能堪為此等稱號之

人都是最為殊勝的。

斷除欺惑之事六種法：未知自證為他假識欺；
非光明為寂止茫然欺；非頓悟為漫布等捨欺；
非自淨為迷亂分別欺；非雙運為口頭無作欺；
非境界為一緣持心欺。二相似欺莫置之不理。

七寶藏──竅訣寶藏論釋

　　我等修行人應當斷除欺惑事之六種法：一是我們本應證悟自己本來的覺性，但因尚未真正了知各別自證的本來智慧(覺性)，往往會被一些虛假的意識所欺誘。比如有些人將明清的阿賴耶誤認為覺性，還自以為自己真實證悟了法界本性而洋洋自得，這就已經受到了欺惑。二應了知若我們所證悟的境界是處於世間禪定(寂止)的茫然狀態，而非光明智慧則說明自己已被欺誘。有些人自以為在明清的狀態中安住即是達到了證悟大圓滿、大手印等的最高境界，誤以為自己已生起無有任何執著的俱生光明智慧，這實際上也是為寂止的一種茫然狀態所欺誘。三是有些人認為自己已經頓悟明樂無念的境界，其實並非真實頓悟，已被漫布等捨之平等、無記意識狀態所欺誘。四是有者認為自己獲得了自然本淨的光明智慧，其實並非自然本淨的智慧，而是為迷亂的分別念所欺誘。五是有者認為自己已證悟明空雙運的境界，其實並非真正的大雙運智慧，而是為口頭上的無勤作所欺惑。六是有者認為自己能無念安住很長時間，就是修證達到了很高的境界，實際上這並非真實的修行境界，其已被一緣專注而持心的狀態所欺誘。我們應當了知這些相似的修證境界是具有一定欺惑性的，切莫

耽著不捨也不要置之不理，應當依靠上師的竅訣來善加分析取捨。

宣說誤入歧途之六法：未證無緣十善成束縛；
自未生厭無戲成取捨；未證法界雖修成作意；
未悟本面雖修成執著；未知實相雖修成分別；
未知無執本解修成相。斷絕此等歧途極重要。

　　尊者從究竟了義的角度而宣說了容易誤入歧途之六法：一是在我們尚未證悟無緣大空性的境界時，則自己身口意三門所行持的有勤作的十善業道，亦將成為束縛之因。因為未以空性智慧攝持的一切善業都是隨福德分的善業，仍然為三界之有漏因。二是我們本應對自己無始以來的我執生起極大的厭離心，如果尚未生起厭離心，則說明自己尚未證達無我空性的境界，因為具有強烈的執著心，故所謂的抉擇和修習無戲論之甚深法要亦成了一種取捨之因。三是我們在修行中要了達法界本體——心的本性，如果未能如實了達，縱然實修生圓次第等法也無不成為分別意識形態的一種執著。四是我們應依上師直指心性的竅訣來認識心的本來面目，如果尚未證悟心的本面，縱然精勤修法也只能成為一種執著。五是在我們尚未了知諸法的究竟實相——空寂離戲的大法界之前，縱然修習甚深法要，亦無不成為分別心的境界。六是若我們尚未了知心性本體本無執著、本自解脫的甚深義理，則縱是修法亦無不成為執著的所緣境。全知麥彭仁波切云：「外觀遠處百種法，不如唯觀內心勝。」所以我們在實修之時尚應內觀心性，

竅訣寶藏論釋

切莫著相而求，極力斷除上述歧途，如實通達心的本性、證悟究竟實相是極其重要的。

宣說根除教言之六法：欲除魔者根除身命執；
欲隨順者根除我慢心；欲滅苦者根除二取相；
欲證悟者根除對治執；欲得本智根除修行相；
即生欲成佛者除懈怠。具此等者勝伏四魔敵。

宣說根除修行違緣的六種教言法：一是修行人若欲消除鬼魔之危害，則應根除自己對身體與生命的執著，若能除卻對自我的執著，則一切妖魔鬼怪都會自然消失。喬美仁波切這樣說過：「修行一定會遇到違緣，好人的身邊經常會有壞人的存在，這些都是正常現象。」最重要的是不能對鬼魔生起實有執著。二是若欲恭敬上者、隨順與己等同及不如自己之人，則應根除自己的我慢心，如是才能令自己變成很隨和的人，無論與何人都能和睦相處。三是欲滅痛苦之人首先應探尋痛苦的根源——我執與我所執，只有徹底根除二取迷亂境相之執，才能滅除一切痛苦。四是凡欲證悟究竟實相之人，最終必須根除自己對有學道中方便善說的某些對治法的執著，因為當修行達到一定境界的時候，所謂的對治都不出邊執戲論，仍會遮蔽自然本智。五是我們若欲證得自然本智，則應根除修行中的一些有相的執著。六是欲即生成佛之人應根除一切懈怠懶惰而精勤修行。具足此等修要竅訣之人即能勝伏四魔怨敵。

宣說此外別無之六法：取悅眾生別無供養佛；
利他眾外別無解脫道；證無破立之外無等性；

七寶藏——竅訣寶藏論釋

悟心境無二外無法性；知輪迴無實外無涅槃；
捨棄修者別無歧途障。證悟此理自然成法身。

　　宣說除此以外別處無有之六種法：一是身處世間的修行人應當具足做人的美德，以德感人、以善待人，時時處處唯行利樂眾生之事，這才真稱得上是在三世諸佛面前大修供養的善業行為，此外別無其餘供佛更殊勝之法。《入行論》中所云：「眾樂佛歡喜，眾苦佛傷悲，悅眾佛愉悅，犯眾亦傷佛。」二是我們既然生為佛子就應廣行佛事，這樣才能成辦殊勝的解脫道。是故經常應以各種善巧方便來利益他等眾生，令他們離苦得樂、淨化心境，引導他們趣入正道修行，乃至最終獲得究竟安樂。此外再也找不到更殊勝的解脫道。三是我們在修行的過程中不可偏袒地執著諸法，應該證達無有煩惱、輪迴等所破，也無智慧涅槃等所立的境界，除無破立的最勝中道義以外別無其餘等性無二的智慧本體。四是我們修行的最終目的就是為了證悟心境無二的法界本性，除此以外，別無其餘的法性所在。五應了知輪迴本來是隨緣起顯現、虛幻無實之體性。通達此理之時，當即便處於涅槃的寂樂中，除此以外別無其餘的涅槃所在。六是當我們修行達到一定境界的時候，就應當捨棄能修與所修的執著分別念，此外別無比這更迫切需要遣除的歧途與垢障。凡是能證悟此理者都自然能成就法身果位。

困難更為困難之六法：入佛門難不退更困難；
通三藏難淨心更困難；得誓言難淨守更困難；

遇深義難實修更困難；獲境界難護持更困難；
利他眾難忍邪行更難。欲成佛者再難亦當行。

我等修行人應當了知在困難之中更為困難之六種法：一應了知對於業障深重且充滿邪知邪見的凡夫，要想讓他們放下萬緣而趨入佛門修行是非常困難的，但對於已入佛門的人來說要想讓他們保持長久的向佛之心，即入佛門永不退轉則更為困難。諸如有些憑著一時興趣，匆忙出家，快速返俗，乃至捨棄正法、妄加誹謗等事例也已屢見不鮮了。二應了知精通經律論三藏對每一位修行人來說都是很困難的，但要依此來淨化自己的心境則是更為困難的，也就是說真正能如理如法地以修戒定慧三學來息滅貪嗔癡三毒是末法時期難上加難的事情。三應了知我們值遇具有法相的金剛上師、獲得密乘的無上灌頂、受持誓言是非常困難的，但得此誓言以後，能清淨守持則是更為困難的事情。四應了知修行人值遇大乘了義甚深教義是很困難的，但得此甚深教義以後能如理實修則更為困難。五應了知依修上師所明示的教言竅訣而獲得修證的境界是極其困難的，但獲得境界以後能繼續如實護持，不令散失則更為困難。六應了知發菩提心廣行利益他眾之事是當今末法時期的一件難事，因為濁世眾生惡心遍布而善根、福德都很微弱，但在如是殊勝的菩提道中要安忍別人的無端加害、誹謗等非理邪行則更為困難。無垢光尊者諄諄告誡我們，凡欲成佛之人在菩提道中再難亦要勵力行持，迎難而上，勇往直前。

極為希奇教言之六法：若具信勤則於法布施，
必有所需受用真希奇！若有敬信於佛上師前，
有所聽聞竅訣真希奇！若以方便攝持五欲妙，
不捨享受解脫真希奇！若勤實修縱然是眾生，
即生亦能成佛真希奇！若於所證境界中專修，
則現內明法性真希奇！如若恆時修習三壇城，
則現三身五智真希奇！

　　極為希奇之六種教言：一是若人具有信心與精勤心，
則於上師所垂賜的法布施當中必然會得到自心所需要的最
勝受用(法味甘露)；倘若不具信心與精勤，縱遇無上法施
亦如在石頭上澆水般毫無意義，這真是很希奇！二是若人
具有恭敬與信心，則在與佛無別的上師面前必然會有契合
自心所需要聽聞的殊勝竅訣，依此必將獲得極大的利益，
且生生世世受用無窮；無有恭敬與信心之人整日漫無目的
地東遊西逛，奔忙於無義瑣事之中，縱然上師傳授無等的
竅訣，仍然一無所獲而成為法海中的法盲，這真是很希
奇！三是若我們的所行皆能以密法中的生圓次第等方便來
攝持，則於色聲香味觸五欲妙境不需要刻意捨棄而能直接
享受，非但不成束縛輪迴之因，反而會成涅槃解脫之因，
這真是很希奇！四應了知若人精勤實修無上密法，則修者
縱然是平凡眾生，在即生之中亦能成就無上佛果，這真是
很希奇！在密乘的歷史記載中，即生獲得大成就的密咒瑜
伽師的確是不可勝數的。五應了知當我們如理依修上師的
竅訣時，若能安住於自己所證悟的境界中專注修持，則一

定會現前內明之法性智慧，這真是很希奇！六是我們若能恆時修習身語意三壇城，也就是說觀身相為遊舞力現、語言為金剛語、一切意識皆為法身智慧，如是修持則一定會顯現法報化三身以及大圓鏡智、平等性智、妙觀察智、成所作智、法界性智(五大智慧)，這真是很希奇！

諸修行者過失之六法：遠離不知辨別見解眼；
遠離永久所需行善友；無有引導解脫善知識；
折斷能依聞思之手杖；不願而著二取煩惱魔；
無法解脫業牽墮惡趣。於具此六過患諸眾生，
雖生悲心難忍淚不止，然其惡業未盡無法度。

我們應當了知諸修行人容易出現的六種過失：一是有些所謂的修行人如同生盲者不見色法般遠離了能無誤辨別諸法的見解眼目，不知善惡利弊的差別，更不知法與法性的真實義，只是憑藉意識形態的一種感觀亂修一氣，如是非但徒勞無益，且處境極其危險。二是有些偏激固執的修行人，總以為在生死輪迴的曠野之中能坐享其成，指望天上掉下餡餅而不欲修積善法功德，如是便遠離了菩提道中永久所需要的善法道友，因而只能孤苦無依地在輪迴中往來循環，漂泊無定。三是被無明煩惱障蔽智慧眼目的異生凡夫，若未能值遇引導自己趨向解脫正道的善知識，僅憑自己的分別邪智去研究、判斷、盲修等，則不能達到解脫的彼岸，且有易於跌落溝坎懸崖的危險。四是有些放逸懶散的修行人，不欲精勤聞思修行，故徹底折斷了能依聞思的手杖，如是則難以抵達成就的高峰，好比欲徒步越過大

沙漠的跛子，若彼無拐杖的扶助又如何能趨達目的地呢？
五是有些所謂的修行人，雖然樂意享受安樂而竭力擺脫痛
苦，但內心卻經常遭受能所二取的煩惱魔的損害，以致被
無量痛苦所逼，故當了知執著是一切痛苦的根源。六是有
者因往昔的業障尚未懺悔清淨以致無法獲得解脫，並且受
業力的牽引會迅速墮落惡趣的深淵。無垢光尊者很悲哀地
說：嗚呼！對於具足此等過患之諸眾生，我雖禁不住生起
強烈的大悲心，以致淚流不止，但彼等在惡業尚未滅盡之
前亦是無法度化的。

不墮顛倒歧途之六法：雖未盡心承侍三寶尊，
然思惡趣恐怖勿造罪；雖未敬信殊勝之上師，
然思邪見過患勿誹謗；雖未真切慈愛諸道友，
然思破誓過患勿嫉妒；雖未依教修成自宗法，
然思惡業過患勿謗法；雖未摧毀迷現之實執，
然思內外變化勿執常；雖未直接成辦利他事，
然思因果緣起勿害眾。

　　修行人應當認知並掌握不墮顛倒歧途之六法：一是末
法時期的眾生雖然未能盡心盡力地承侍供養三寶尊眾，然
亦不可對三寶尊眾製造違緣，也就是說，作為三寶的弟子
理應承侍供養三寶，即使不能如理作出貢獻與報恩之善
舉，亦應思維三惡趣的痛苦與恐怖，切莫造下墮落的罪
業。二是作為金剛乘的行者理應於上師生起信心，恭敬地
以三殊勝供養上師，令其生大歡喜心，當今末法時期的我
輩凡夫，雖然未能敬信於具有殊勝法相的上師，但也千萬

竅訣寶藏論釋

不要忘恩負義地誹謗上師，當思維對上師生邪見的過失以杜絕我們邪惡的誹謗之心。經中說：「若人對上師生一念邪見，又不及時行懺悔，待身壞命終之際無間墮落金剛地獄感受無量痛苦。」三是我們本應真切地慈愛一切金剛道友，如護眼目般不令有損，然若未能如法護念道友，則應思維破毀誓言的過患而斷絕對道友的嫉妒之心。四是我們理應依教勤修自宗的一切教法，然若未能於法修有所成，亦千萬不要誹謗正法。導致修法不能成就有多種原因，有可能是自己的業障所致，有可能是自己修行方法有誤……《涅槃經》云：「三種難治之症中，誹謗大乘教法者所具之患是任何聲聞緣覺都不能治癒之症。」故應思維謗法等惡業的過患而斷絕謗法之心。五是修行本應如理依修，為摧毀一切迷現的實執而觀修如夢如幻的無常境界，我們雖未如實觀修，但也應思維一切內外諸法都是因緣緣起變化、循環不息之理，千萬不要執著彼等為常有實法。比如一個人從小到老，期間增減衰老等變化都是現量所見的，對此如何尋覓亦不得恆常之性。六是作為大乘行者理所當然地應該廣利有情，我們雖未直接成辦利他的廣大事業，但也應思維因果緣起的關係，極力斷除一切惡心，千萬不可損害眾生。如果以惡心損害眾生，將來必定會遭受諸多罪惡的果報。

理所應當教授之六法：中斷微小之事尚痛苦，
若斷行善理當生痛苦；中斷物質享樂尚痛苦，
若滅覺受理當生痛苦；中斷一日飲食尚痛苦，

若斷四座修法當痛苦；未伏今生怨敵尚痛苦，
若隨惑敵理當生痛苦；迷現家人死亡尚痛苦，
若離永樂佛法當痛苦；中斷少許瑣事尚痛苦，
若斷修法理當生痛苦。若思理當之義則極妙。

　　我等修行人理所當然應行持之六種教授法：一是以世間人為例，如果他們中斷了一天的上班、業務等微小的事情，心裡尚耿耿於懷而生起痛苦；再看看我們這些致力於修出世間解脫大業之人，若經常心生惡念，懈怠懶散，中斷利樂有情和自己行善積資等大事，則理所當然應心生極大痛苦。二應思維有些世間人即便是中斷了自己所欲的物質享樂，心裡尚會懊喪痛苦，那麼我等修行人若以分別妄心滅除了大樂智慧的殊勝覺受則理當更生痛苦。三應思維有些世間人即便是中斷一日的飲食，自心亦會因受飢餓的煎熬而煩惱痛苦，那麼我等尋求解脫的修行人就更應當於每日中安排四座修法，如果渾渾噩噩虛度光陰，日日中斷四座修法則理所當然應生大痛苦。四是有些世間人常常因不能降伏今生對自己造害的怨敵感到痛苦而難以克制，那麼我們無始以來隨順煩惱這一罪大惡極的怨敵，被它牽引而無數次地沉溺惡趣不能解脫，對此我們理當生起痛苦心並努力降伏煩惱怨敵。五是有些世間人當迷亂中顯現的家人在死亡之時尚會大聲哭泣，痛苦不堪，那麼我等修行人若離開永樂的殊勝佛法，理當更加痛苦。六應思維有些世間人即便是中斷了某一天中的一些無義瑣事，心裡尚感痛苦，那麼我等修行人，若中斷了修習正法這一有義大事，

竅訣寶藏論釋

234

理應更生痛苦。若能思維這些理應行持的道理則是極為善妙之舉。

如理修行應捨之六法：捨棄輪迴淤泥世間事；
捨棄永久束縛子孫等；捨棄兒戲迷現之實執；
捨棄誘人妙欲及受用；捨棄他人恭敬之魔索；
捨棄無明二取之禍根。如是而行脫離輪迴處。

我們在如理修行的過程中應當捨棄之六法：一應捨棄世間瑣事等令自己沉溺輪迴淤泥之因。二應捨棄對妻兒子孫等一切家眷的貪執與牽掛，此等皆是引生煩惱以致將我們永久束縛在輪迴中不得解脫之因。三應捨棄如兒戲般於世間迷亂顯現的實執心。四應捨棄誘惑人心的妙欲及受用，普通凡夫在面對色聲香味觸五種妙欲及金錢物資受用時會被迷醉而貪執不捨，他們不顧父母親情而怒目相爭，固執地我行我素，不擇手段地牟取，以致身心苦不堪言，修行人理當捨棄對妙欲的貪著。五應捨棄希求從他人處獲取恭敬之貪執心，默默無聞地內觀修行，當知他人的恭敬宛若鬼魔的繩索，希求恭敬之人就如以魔索自縛一般將失去自由，稍作觀察便會發現，許多人在受到別人恭敬時，內心會生起傲慢，認為自己了不起，更加虛偽地掩飾自己的缺陷，在爭名奪利中打滾而不能出離。六應盡力以聞思修之智慧來斷除無明二取的禍根，倘若不以智慧的寶劍來斬斷生死流轉的禍根，則將永遠沉溺輪迴而不能獲得解脫的安樂。若能如是行持者，在不久的將來必定會脫離輪迴苦海。

宣說教言總綱之六法：未知遇緣全解生妄念；
未知直視直解生二取；未知覺受徹明入茫然；
未知心境迷現貪執縛；未知壽命無常怠行善；
未諳覺性妙力漂六道。修學此等要訣極關鍵。

宣說修行教言總綱之六法：一是當我們生起分別妄念之時，若立即依上師所明示的竅訣來直觀其本面，則能了知一切分別妄念都是自解脫的本體。如果未知此理，則在遇緣之時定會妄念叢生。二是我們應當依靠竅訣來直視內外諸法的本體，如是可知萬法本體是直接解脫的。如果未知此理，則會生起能所二取的執著。三應了知修習大圓滿的覺受是清澈明然的，如果未能了知此理，則易誤入茫然無記的狀態之中。四應了知我們的心識與外境都是迷亂習氣的顯現，且顯而無有自性，如果未知此理，則易被貪執所束縛。五應了知人的壽命就在呼吸之間，一氣不來便成下世，改頭換面即成異生，故壽命的無常是非常迅速的。如果我們未知無常的真理，則易懈怠懶惰，耽延對善法的修持，只有通過無常的真理才能鞭策我們修行的精進心，札嘎仁波切在《山法》中亦如是再三地說過。六應了知若修行人未了悟並諳習覺性的妙力，則一定會因迷亂而漂泊於六道輪迴之中。修學此等甚深要訣是極其關要的。

究竟關鍵要訣之六法：若捨大官之位即永樂；
若捨世間瑣事最快樂；若棄善業最大之禍害；
若行善法最大之滿足；若拋世法究竟之賢善；
若於佛法退失最可惡。如此而行則為最上士。

竅訣寶藏論釋

236

究竟關鍵之六種要訣：一是修行人若能捨棄大官等上層人物的地位，則即獲得了永遠的快樂，因為人們在競爭地位權勢之時往往都是勾心鬥角，暗中相互算計，這樣累己害人真是苦不堪言，而且在官場上的處事、待人等種種應酬，以及為維護地位所作的種種努力、擔驚受怕等，這些都會令身心毫不自在。二是修行人若能捨棄世間的一切瑣碎事情，令身心悠然自在則是最大的快樂。三是修行人若捨棄自修與利眾的善業，則是最大的禍害，因為這樣非但不能造福於眾生，且有自甘墮落的無窮後患。四是我們若能行持善法，則可謂一生中最大的滿足。五是若能拋棄護親滅敵等一切世法，則為最究竟之賢善事。六是我們若於佛法退失信心，甚或返俗、改換信仰等則是最可惡的事情。若能斷除此等過患而如理行持之人則可當之無愧地被稱為最上士夫。

以六斷除調伏自相續：食為不淨糞因勿貪食；
聲譽為空谷聲勿貪名；實質迷亂有害勿貪執；
自受五毒兵器勿執我；大人無暇修法勿當官；
積財增罪滅善勿積財。如是而行修法必進步。

我們應斷除六種貪執之法而依教調伏自心相續：一應斷除對美味食物的貪執，思維色香味俱全的美味佳餚一通過食道進入胃腸後就變成了臭穢不堪的不淨物，故一切美食都是不淨糞之因。所以作為修行人，我們不應貪執過於美味的食物，僅為療形枯而以粗茶淡飯充飢足矣。二應斷除名聲榮譽的貪執，無論多麼響亮的名聲，就算是遠揚全

七寶藏——竅訣寶藏論釋

球亦宛若空谷回聲般毫無實義，仔細思維便會發現確實沒有什麼值得貪執的。三應斷除對迷亂現法的貪執，這些在凡夫的分別念中所妄執為有實質性之法，實際上都是因他們無始以來的迷亂習氣而顯現的，如果對它生起實執心，則決定有害於各自的身心。如云：「世間本無事，庸人自擾之。」執著財富、感情、名利等定有極大的危害，因此作為修行人，我們千萬不要貪執一切迷亂境現。四應斷除五毒煩惱的所依處——人我之執，異生凡夫經常遭受貪嗔癡五毒兵器的逼迫與危害，追本溯源，這就是因為有我的執著。若能如理斷除人我的執著，則一切煩惱也就隨之寂滅，如同斬斷樹根，其枝葉花莖也就自然會枯萎滅亡，因此修行人切勿執著有我。五應斷除追求高官厚祿等榮耀之心，因為具有一定頭銜身分的大人物幾乎很少有屬於自己的時間，他們整日周旋於各種應酬之中，根本無暇修法，所以修行人切勿求官求名。六是我們應斷除對世間財物的積累，因為求財、積財、護財都是痛苦之因，並且在積財的過程中很可能會以各種惡心、非法手段等增上無量的罪業，這無疑會毀滅一切善法功德，是故修行人切勿積累財富。如是而行者，其修法必有一定的進步。

證悟法性實義之六法：直視本面內心現覺受；

覺受自滅顯現無跡明；離世間念顯露通徹智；

誰具此六體悟真法性。

　　證悟法性實義之六種法：依教直視心性而通達心性本面；同時在內心中顯現覺性智慧的殊勝覺受；此外分別意

窮訣寶藏論釋

238

識形態的種種覺受亦自然寂滅；內外所有的一切顯現都融入於法性中，無有來去之痕跡而恆現光明；遠離世間的一切分別妄念；顯露通徹無礙的自然本智。誰能具足此六種實修要訣，誰就能體悟真實法性的本義。

修持作想教言之六法：分析三時當作無常想；
親朋好友當作旅客想；所住之處當作客棧想；
財食受用當作遊戲想；所作所為當作夢境想；
去往何處當作死亡想。若具此等六想離輪迴。

在修行的過程中我們應當作想鞭策出離心之六種教言：一應分析過去、現在、未來三時的循環，此等正是無常的真實寫照，天地萬物都有成住壞空的變遷，其本體均無實義，當如是分析、觀想無常的本性。二應了知所謂的親朋好友都是往昔的因緣所結成，在生死途中暫時的相聚，緣聚時則合、緣盡時則散，各奔東西，生無定處，故應將一切親友當作偶然相逢的旅客想。三應了知我們所居住的房屋都不是永恆的棲身之處，無常變遷之時不知又是怎樣的光景，故應將自己所居之處當作旅途中借宿的客棧想。四應了知財富和食物以及所有的物質受用都是因緣緣起等條件所虛構的，故應將之當作遊戲想。五應了知無論白天還是黑夜，我們的一切所作所為都受著業力和分別意識的支配，故應當作夢境想。六是不管我們去往任何地方，都應當作死亡之處想。每當我們欲去某處時，心裡一定要想此次是有去無回，必定會被死神所縛而葬生他方。若能具足此六想的修行人一定會早日脫離輪迴。

宣說六種重要之竅訣：現證心性覺受極重要；
揭露過失竅訣極重要；通曉難點宗派極重要；
堅韌鎧甲淨戒極重要；斷絕迷惑淨慧極重要；
無有執著行為極重要。

　　宣說六種重要之竅訣：要想現證心性本體，那麼令自相續生起其相應的覺受是極其重要的；當知遇到別人來揭露自己的過失是警醒自心相續、令生慚愧等最為重要的竅訣，阿底峽尊者亦如是說過；我們在聞思的過程中，通達佛法中的難點及各大宗派的關要極其重要；作為修行人，身披堅韌的鎧甲、受持清淨的戒律是極其重要的；每個修行人都具足斷絕一切迷惑的清淨智慧是極其重要的；修行人無論面對什麼事情都應觀修如夢如幻，恆時堅持無有執著的行徑是極其重要的。

轉為道用共同之六法：防微杜漸取捨細因果；
循序漸進趨向最高峰；斷除修障行法入正軌；
加行發菩提心離小乘；正行知無自性滅實執；
後行道用三輪淨迴向。具足此六行善入正道。

　　修行人應將之轉為道用而共同受持之六法：一是為能防止錯亂因果的過失，我們應從點滴分毫做起，細緻入微地取捨一切善惡因果，從不疏忽蔑視，將之作為修行的準則。二是我們在修持佛法時，應當遵循次序，逐步漸進地趨向修行的最高峰。三是我們若欲斷除修行中的一切障礙，那麼自己所行之法就一定要趨入正軌之道。四是我們在實修每一種法時，其加行便是發無上菩提心，此遠離了

竅訣寶藏論釋

240

小乘自了漢的發心，故稱為加行發心殊勝。五應以三輪體空的無緣大智慧攝持正行諸法，所修不起絲毫分別實執，故為正行無緣殊勝。六是我們在修持後行時，將一切善法功德迴向菩提，即為後行迴向殊勝，如是以三殊勝將賢劣諸法皆轉為道用。凡是能具足此六行之人即已趨入了殊勝之正道。

精通廣大法門之六法：寡聞無用應當通三藏；
知而不解無用通教言；懼怕深義無用通續部；
跟隨詞句無用知修要；片面宗派無用通全面；
滿腹狐疑無用知定解。誰知此理通達諸法義。

作為人天師表的修行人應當精通廣大法門之六法：一是修行人若於佛法的知識孤陋寡聞，則對自他都無用，並且還會顯露出愚笨的行為遭人輕蔑。是故我們應當精進聞思，努力通達經律論三藏的教義。誠然三藏十二部的教義浩瀚如海，在末法時期這短暫的一生中要想完全通達是難以成辦的事情，但也應有「活到老學到老」的精神，以自己有限的生命和智慧之力精勤聞思，如是反覆揣摩、分析，勵力通達自己所學經論的基本教義也是非常重要的。二是我們在學修經論時，若僅僅了知一些詞句的表層意義，而不能善解其隱含的甚深真實意義，則對自己學修佛法不會起到實際作用，是故勵力通達上師所開顯的經論教義很重要。三是若修行人不具深厚的善根與俱生的大智慧，則自然會對大般若經和密法的甚深義理等產生恐懼心理，但應知道僅生恐懼心是沒有用的，我們應當發願一定

七寶藏——竅訣寶藏論釋

241

要精通大乘中觀的深義和密乘經續的教言竅訣。四是當我們在遇到具有法相的善知識時，應百般依止、聞受教言、深解法義。否則，僅僅跟隨經論的詞句而聞法是沒有用的，是故了知修行的要訣並諳持於心很重要。五是作為修行人我們應該廣聞博學一切經論教典，力圖精通各大宗派的意趣關要，若僅片面地了知某一宗派的教義或偏袒受持而妄駁餘宗則無用，且易造成謗法的過患。實際上各大宗派的究竟意趣一致無違，只是權巧方便不同而已。六是我們在聞思的過程中，理應依上師明示的竅訣和自己通過聞思引生的智慧來遣除修行中的一切疑難，若學而不精、滿腹狐疑，則對修行根本無用，故精勤聞思、徹知奧義、深生定解是極其重要的。誰能了知此等無上至理，則一定會通達諸法的真實本義。

修持真實意義之六法：所學一切皆當利他眾；
以大悲心自代眾生苦；所有財富用於積資糧；
護持清淨三戒與誓言；一切威儀皆莫離法性；
以敬信心誠摯而祈禱。此是聖者風尚當隨學。

我們應當了知修持真實意義之六法：一是所學的一切法皆當利益他等眾生，當念我們聞法修行、積累資糧等都是為利眾生而做的。二是當我們的身心遭受任何痛苦時，應以殊勝的大悲心來作觀想——自己能以此苦痛來取代眾生的一切痛苦，也就是修自他相換，將自己的安樂給予眾生，眾生諸苦我自己取受。三是我們應將自己所擁有的世間財富皆盡用於修積出世間的解脫資糧方面。四是我們應

竅訣寶藏論釋

當謹慎護持自己的根門，清淨別解脫戒、菩薩戒、密乘戒和不共同的特殊誓言。五是我們在日常生活中的一切威儀(行為)皆不可脫離法性的境界而印持。六應經常以恭敬信心誠摯地祈禱三寶與三根本而乞求加持。此等行為皆是聖者們的高尚風範，我們應當勵力隨學。

患病轉為道用之六法：患病能盡輪迴之惡業；
患病能洗煩惱之污垢；患病則能激發敬信心；
患病則能促進勤行善；患病能令值遇解脫道；
患病則能提高修妙力。是故智者患病轉道用。

　　修行人應將自己所遭受的一切病患轉為道用，如是之法有六種：一是當我們的身體罹患種種疾病之時，應當了知通過此次感受病苦能滅盡我們前所造就的流轉輪迴的諸般惡業，這實際上也是自己以修行的力量而致重罪輕報的了業方法。二是我們通過患病的苦受能洗滌無明煩惱的污垢。因為在病苦的催逼下，修行人心裡能生起大慚愧心，以致從內心深處至誠懺悔累世的一切業障。三是患病能激發我們對上師三寶的恭敬信心，因為無病體健之人通常會懈怠懶惰，總覺得來日方長，修行慢慢來亦無不妥，一旦患病之時，方知四大假合之軀脆弱得不堪一擊，受無常的威脅，我們隨時都有四大分解的可能。故應了知只有上師三寶才是我們最可信賴的依怙主而趕緊生起恭敬信心並祈求加持，令法融入心，心入於道。四是通過患病能促進我們精勤行持善法之心，切實了知人身難得、無常迅速、生命易失，故於修行會刻不容緩地精進用功。五是通過患病

七寶藏——竅訣寶藏論釋

這一方便，能令我們值遇獲得解脫的正道。有些人因罹患重疾而深厭輪迴與假合肉身，最終一心向佛、祈求正法而皈依佛門，乃至出家為僧。六是通過患病的苦受能增強我們追求解脫的意志、提高修行的妙力，更能相續不斷地精勤修行。是故具有智慧之人，在遇到種種病苦之時應當歡喜承受並將之轉為道用。

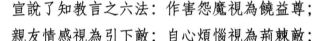

宣說了知教言之六法：作害怨魔視為饒益尊；
親友情感視為引下敵；自心煩惱視為荊棘敵；
守護我執視為作害鬼；逆緣視為入解脫道因；
美名讚歎視為惡過患。了知此理而行極重要。

　　宣說我等修行人應當了知之六種教言：一應將所有對我們作危害的怨魔視為能作饒益的聖尊，因其對我們的修行有一定的助進利益。二應將對我們牽腸掛肚的親友和情感統統視為引生迷亂執著、導致我們下墮惡趣的怨敵，因其嚴重地障礙了我們的修行。三應將自心生起的貪嗔癡等煩惱視為如荊棘樹般能刺傷我們的怨敵。四應將守護我執的分別心視為作害的鬼魔般斬除，因為我們都是以我執而漂泊輪迴的。五應將我們所遭受的一切逆緣視為令自己趨入解脫道之因，正所謂「禍兮福所依」。六應將自己所得到的榮譽視為罪惡的過患一般遠離。修行人了知此等道理而如理行持是極其重要的。

了義精華教言之六法：無生之中認識迷亂基；
無滅現時根除諸迷亂；證悟無二之時離輪迴；
心境自解脫時遣四邊；斷定見解之時離輪涅；

竅訣寶藏論釋

行為正規之時轉道用。此等即是究竟深義藏。

　　了義精華教言之法有六種：因諸法本體為無生，所以我們應當在無生本體之中認識迷亂顯現之基，即本體空性；諸法自性無滅而顯現時，當即就應根除諸迷亂之實執；倘若我們證悟明空無二或生滅一體之時，則能遠離輪迴；當我們的修行達到心境自然解脫時，就能遣除有無等四邊之執；當我們在斷定一切都是平等清淨的見解時，就能超離輪迴與涅槃之邊以及一切希求、憂慮之相；當我們修行的一切行為均無執著，並且恆常能安住於如夢幻般無實境界，在修行達到如是真實的正規之時，則一切所作所為均能任運轉為道用。此等即是究竟密法之深義寶藏。

擊中要害應行之六法：稟性不變修法莫退轉；
心不動搖莫為他羞辱；敬信無減莫成偶然性；
注重三戒莫為墮罪染；恆時思維死亡莫懈怠；
遇緣對治煩惱自解脫。若具此六寶現諸所願。

　　能擊中我們的要害，而且每個修行人都應行持之六種法要：一是作為修行人首先應具足的品格是稟性正直、人格賢善、信心穩固而不變異，所以對自己所修之法切莫退失信心或改換門庭修學他法，專一修法很重要。二是我們的心不可被財色等外境所轉，亦不可為任何世法所動搖，做事應有始有終，切莫三心二意，這樣決定不會遭受他人的羞辱與譴責。三是我們對上師三寶的恭敬與信心不能有少許減退，而應不斷地增上穩固。特別是在依止上師聞思修行佛法的時候切莫夾雜偶然性的敬信，更不能以三分鐘

的熱情，一會兒生信心，一會兒退信心，應該具有恆固不退的長遠恭敬與信心。四是作為修行人我們應注重三乘戒律，明了開遮持犯，切莫讓自心相續因無知而為墮罪所染。五應恆時思維死亡無常，以此道理來鞭策我們的精進心，切莫再讓懈怠惡性循環下去。六是會遇任何一種外緣皆應依靠與之相應的方法來對治，如是自己的煩惱就能自然解脫。若我們在修行中能具足此六種竅訣，則一定會實現自己的諸多所願。

顯露智慧教授之六法：無執之中現相顯然住；無二之中平等坦然住；明淨之中自性清然住；光明之中自明昭然住；法性之中含笑怡然住；離意界中廣闊平然住。自性無改成就大圓滿。

能令我們顯露本具之自然智慧的教授有六法：在無有任何執著之中，依緣起現相而安住為顯然住；若修行人無有能取所取，且在等淨無二的境界中平等安住，如是則為坦然住；在明清本淨之中安住法界自性為清然住；在光明之中以自明自知的方式而安住則為昭然住；在法性之中以大樂而含笑安住為怡然住；在遠離一切伺察意，仿佛有一種心胸極為廣闊、能包太虛般的境界中安住為平然住。如是自性無有任何改造而本然安住，則可謂已成就了大圓滿。

自心與法相融之六法：自證離意本來之智慧；自然本住修習大光明；不緊不鬆鬆緊極適度；不失不散平等正念攝；散住無偏平等一性中；

竅訣寶藏論釋

離執猶如虛空之自性。此乃自成法身大手印。

我們應當了知能令自心與法相融之六種教言：心與法相融時，各別自證之境界遠離一切伺察意境，且能呈現本來的自然智慧；心無須改造、自然本住，以無修而修之方式修習乃為大光明；如是修習時，我們的根識不能收攝過緊，而應以不鬆不緊的方式、極為適度地修習；既不用刻意消失自心分別念，亦不可令之外散，應於平等中以正念攝持而安住；心的散亂與安住均無偏袒，當於平等一性之中安住；遠離一切執著之所緣境，在猶如大虛空般的自性中安住。此等乃為任運自成法身大手印的境界。

無有遷變不住之六法：遠離戲論明空之覺性，

未被二取希憂污垢染，自然本來赤裸自體中，

不思不行不修不分別，昭然清然本然明然中，

了知無偏本性現解脫，即是息滅諸苦戲論因。

無有少許遷變也不住任何邊之六法：心性本體是超離一切戲論、明空一味的真實覺性，未曾被能所二取和希求解脫、憂慮輪迴的分別污垢所染著；它是自然本具，沒有任何遮蔽而本來赤裸的；在此自成覺性的本體境界中，遠離尋思，遠離造作之行境，遠離能修與所修，不假任何分別，不思一切而昭然安住；何者亦不行持而清然安住；不修一切而本然安住；不分別一切而明然安住。我們若能如實了知諸法無偏的本性，則自然現前解脫。此等即是息滅輪迴諸苦及諸戲論之因。

法性大平等性之六法：如空覺性邊解脫之中，

輪涅無偏離名言取捨；無作法身基解脫見中，
不思何者遠離所緣境；實相自性智慧到彼岸，
無有傲慢斬斷耽著藤，一切佛陀行境任運成。

我們應當了知法性大平等性之六法：在猶如大虛空之覺性邊解脫中，不清淨的輪迴法與清淨的涅槃法是平等無別、毫無偏袒的；在猶如虛空之覺性邊解脫中，輪涅諸法本體即是遠離名言取捨等邊執戲論的；在本來無有能作所作的大法身基解脫中，不用思維何者，何者也不存在；在無作大法身的基解脫中本來就遠離一切所緣境，諸法皆是大平等的本性；在通達究竟實相、自性智慧究竟到彼岸的境界中無有任何傲慢，一切皆平然而住；在自性智慧究竟到彼岸的境界之中，自然能斬斷內外一切耽著的藤蔓。如是修者，於一切佛陀的行境均能任運自成。

覺性安住法性六境界：信心之中自身歡喜住；
實相之中穩重含笑住；禪定之中莊重坦然住；
覺受之中煥發昭然住；法性之中瑩澈清然住；
自證之中威嚴凝視住。如是而修處智覺性中。

覺性安住法性的六種境界：一是在強烈的信心之中，行者自身柔和、面帶微笑，如是歡喜而安住。二是在了認實相的境界之中，身體穩重、心不外散而含笑安住。三是在極其穩固的禪定境界之中，我們的身心自會莊重、坦然而安住。四是在獲得修證的覺受之中即可煥發喜樂、昭然而安住。五是在通達法性的境界中，我們即可瑩澈清然而安住。六是在自明自證的境界中，我們將以威嚴凝視而安

住。如是修習的瑜伽師必定會處於智慧的覺性之中。

善緣法器所具之六法：敬信究竟做事不退心；
誠信正法警惕業因果；誓言清淨慈愛諸道友；
與法相應歡喜行善法；對治力大惡緣自解脫；
獲得暖相精進而修持。佛說此乃殊勝寶法器。

　　顯密共同承認之善緣法器應具的六種條件：一是當我們對上師三寶的恭敬信心達到究竟穩固之時，無論做任何事情都會有始有終，絕不半途而廢，任何時候任何情況下都不會退失自己對上師三寶的恭敬與信心。二是若我們無論在何時何地都能誠敬地信受正法，那麼時時刻刻都會警惕業因果而善加取捨，絕不會粗心地忽視微善微惡之事。三是若我們所受持的密宗誓言都非常清淨，未曾受絲毫的毀損、染著，則自然會慈悲關愛修行途中的一切道友，徹底寂滅嫉妒惡心。四是若我們自心能與佛法相應，則無須他人勸勉而自然會歡喜行持一切善法。五是若我們對治一切邪行惡念的毅力很強大，則能勇敢地面對一切魔緣，且百戰百勝，不受任何損害，如是自己就能從所遭受的一切惡緣中自然解脫出來。六是在修出離心、大悲心、菩提心以及恭敬信心等法時，為了在自心相續中獲得修法的暖相(感應)，我們一定要克服一切困難、精進不懈地修持。佛說具足此等法相之人乃為殊勝之法器。

惡劣法器無義之六法：雖久修行若未調自心，
縱居靜處無義如野獸；雖通經論若未滅煩惱，
縱廣聞思無義如鸚鵡；雖依上師若未得教言，

無義如同海岸乾渴亡；雖具竅訣若未調相續，
攜帶無義如同諸藥方；雖得暖相若未證心性，
修行無義如同入外道；雖大苦行若未生功德，
精勤無義如洞中旱獺。是故掌握要訣極關鍵。

辨別無義惡劣法器之六法：一是有些人雖然經久修行佛法，但若未調伏自心相續，則縱然是居於寂靜處，亦無有多大的意義。譬如野獸，雖然長年累月寸步不離地居住在深山野林，但其心相續少許亦不能調柔，仍具蠻橫暴惡之性。二是有些人雖然通經悉論，於三藏十二部經論教典無所不知，但若未能調柔自心相續息滅煩惱，且令貪嗔癡等五毒蔓延滋長，則縱然是廣聞博思亦無多大意義。譬如鸚鵡雖能學說多種語言文句，但卻從來不懂得調順內心。這種僅說不修如鸚鵡的行者除了能種下些許善根，別無多大意義。全知麥彭仁波切云：「言不為主修為主，不修僅說如鸚鵡。」三是有的修行人雖然多年依止上師，但卻未能獲得任何修行之教言，只是晃晃悠悠地虛喪時光，或整日以劈柴、擔水、洗衣、做飯等瑣事而度盡時日，這樣修行也無多大意義。如同渴死在海岸邊的愚人，海水縱多也無任何意義。當知我們依止上師的目的是為修行而求得相應心相續的教言竅訣，僅依上師而不求受佛法仍無意義。四是有的修行人雖然具足廣博殊勝的竅訣，但若未用來調伏內心相續的無明煩惱，則整日攜帶很多殊勝的法本也無多大意義。如同身患疾病之人，手裡雖然拿著很多藥方，但若不依方取藥服用，則藥方於彼根本無有意義。華智仁

竅訣寶藏論釋

波切說：「若不調伏自心，抄寫法本、著造講義等均無意義。」五是有些人雖然獲得了修行的一些暖相，但若未進一步證悟深層的心性本體，如是修行亦無多大意義。如同趨入外道之人，雖通過觀修風脈明點等法亦能獲得在空中飛翔、入火不焚、入水不溺、入地無礙等奇妙之相，但都不是解脫正因，故於己無有多大意義。六是有的修行人雖然經歷了極大的苦行，但若依修方法有誤，相續中未能生起出離心、信心、大悲心、菩提心等功德，那麼這樣的精進苦行亦無多大意義。如同在洞中冬眠的旱獺，牠們在幾個月的時間內能「如如不動」地安住，但在出洞時卻無少許變異。因此修行最為關鍵的是要對上師三寶生大恭敬與信心；對三有輪迴生起強烈的出離心，棄離世間八法等無義瑣事；對一切父母眾生生起無偽的大悲心，經常安住於如夢如幻的智慧境界中。掌握此等修行要訣是極其關鍵的。

殊勝上師所具六法相：依其歡喜內心入正法，
則彼具有修行之加持；令諸弟子修行自德多，
則具甚深耳傳之竅訣；眷屬資具歸他不嫉妒，
則滅耽著世間貪欲心；若知一切所思皆入道，
則具利眾大悲巧方便；倘若廣大饒益苦難者，
則具無量悲心菩提心；倘若心寬安樂離瑣事，
則具證悟實相之確信。尋依如是具相之上師。

最殊勝的上師所應具足之六種法相：一應具足攝受弟子的能力，有緣弟子依止他能生起大歡喜心，且能令弟子

七寶藏——竅訣寶藏論釋

251

的內心真實趨入正法之道，師徒之間有一種默契的相應與殊勝法緣，如是則說明彼上師具有一定的修行和意傳加持。二是若上師能以各種善巧方便令諸弟子依教修行、調伏自心相續，而且他自己本人亦具有堅固的信心、大悲心、菩提心等很多殊勝功德，則說明彼上師具足甚深的耳傳竅訣。三是倘若上師心量廣如太虛，無所不容，隨緣化度眾生時，無論遇到什麼危難，心胸都很坦蕩，而且能理智地面對一切，就算是自己的眷屬和資具受用完全歸屬於他人，也不生起嫉妒之心，且能於內心數數隨喜，如是則說明彼上師已經滅除了耽著世間法的貪欲心。四是上師若能了知弟子的一切所思，且自己的所作所為亦能引導弟子們破除迷亂而趨入正法之道，則說明彼上師具有大悲心和引導弟子的善巧方便。五是倘若上師能身體力行地廣大饒益一切苦難的眾生，使之離苦得樂，則說明彼上師具有無量的大悲心與殊勝的菩提心。六是倘若上師心胸寬廣、不雜煩惱、安樂無憂、遠離聞思修行以外的一切無義瑣事，則說明彼上師具有證悟實相的確信。入佛門者尋覓、依止如是具有殊勝法相的上師是最為關要的。

諸修行人應斷之六相：若貪世法具有貪嗔相；認為他恨生起邪見相；多執迷現滅失善法相；故鄉積財退失正法相；希求今生著魔違緣相；無有定解失解脫道相。

諸修行人應當斷除之六相：一是如果修行人特別貪執或重視世間法，則說明彼人具有貪嗔之相，我們應當斷除

竅訣寶藏論釋

這一惡相。二是如果經常認為他人在恨我、蔑視我，則說明自己已經具足生邪見之惡相，所以應當加以斷除。三是如果修行人過多地執著迷亂的境現，則說明彼人已滅失了聞思修等善法之相，我們應當斷除對迷亂境現的執著。四是若修行人不安住靜處而回到充滿憒鬧的故鄉，精勤於積財等瑣事，則說明彼人已經退失了修持正法之相。五是如果修行人的所作所為皆以希求今生的名聞利養和溫飽等享受為目的，而不為來世修積絲毫善法功德，則說明彼人已經具足著魔之違緣相。六是倘若修行人聞思佛法僅僅滿足於尋文逐墨，心中無有絲毫定解，則說明彼人已失去了能得解脫道之相，我們應當斷除此不善之舉，而依文解義、熟記領納於心。

斷除錯誤自性之六法：不供今生來世依處師，取悅保護親友大錯誤；不誦悉地根本之咒語，永無休止閒談大錯誤；不積信等聖者之七財，積累苦源財產大錯誤；不修心性本義之實相，成辦散亂瑣事大錯誤；不調罪過禍源之我執，追求名聞利養大錯誤；不作遣無明暗之聞思，自高盲修瞎煉大錯誤。斷此錯誤趨近解脫道。

　　斷除錯誤自性之六法：一是當我們具有財富受用之時，理應供養今生與來世的依怙處——上師三寶。智悲光尊者在《功德藏》中云：「財富應供四依處。」如果修行人未能將自己的財富上供三寶，反而相贈、取悅於親友，則是一大錯誤之舉。二應念念不忘地持誦本尊心咒，

若不持誦悉地之根本——殊勝咒語，而整日無休止地與人閒扯，則是一大錯誤之舉。三應了知修行人若不修積信、戒、慚、愧、施、聞、慧這聖者七財，而整日積累痛苦之源——金錢財富，則是一大錯誤之舉。四是修行人應當修習心性本義之究竟實相，若不如實修習而整日奔忙於一些令身心散亂的瑣碎事情，則是一大錯誤之舉。五是修行人應當經常善調自續，若不調伏一切罪過的禍患根源——我執，而大肆追求名聞利養等世間八法，則是一大錯舉。所以我們應當經常以理論和竅訣來推理、觀尋我的存在，如觀察我的來處、去處、安住處，看自己能否依此方式安住如夢如幻的境界，能否依此漸漸削弱我執。六是修行人應作遣除無明癡暗之聞思，若不如理聞思，就不能懂得佛法的基本教義，如是反而貢高我慢地盲修瞎煉則是修行的一大錯誤。在五濁惡世中，按比例而言，不學佛者多，學佛者少；在學佛者中不修行之人多而修行之人少；修行人當中不欲聞思而盲修者多，真正能以聞思修並進的人確實少之又少。是故我等修行人應當斷除此等錯誤行徑而趨近解脫的正道。

修行核心竅訣之六法：依止功德源泉智者師；
捨棄迷亂之因顛倒事；他人惡行易染莫交往；
擾亂禪定根除名言諍；捨棄無有完結之瑣事；
離悉地故莫依他本尊。飲食增貪隨得而享用，
如是而行增上諸善行。

　　我們應當了知修行的核心——殊勝竅訣之六法：一應

竅訣寶藏論釋

依止一切功德的源泉，即具有智慧的殊勝上師。二應捨棄令身心迷亂之因，即世間的顛倒諸事。三應遠離與秉性惡劣者之交往，因為自己的見解尚未穩固，定力極其微弱，很容易染著他人的惡劣行為，故切莫與之交往。《佛子行》中亦云：「交往惡人增三毒，失壞聞思修事業，令成無有慈悲者，遠離惡友佛子行。」四應遠離擾亂修習禪定之因，即熱衷於名言詞句咬文嚼字的爭論，因為這些爭論除增上分別尋思外，別無意義。五應捨棄世間瑣事，若自己放不下世間瑣事，則其會如海浪般連綿不斷、永無止息，只有徹底看破、放下，世事才會有終了的時候。六應依修能成就一切悉地的唯一本尊，如果對本尊也棄舊迎新地改換依止，則有遠離悉地的過患，是故除自己已經選定的本尊以外，切莫隨意改換依修其他本尊。若能專一依修固定的本尊、吟誦其心咒，並將諸佛菩薩與本尊融為一體而觀修則能成就殊勝悉地。此外，修行人若過分貪執美味佳餚，則會愈來愈增上貪欲之心，故應隨緣所得而享用，不可過於追求，我們若能如是行持，則相續自然會增上諸多善法功德。

依惡上師沾染六過患：依惡知識一切諸弟子，
以邪宗派沾染常斷見；以惡行為引入顛倒途；
以劣道相增長嗔怒心；以盲修習積迷現習氣；
以顛倒修導入世間法；以惡劣果墮入惡趣中。
故求解脫道之諸信士，當善觀察徹底而捨棄，
違緣邪魔惡劣之上師。

如果不依經教善加觀察、取捨上師，而盲目地依止了一位邪惡的上師，則弟子一定會沾染上諸般過失，如是過患歸攝為六種：一是如果不幸依止了一位惡知識，則跟隨他的所有弟子都會因邪宗教義而在心相續中沾染常斷之邪見。二是以彼邪知識的惡劣行為將會把弟子們引入顛倒的歧途，諸如教令弟子吸煙、飲酒、殺生祭神等非理惡行，由於弟子們不具智慧，不辨是非真偽，故無正確取捨的能力，唯依師教而行，如是將會埋下嚴重的過患。三應了知以一些鬼神有漏的神通，開天眼、顯示種種怪異變化等低劣的道相者，非但對修行不利，且易增上嗔怒之惡心。四是若修行人以邪法盲目修行，則根本不會增上善法功德，唯能累積迷執現法的不良習氣，因其不具真實智慧與殊勝竅訣，所修持的完全是喪失大悲心的邪法。如云：「一盲引眾盲，相牽落懸崖。」五是惡知識將會以顛倒的修行把弟子們完全引入世間法中，如追求名聞利養、互相勾心鬥角、蔓延貪嗔惡心、不擇手段地強奪巧取等，必將造成嚴重的過患。六是以此諸般惡行必定會感召惡劣的果報——直接墮入惡趣中感受無量的痛苦。是故為求解脫正道的諸信士們，首先應依經教善加觀察自己將要依止的上師，具法相者終身依止不離，不具法相者就不要結成師徒關係，為免誤入修行的歧途，應當捨棄違緣之因——邪魔般惡劣的上師。

沾染惡友行為之六法：交往愚夫沾染無聊行；

交往少年沾染嬉戲行；交往俗人沾染農商行；

竅訣寶藏論釋

256

交往商人沾染謀利行；交往嗔者沾染粗暴行；
交護親者染求溫飽行。故捨惡友依止善法友。

　　我們應當了知容易沾染惡劣道友不良行為之六法：一
應了知若常與無智愚夫交際往來，則自己很容易沾染上他
們歌舞娛樂、棋牌賭博等無有任何意義的無聊行為。二應
了知若常與少年人交往，則自己容易沾染上他們幼稚的嬉
戲行為，如做遊戲、捉迷藏等散亂事。三應了知若常與世
間俗人交際往來，則自己容易沾染上他們經商務農等行
為。四應了知若常與商人們交際往來，則自己容易沾染上
他們那一心謀求財利的不良行為。如整日盤算以什麼方法
去掙錢，怎樣以假冒偽劣產品牟取暴利等，為掙錢而挖空
心思。五應了知若常與有嗔恨心的人交往，則自己容易沾
染上他們那邪惡、蠻橫的粗暴行為。六應了知若常與喜於
護親之人交往，則自己容易沾染貪求溫飽等享受的行為。
是故我們應當捨棄惡劣的道友，而應依止具有善法與正知
正念的道友。

依止禍殃家人之六過：雖生無常心然懈怠修；
雖具智慧信心無修時；雖知今生無用不捨世；
雖具深法然僅羨慕修；廣聞博學然未利自他；
雖懂實相見解平庸死。莫入如是之途當謹慎。

　　依止家人所致禍殃之六過：一是我們對萬法雖已生起
了無常心，但若常與家人共聚暢談，則會隨他們的分別意
趣而變得懈怠，以致耽誤修法。二是我們雖然具足領悟經
論的智慧，對上師三寶亦有一定的恭敬與信心，但若常與

七寶藏——竅訣寶藏論釋

家人相聚，則整日忙碌瑣事，占用了寶貴的時間卻未能腳踏實地的修行，且會殃及自己的慧命。三是我們雖已了知今生的一切均無用處，一切都是煩惱過患之因，但若依隨家人與親情的牽扯，則不能捨棄世間，而且一頭扎入世法苦海之中不能自拔。四是我們仰賴上師鴻恩，雖已具足了甚深法要的傳承，法本不缺、萬事齊備，但因家人的牽扯而未能實修，僅僅處於羨慕修行的心境狀態又有何用呢？如當今口中讚歎大圓滿殊勝的人雖然很多，但真正實修大圓滿者卻寥寥無幾。五是我們雖已暢遊在佛法的海洋裡，精勤地聞思三藏教義，然因家人的牽扯而未能履行初心——真實成辦自他二利，如是不但荒廢了自己的寶貴學識，而且也葬送了自己難得的暇滿人身。六是我們依靠上師明示的殊勝竅訣，雖已懂得了諸法實相的見解，但因家人的牽扯而未能依見起修，結果在臨終時還是平庸而死，豈不哀哉？是故作為修行人我們千萬不要誤入與家人牽扯的歧途，而應當機立斷地謹慎取捨，割愛辭親、義無反顧地步入修行之道。

宣說為魔誘惑之六法：貪財者為財物魔誘惑；具智者為功德魔誘惑；高官則為賄賂魔誘惑；富者則為福德魔誘惑；惡業者為逆緣魔誘惑；求名者為美言魔誘惑。此等之人極多莫跟隨。

宣說為鬼魔所誘惑之六法：一是若修行人貪享財富，則必定會為財物魔所誘惑而致身心隨錢財所轉不得自在。二是具有智慧而未成熟究竟之人，雖然表面上的能力、事

竅訣寶藏論釋

258

業等都顯得很強大，但實際上卻是為功德魔誘惑所致的虛偽表相。有些修行人往往被自己的表面能力、功德所蒙蔽而起貢高我慢之心，或恃才傲物，誹謗佛法及高僧大德，以非說是，以偽說真，蒙騙世人、造業無邊還認為自己滿有能力。三是若人身居高官顯位，則易為賄賂魔所誘惑，往往見利就上。俗話說：「拿別人物手軟，吃別人物嘴軟。」受賄之人自然而然地會昧著良心行諸非法之事。四是若人生活富裕，則易為福德魔所誘惑，所以物資受用過於豐盛亦是修行的一大違緣。五是惡業深重之人在遇到不順的逆緣時往往會做出毀壞三寶的行為，諸如對上師生邪見、誹謗正法、謾罵金剛道友等，這些都是為逆緣之魔所誘惑的徵相。六是希求名利之人總喜聞別人對自己的誇讚，且一聞讚言，自心增慢，這即是被美言魔所誘惑的徵相。具有上述此等過患之人在當今時代已多得不勝枚舉，但我們欲求解脫之人都應培養如荷花般出淤泥而不染的高潔品性，切莫與惡劣之人同流合污。

違背學處過患之六法：思維行為庸俗閒言多；
迷亂罪行接連不斷現；持受種種我執貪嗔見；
修習惡心邪見不間斷；行持不善非法種種行；
心不入法而隨今生轉。棄離解脫道之法油子，
違背戒律罪大當遠離。

　　違背戒律學處過患之六法：一是違越學處之人，其心境、思維、行為都顯得極其庸俗無義，口吐閒言碎語，道友不喜見聞，自身孤立無援，甚為可憐。二是違越學處之

人，若不聽他人忠言勸告而生慚愧之心，一意孤行，一錯再錯，則罪行將接連不斷地出現。三是違越學處之人喜於持受種種我執與貪嗔惡見，行為蠻橫而不講道理，縱然惡貫滿盈，還要強詞奪理地為自己巧言辯護。四是違越學處之人，習慣性地串習並堅固惡心，不具絲毫善意，邪知邪見將不間斷地生起。五是違越學處之人總是行持不善之法，喪盡天理德性，幾乎無惡不作，且以種種惡行為榮。六是違越學處之人，其心難以趨入正法，只能懵懵懂懂地緊隨今生的溫飽、財富等利養而轉。上述之人都是棄離了解脫正道的佛法油子，而且亦是違背戒律學處、罪大惡極的佛教敗類，我們應當立即遠離這種人。

斷除善惡混淆之六法：莫依無智增長貪嗔師；
莫攝無信觀察過失徒；莫行不善造罪之善法；
莫作求敬回報之布施；莫作撫養親友之供養；
莫為求得利養而說法；聽受此言必與正法符。

　　斷除善惡混淆之迷蒙而明清了認表面上看似善法、實際上不一定是善法之六種法：一是切莫依止無有智慧並增長貪嗔心的上師，因為他會嚴重污染我們的相續。二是作為上師，切莫濫攝無有信心而喜歡觀察上師過失的弟子，因為攝受這樣的弟子自他均無意義。三是莫行表面上看似善法而實際絕非善法之事，如以薈供為藉口而殺生、享用血肉、飲酒，或以貪嗔為因而修雙運、降伏法等。四是修行人應以悲心施予乞者所需資具，在布施之時莫作求得別人恭敬與來日的豐厚回報之想，也就是讓我們在布施時不

要希求未來的異熟果，若能以三輪體空的智慧作攝持則更為殊勝。五是修行人不可將自己的財物用來撫養親友，因為親友無修行功德，不能享用十方信眾的供養。六是當我們具足講經說法的能力時，一定要以清淨的大悲心將佛法甘露灑遍眾生的心田，莫為求得自己的利養而說法，時時應觀察自己說法的動機，一旦發心有染便依教加以軌正。凡是聽受此等教言並將之融入自心者，必定能與正法相符合。

心與所行相違之六法：未離俗心表面行正法；
無有敬信表面依上師；法未入心表面裝大師；
未斷憒鬧表面依靜處；道相未增表面修禪定；
無有修證表面利他眾。智者當棄此六相似行。

　　內在之心與外在所行相違背之法有六種：一是若修行人於內心未離開世間法，且貪著不捨，以致三毒煩惱異常熾盛，雖然他們表面上身披袈裟、手持念珠等行於正法，但這種偽裝的表相行為卻如狐狸披上虎皮一般滑稽可笑。二是我們若對自己的上師無有少許的恭敬與信心，且心高氣傲妄生邪見，則縱於表面上偽裝出很恭敬的行為，仍會因心行違逆而失去依止上師的意義，且易滋生令自己更加墮落的罪過。三是有些人身為佛子，然佛法教義和調伏煩惱的竅訣等卻絲毫未融入自心相續，這種人往往熱衷於表面上偽裝德高望重的大師之行為，如是來攝受眷屬而以高位自居，此等帶欺騙性的狡詐行為必定會導致損人不利己的惡果。四是若修行人未斷除憒鬧心漂浮不定，隨處外

散，則縱於表面上依於靜處仍將成為無意義的相似修行。
五是若修行人自己心相續未增上少許道相，則縱於表面上
閉目禪修，亦無任何意義，唯是自欺欺人。六是倘若我們
的相續中連基本的出離心和大悲心等的修證都未產生，則
於表面上大張旗鼓地宣揚要利益他眾、弘揚佛法等也無任
何意義。具有智慧之人應當捨棄這六種相似的行為。

虛偽欺騙自心之六法：未得確信口說離戲論，
以此虛偽見解欺自心；未得修要盲目伺察修，
以此虛偽觀修欺自心；放逸無度粗暴瘋人行，
以此虛偽行為欺自心；不警墮罪表面守戒律，
以此虛偽誓言欺自心；不求佛果而圖智者名，
以此虛偽聞思欺自心；未證心性嚮往得聖果，
以此虛偽之果欺自心。自心不被欺騙極重要。

竅訣寶藏論釋

　　虛偽欺騙自心之法有六種：一是若我們的內心根本未
得確信，而在口中卻妄談諸法離一切戲論、什麼都不執著
等，以此虛偽的見解必定會欺惑自心相續。因為我與我所
的執著非常堅固，連字面上的信解也未產生過之人，無我
空性的定解又如何能從內心生起呢？二是若我們未能獲得
上師傳授的修行要訣，而僅以自己的分別妄心來盲修瞎
煉，那麼這種以伺察意而修的虛偽觀修一定會欺惑自心相
續。比如不具竅訣明示而盲修大威德的人，其結果卻是把
自己變成了羅剎，故依上師所明示的竅訣而修行很重要。
三是若修行人放逸無度，無少許內證功德，卻妄持粗暴如
瘋人般的行為，則此種自不量力的虛偽行為一定會欺騙自

262

心相續。四是若修行人不警惕密乘的墮罪而恣意妄行，僅於表面上守持密乘戒律，以秘密誓言做幌子大肆享用五肉五甘露等，則此虛偽的誓言一定會欺惑他自己。五是若人於佛果毫無希求，又無真實的利他之心，而僅以貪圖利養之心求取智者的美名，則此人縱然精進地聞思經論亦是一種虛偽之舉，所行必定會欺惑自心相續。六是若修行人未證悟心的本性，而嚮往在餘處獲得究竟的聖果，則此根本不符合大乘了義經論和密乘竅訣部的教義，當知只有見性才能成佛，故此虛偽之果一定會欺惑自心相續。作為修行人，令自己的心不被種種虛偽之相欺騙是極其重要的。

斷除非理行為之六法：切莫販賣祖先之法寶；
切莫同胞相殘道友爭；切莫違法亂紀行非法；
切莫散布毒氣欺他人；切莫信口開河謗人法；
放下追求世法之念頭，尋求正法修成正等覺。

我們應當斷除非理妄行的六種法：一是作為佛教徒，我們千萬不可販賣祖先大德們之遺教法寶。有些人為了生計而販賣經書、佛像、鈴杵等法物，卻不知此非理的行為會給自己帶來巨大的過患，了知此理，我們即應斷除這種非理之行。二是在同一上師蔭護下的同行道友應當情同手足般互敬互愛，切莫同胞相殘，亦莫令道友與道友之間互起爭執。三是修行人應當安分守己，既不能違越佛規，也不能違越世規，切忌不可行於違法亂紀的非法。四是修行人應當依教如法行持，切莫染污僧團、散布貪嗔癡等毒氣而欺騙他人。五是修行人應當言語謹慎，切莫信口開河妄

下結論、誹謗他人和正法。六是作為修行人我們應放下追求世間八法的邪念，當一心尋求能使自己獲得解脫的正法，進而如法修持，以期早日成就正等正覺的果位。

如理趨入正法修行者，前往城區過患之六法：
因中晦氣覺受加持失；因起煩惱失壞三戒律；
因破誓言逆境違緣多；因染迷現喪失見修行；
因染庸俗心與法相違；因惡業牽還俗成在家。
是故莫遊城區依靜處，萬一必去亦作図圖想，
諸根莫散外境當慎重。

竅訣寶藏論釋

對於已如理趨入正法的修行人來說，前往城區鬧市會出現的六種過患：一是修行人到了城市以後，由於中了晦氣之毒，前所修行的一切覺受和加持都會散失，若不及時遠離城市，則自己必定會在迷迷糊糊中虛喪光陰，以致摧毀自己的修行與功德。二是修行人到了都市以後，由於不具定力、心無自在，故隨境所轉而妄起種種無明煩惱，如是必定會失壞三乘戒律。三是修行人到城市去必定會違背自己以前所承諾的誓言，因為以前曾發願不離靜處而專一修行，後來以種種因緣而離去，故一定會步入逆境遭受違緣。四是修行人到了城市以後，由於染著迷亂現境的緣故，自然會喪失見修行之功德。五是修行人到了城市以後，因與普通俗人交往，染著他們貪嗔癡等庸俗心境，故身口意三門的所作所為都會與佛法相違背。六是修行人到了城市以後，因受惡業牽引故身心不能自主，如有些出家人被迫還俗成為白衣而忙於養兒育女等繁瑣的事情，如是

自然失毀了自己清淨的戒行與聞思修事業。是故我等修行人切莫遊歷於城鎮等憒鬧區域，應依寂靜處精勤修行。萬一因某種特殊需要而必須去城區亦應當作囹圄想，思維自己即將步入監獄的門檻，當如是攝心正念。了知身處憒鬧城市易遭眾多違緣之理，是故我們應守護諸根，切莫令之散亂於外境。

修行要點總綱之六法：究竟見解趣至佛密意；
實修當依竅訣方便要；覺性智慧以理而印持；
心識值遇外境而解脫；一切攝於無變心性中；
諸法歸於大圓滿總綱。實修此要即生成菩提。

我們修行的要點在此可攝為總綱之六法：一應了知無論顯宗還是密宗，其究竟見解都必定要趣至佛陀的真實密意，依如是見解實地起修才能現前佛果。此外，若依一般暫時的見解則無法趣達究竟的彼岸。二是我們在實修之時，切莫依分別心自作主張，應當謹依上師所明示的竅訣和方便如理行持。三應了知依教修行所認識的覺性本體並非是自己分別念的境界，而是智慧的境界，我們應以此殊勝正理來印持。四是我們的心識在值遇外境之時，若依上師所明示的竅訣來認識其本體，即會獲得自然解脫的境界，這就是密法中最殊勝的竅訣。明知此竅訣後，我們無論值遇什麼樣的外境，都可將此執境的分別念自然解脫於本基覺性之中。五是我們應將形形色色的一切外境盡攝於無有任何變異，亦無任何改造的心性之中。六是最終一切諸法無不融會於大圓滿見修行果的總綱之中，如同百川

七寶藏——竅訣寶藏論釋

匯入大海般，大圓滿本來即涵蓋了一切萬法如是存在的自性。當知能實修此等要訣的補特伽羅，即生必定成就大菩提果。

奠定基礎教言之六法：奠定智慧基礎行聞思；
奠定大乘基礎學發心；奠定加持基礎傳承妙；
奠定證悟基礎悟心性；奠定功德基礎具勤信；
奠定快樂基礎棄輪迴。隨行一切聖者之足跡。

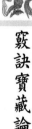

能奠定修行成就基礎之教言有六法：一為奠定智慧的基礎，我們應當依止上師廣行聞思三藏教典。二為奠定大乘菩薩的基礎，我們應勤學殊勝發心，首先修學大悲心，接著廣學六度、四攝、四無量心直至無上菩提心。所謂菩提心者，即以大慈悲心於眾生拔苦予樂，乃至令他們獲得究竟解脫的佛果。三為奠定求得殊勝加持的基礎，我們應恭敬秉持清淨善妙的傳承。四為奠定證悟的基礎，我們應內悟心性本體。寂天菩薩云：「若心的秘密未能了悟，則一切都是漂泊無定的。」是故當知，所謂的證悟不在於外境，而在於內心之根本自性，只有認識心的本性才能奠定證悟的基礎。五為奠定一切功德的基礎，我們應具足精勤與信心，因為它是諸功德之母。六為奠定快樂的基礎，我們應棄離如火宅般的輪迴，生起真實無偽的出離心。我等修行人若能隨行一切聖者菩薩們的足跡，則是最為殊勝的。《札嘎山法》中云：「古往今來的一切高僧大德都是安住寂靜處、讚歎寂靜處，他們從未讚說過城市是好的修行地方。如今很多人住在城市裡還認為自己的修行很好，

難道這些具實修實證者讚歎寂靜處的詞句都沒有實義嗎？
難道他們都判斷錯誤了嗎？」

積累財物過患之六法：五毒根源貪嗔煩惱增；
吝嗇之因積累餓鬼業；趣向世法遠離菩提道；
增財守財飽嘗人生苦；相違修法人天相譴責；
著魔違緣為之而喪命。是故修正法者當棄離，
積蓄增上一切諸財物。

　　修行人若不修積聖者七財，反而一門心思積累世間有
漏的財物，這樣必定會遭受六種過患：一應了知一切財物
是五毒的根源，若經常為積累財物而費盡心機，則必定會
令貪嗔癡等煩惱相續增上，愈增愈猛。二應了知相對於凡
夫來說，由於無明實執心強盛的緣故，財物自然會成為他
們吝嗇之因，如果既捨不得上供下施，亦捨不得自己受
用，那麼拼命地積累錢財，想方設法地盡心守護，不僅使
自己即生變成了「守財餓鬼」，而且也積累了來世轉生餓
鬼的罪業。三應了知凡是追求財富的人都出自於自己的貪
欲之心，為此他們無疑會愈來愈趣向於世間法而遠離菩
提勝道。四應了知財物是痛苦之因，它帶給人們吃喝玩樂
的假象快樂中，其實夾雜著無量的痛苦，就像含劇毒而香
甜的果實一般，我們食用它將是以極大痛苦而告終。如首
先費盡心思積財，中間拼命增財，最後提心吊膽地守財等
等，期間飽嘗了人生的種種辛酸與痛苦。五應了知凡是貪
求財物之人，其所作所為都會違背正法之規，如是相違修
法之舉，畢竟會遭受人中大賢士與天人的譴責。六應了知

喜歡貪求財物之人，往往會為財物而敗壞人格道德，他們不顧一切，甚至會喪失自己的理智來求取所欲的財物。一旦自己的產業宣告倒閉之時，他們就像著魔般精神崩潰；有者也會因為財物而引來殺身之禍；有者面臨被強盜搶劫等諸多違緣；也有的已為了金錢財富而喪命於刀槍之下，這樣的事例非常之多，且都是我們有目共睹的。是故欲修正法之人應捨棄積蓄、增上財物的行為，依教如理行持。

善加尋找家人之六法：尋找無變法界好父親；
尋找自然本智好母親；尋找自然童子好兒子；
尋找無二雙運好朋友；尋找心性寶珠好財產；
尋找三身剎土好住處。具足此等得覺性永地。

　　修行人應當善加尋找自己內在本具的家人，如是之法有六種：一應通過依修上師的竅訣來尋找自己內在本具的好父親，即本來無有變異的法界本性。因為我們都是流浪異地、久已離開父母的孤兒，現在依殊勝上師的指點，應該沿著以前出來的路線回頭尋找我們本來的父親。二應通過依修上師的竅訣來尋找自己內在本具的好母親，即本有的自然本智，換句話說，就是要我們盡快認識心的本性。三應通過依修上師的竅訣來尋找自己內在本具的好兒子，即本來的自然童子，我們了認了自然本智後，就自然會現前自己本來的覺性童子。四是我們應當依修上師的竅訣來尋找明空無二或智悲雙運這一好朋友，因為這樣的好友能伴隨我們順利地趨達究竟的本地。五是我們應當依修上師的竅訣來尋找自己內在本具的好財產，即心性如意寶珠，

因為這樣的財產能令我們徹底遠離一切痛苦，獲得究竟的安樂。六是我們應當依修上師的竅訣來尋找自己內在本具的好住處，即法報化三身無別的本淨剎土。若我們能具足此等修行要訣，則一定能獲得本來覺性之永地。

步入正軌實修之六法：實修輪迴護伴之皈依；
實修永久大業之正法；實修飛馳駿馬方便道；
實修財中之寶二資糧；實修增上利潤之德行；
實修營養飲食之竅訣。如是行者獲得師傳承。

我們應了知步入正軌實修之六法：一應實修能護持伴隨我們脫離輪迴痛苦的皈依法，其最簡便的修法，即經常以恭敬信心吟誦皈依偈或四皈依。二應實修永久獲利的大業，即能令自己獲得解脫的正法。三應實修猶如飛馳的駿馬一般，能令自己迅速獲得成就的生圓次第等方便道。四應實修一切財寶中最殊勝的財寶——福德資糧與智慧資糧。五是我們應當實修能增上一切修行利潤的利他法，也就是以廣修六度萬行等能無間增上一切功德之善行。六應實修法身智慧的營養飲食——直指心要的無上竅訣。如是行持之人必將獲得上師的清淨傳承和意傳加持。

覺性入道教言之六法：有時觀察自現之順緣，
了知自現覺受現助伴；有時觀察有害之逆緣，
即是斷除迷執大要點；有時觀察道友他上師，
了知賢劣促進自實修；有時觀察四大之幻變，
了知心性之中無勤作；有時觀察自境建築才，
了知如幻遣除迷現執；有時觀察他人眷屬財，

269

生起悲心斷除輪迴貪。總之於諸種種顯現法，
觀察自性摧毀迷實執。

　　令覺性入道的教言有六法：有時候我們應觀察自己
的生活資具和住處，其實這些都是修行中自然顯現之順
緣，凡是對自己有利的因緣都應觀一觀，了知一切自現
的覺受都會顯現為我們修行的助伴；有時候我們應觀察對
自己有害的一切逆緣，諸如別人對自己的惡語詈罵、無端
傷害與誹謗等，這些即是能讓我們斷除一切迷亂執著的大
要點；有時候我們應觀察與自己共同修行的道友以及其他
的上師，通過這些觀察而明確辨析，以便了知賢劣差別，
若自己遇到的是具相上師，則應為此而慶幸，以如是觀察
賢劣的方式亦能促進我們自己的實修；有時我們也可觀察
地水火風四大的變化，諸如天氣的變化，時而晴天，時而
下雨，時而烏雲密布，時而晴空萬里，通過此等觀察則能
了知心性之中是無有任何勤作的，因為從虛空的本性而言
什麼都沒有，但就在這什麼也沒有之中暫時亦有四大的變
現，同樣如虛空般無別的本性中什麼造作都沒有，但暫時
亦有各種分別念的顯現；我們有時候亦可觀察自境的一些
建築物和自己曾擁有過的財物成住壞空的變遷，通過此等
觀察則能了知諸法如幻如夢、毫無實質本體之自性，這樣
就能遣除一切迷亂顯現的實執心；我們有時可觀察他人的
眷屬與財物，見其都是變幻不定之性，當下即能生起悲心
而斷除對輪迴的貪執心。總而言之，我們對一切種種顯現
法都應以理觀察其自性而摧毀自己對迷亂顯現的實有執

著。

觀而真實體會之六法：觀外顯現四季之遷變，
生起無常厭離迫切心；觀饒益他反受彼加害，
深深生起不共之厭煩；觀他無故貪戀與嗔恨，
強烈厭離深感皆無義；觀育兒孫不孝父母親，
深感指望他人無意義；觀諸富翁死時裸體去，
深感當斷資具親友執；觀解脫道商主上師恩，
深心生起敬信淚漣漣。如是於諸苦樂迷亂緣，
善加思維生厭出離心。

我們通過觀察而於內心能獲得真實之六種體會：一應觀察外界顯現春、夏、秋、冬四季的遷變交替，心裡自然會生起無常心與厭棄世間而急於出離的迫切心。法王如意寶在《無常道歌》中云：「由觀器情世間變遷即可知，彼皆引生無常心之善知識。」二應觀察經常以錢財、勝法等精進饒益他眾之人，自己非但得不到報酬，反而還會遭受他人的殘害，這樣我們從內心就會深深生起不共的厭煩之心。《札嘎山法》中說：「無論怎樣與世間親友接近都無毫許意義，且會增長煩惱；與善知識愈接近，愈會增上心相續中的善法功德。」了知此理，我們自當遠離世間親友而親近善知識。三應觀察他人無緣無故會對親友產生貪戀、對怨敵生起嗔恨心，由此會生起強烈的厭離心，並深感此等諸事皆無意義。四應觀察他人雖然成年累月、辛辛苦苦地養育了兒孫，但兒孫長大成人以後卻忘恩負義，成為不孝養父老之孽子，由此深感指望他人是根本無有意義

271

的。若無希望的熱情也就不會有失望的痛苦。五應觀察世間上的富翁，這些所謂的大富翁雖然擁有萬貫家產，但在死亡來臨之時卻不能攜帶分毫，他們也只能赤身裸體地獨自離開人間而往詣中陰的狹道，觀此我們會深深感到做富翁無意義，如是當即就能斷除對一切財富資具與親友的執著。六應觀察解脫道中如大商主般引導我們前進的大恩上師，當我們在波濤洶湧的苦海中掙扎時，是他慈悲地伸出了援救的雙手，將我們從苦難中拽出來，搭上了趨向解脫寶洲的大船。上師對於我們的確稱得上是鴻恩浩蕩，觀此我們自然會深生恭敬與信心，以致淚珠漣漣，掛滿腮邊。我們如是對苦樂的迷亂諸緣善加思維後，自然會對世間諸法深生厭煩之心，於生死輪迴生大出離心。

時而詳細觀察之六法：時而觀察自他身行為，
見似舞者顯現無實義；時而觀察口中所言語，
聞似谷聲顯現無說義；時而觀察心現之苦樂，
知覺性幻顯現實相義；時而觀察動念之本面，
了知自逝顯現法身義；時而觀察無動之心性，
見無散收顯現究竟義；時而觀察無尋之直定，
見無所作顯現心安樂。誰知此理精通甚深義。

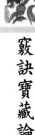

竅訣寶藏論釋

　　時而詳細觀察之六法：有時候我們可觀察自己和他人身體穿衣、吃飯、行走、坐臥等行為，當知彼等實際上均無任何實義，見時好似實有，但卻如觀看舞台上演員所裝扮的天女、魔鬼等顯現一樣，根本找不到天女或魔鬼的真實存在，只是裝束的不同演變而已，其舞蹈者直接顯示了

無有實義的本體；有時候我們可觀察自己與他人口中所言談的話語，聞時好像是有，但實際上卻如空谷回聲般顯現了無有真實所說義之自性，我們若能將一切言語觀修為空谷回聲，則別人對自己的讚歎與誹謗均顯得無利無害；有時候我們可觀察自心所感受的痛苦與快樂，尋其來源、住處、去處，覓不可得，正在感受苦樂之時，當即了知為大圓滿覺性力的幻化顯現，這就體現了究竟實相的本義；有時候我們可觀察自己相續中正生起的善心、分別心、惡心等動念之本面，了知一切動念皆為因緣和合而生起，彼又自然散逝，如是即顯現了法身的本義；有時候我們可觀察無有動搖之心性，如果現見無有外散與內收，則能顯現究竟本義；有時候我們可觀察無有尋覓之直定，若見到無有所作的本體，則能顯現心性大樂智慧。誰能了知此等甚深義理，誰就能精通無上大圓滿的真實本義。

慎重思維自性之六法：謹慎生老病死之軍隊；
昔積業債今日當還清；二取險隘今日當逃離；
異熟罪業包袱當拋棄；修持解脫生死菩提道；
慎重思維將越死亡山。如是而行趨至解脫地。

我們應當慎重思維自性之六法：一應謹慎思維生老病死這四大軍隊對我們的威脅，如果掉以輕心、放逸無度，則此諸軍隊隨時都有可能侵襲我們那四大假合之軀。是故我們應當小心謹慎，精勤聞思修行，以根除一切魔軍的危害。二應思維我們往昔所累積的無量業債，今日當依自他相換等菩提心，以捨施法、煙供等方便法來將所有業債一

七寶藏——竅訣寶藏論釋

併償還清。三應思維我等修行人今日當從能所二取的險隘中逃離出來，意即以智慧的寶劍來斬斷二取執著，令自己不再被痛苦的牢籠所囚禁。四應思維我們當依大悲菩提心的修法來將一切異熟罪業的包袱拋棄，不再執著與受報。五應思維我們當精勤修持能令自己解脫生死苦海的菩提道。六應慎重思維我們將要越過死亡的大山，途中會遇的種種困境需要自己以堅強的毅力來面對。我們只有做好一切所需的充分準備，才能成功地越過死亡大山。如是而行持之人必定能趨至解脫的本地。

集中精力思維之六法：集中精力思維輪迴苦；集中精力精進而實修；集中精力敬信祈禱師；集中精力念誦修本尊；集中精力積資修空行；集中精力持最深見修。如是而行速疾得成就。

修行人應當集中精力思維之六法：一應集中精力思維輪迴中善惡趣的諸般痛苦。雖然三善趣中看似有些安樂，但實際上都是痛苦之因或痛苦的本性，我們若不通過思維輪迴諸苦來鞭策自己生起出離心，則於任何善法功德都不能真實地生起。二應集中精力精進地實修佛法，修行人切莫明日復明日地拖延時間，要知道「歲月不待人，及時當勉勵」的道理，因此無論是修加行法還是正行法，我們都應腳踏實地地精勤實修。三應集中精力以自己的恭敬與信心虔誠地祈禱上師三寶，因為祈禱歷代的傳承上師必定會獲得不可思議的加持與力量。四應集中精力念誦心咒、儀軌以及觀修本尊。對於修密法的行者來說，選定一位終身

竅訣寶藏論釋

依修的本尊是非常重要的，有了本尊即如同有了可靠的依怙處，要想增上修法功德便是事半功倍之舉。五應集中精力修積善法資糧、觀修一些空行法門。因為空行是我們所修三根本之一，也是我們不可缺少的依修法，修行人若能念修諸如作明佛母或金剛亥母的儀軌、心咒，則於遣除違緣與獲得加持、悉地方面都能顯現不可思議的力量。六應集中精力行持諸如大中觀、大圓滿等最為甚深的見修。當我們的修行達到一定的境界時，不能僅僅停留在世間正見(因果見)和聲聞見(無我見)的位置上，因為這些都是菩提道中的輔助見，只有大中觀見或大圓滿見才是成就菩提的根本見。能如是行持者，必將速疾獲得無上的大成就。

詳說需要平等之六法：知眾父母敵子需平等；知財迷現金糞需平等；本無業果善惡需平等；六識法性入出定平等；煩惱現智取捨需平等；實相本淨輪涅需平等。知此平等即大瑜伽士。

詳細宣說修行人需要平等相待之六法：一應了知一切眾生在累世中都曾做過我們的父母，故於今生之中對損害自己的怨敵和孝養自己的兒子都要平等相待，安住怨親平等的境界中，盡力寂滅貪嗔等煩惱。二應了知一切財富的本質實際上都是迷亂習氣的顯現，亦是迷惑心境的妄緣執著，故修行人要精勤努力，爭取早日達到黃金與牛糞平等無別的修證境界。三應了知從諸法本體而言，沒有業與果的差別，故修行人最終要達到善惡平等一味的境界。四應了知六識聚的法性都是一味無別的本性，故修行人最終需

要達到入定與出定平等無別的境界。五應了知一切煩惱的本體即是都會自然顯現為智慧，故修行人最終必須要達到取捨一味平等的境界。六應了知諸法究竟的實相是本來清淨的，故修行人需要達到輪迴與涅槃平等一體的境界。能真實了知此諸平等之理的修行人即是真正的大瑜伽士。

無有興趣教言之六法：知現無實迷現無興趣；
知作無義世法無興趣；知自利迷小乘無興趣；
知基無生不喜生滅法；證悟心性無緣無相執；
證悟法性離作無勤修。若證實相則現此等相。

令我們對某些法感到無有興趣之六種教言：一應了知一切器情世間的顯現均無實質，都是迷亂習氣的顯現，如是自心對一切無實法自然無有興趣。二是若我們能知道一切所作所為均無意義，則於世法的追求自然無有興趣。三應了知若我們僅為自己的利益而修行，則是一種自私的迷途，終不能趣達究竟彼岸，故於小乘的發心無有興趣。四若我們知道萬法的本基是本來無生的，則不會喜歡生滅循環的有為法。五是修行人若證悟了心性本無緣相而空寂離戲的本性，則能斷除一切有相的執著。六是在證悟一切法性為本離勤作之時，就能安住本然無勤而修。我們若能證悟諸法的究竟實相，則能顯現此等法相。

不成虛偽教言之六法：無偽道用摧毀諸妄念；
無偽地道則能斷二障；無偽了知因果警善惡；
無偽修習無執而自明；無偽行為如理如法行
無偽事業隨聖者足跡。誰具此等成就正法義。

令修行不成虛偽之六種教言：一是我們在依修各種方便道時，若完全以智慧的境界來攝持而修，以此真實無偽的道用修力，則能摧毀一切分別妄念。二是我們應當依教實修實證，因為只有真實無偽的地道功德才能有力地斷除煩惱障與所知障。三是我們應以無欺的因果事理作為修行途中的行為準則，只有真實無偽地了知因果法則才能明辨事理原委、警醒善惡動念，以致無誤取捨。四是我們應當腳踏實地地慎重修行，切莫以虛偽表相而自滿，因為只有真實地修習無有實執的空性，才能達到自明自證的殊勝境界。五是我們應當如理如法地依教行持，切莫以一些虛偽狡詐的行為來欺騙眾生，以致延誤自己脫離輪迴苦海的佳期。六是我們應當緊隨聖者菩薩們的修行足跡，諸如廣修六度萬行、廣事饒益有情之菩提大業，只有成辦真實無偽的殊勝事業才能無偏隨行聖者菩薩們的足跡。誰能具足此等無偽的行持，誰就能成就正法的究竟實義。

斷除過患教誨之六法： 證悟無有所作見解時，認識口頭實修之過患；住於禪定自明境界時，認識修習念頭之過患；明清不分昏沉而住時，認識執心歧途之過患；通過強力生起暖相時，認識片面束縛之過患；觀察本性生起二取時，認識妄念盜賊之過患；入定之時五毒雖壓制，若未斷根後得起粗念。仍未證悟心性當認識，認識對治解脫極重要。

能令修行人斷除過患之六種教誨法：一是我們在證悟

七寶藏——竅訣寶藏論釋

無有所作性的殊勝見解時，則應認識僅於口頭言說實修之過患，也就是說，有些人於任何法都未行實修，卻將實修一詞喋喋不休地掛在嘴邊，這種口頭上的實修於解脫無有絲毫助益且過患極大。二是我們安住於禪定中自明自證的境界時，則應認識修習中閃現念頭的過患，因為安住無緣本體時，任何念頭都出自於分別尋思，一起分別即未離戲故。三是在我們明清不分地昏沉安住時，則應認識此是因執著心而誤入歧途所引生的過患，所以斷除一切執著是我們修行的關要。四是當我們通過強力觀修而生起某種相應暖相時，則當認識此是片面束縛之過患。五是當我們以理觀察諸法的本性而生起能所二取之執著時，則應認識此妄念即是如盜賊般能盜取我們修行功德的過患。六是我們在入定之時，雖能暫時壓制五毒煩惱，然若未能徹底根除此諸煩惱，則於後得位(起定)之時仍會生起粗大的分別妄念。我們應當認識這些都是自己尚未真實證悟心性本體所致的過患，所以依上師所明示的竅訣來認識心性本體，力行對治一切過患，使自己在歧途中獲得真實解脫很重要。

以六決定脫離輪迴法：實相自性超離意識境，
本基之時無有心念法；耽著感受乃輪迴法故，
修道之時不修覺受法；清淨行境無有輪涅故，
得果之時無有利眾生；自證未被心染實相基，
遠離所知境故離戲論；諸法無想無執真實道，
尋覓思憶所緣皆遠離；不緣體相究竟殊勝果，
通徹無礙自明離偏墮。誰知此理乃大瑜伽士。

竅訣寶藏論釋

278

我們應了知決定脫離輪迴之六法：一應了知諸法究竟實相的本來自性超離了分別意識的境界，因為在本基之時本來無有任何心念之法。二應了知耽著苦樂的感受無一不是輪迴之法，故於正行的修道時根本不修覺受之法，而是寂滅一切耽著。三應了知在我們修行達到清淨行境之時，無有輪涅的差別之法，一切淨與不淨本來都是大平等之性，故在獲得究竟果位之時，無有利益眾生的勤執與相執，因為能利眾生的佛與所利的眾生本體無別，心佛眾生三無差別，皆是一味一體之性，本基中本無任何差別之法。四應了知我們本來的自證智慧未曾被分別心染污過，是究竟實相的本基，遠離一切所知諸境，故本離一切戲論。四應了知自證智慧從未被分別心染污過，因為實相本基遠離一切所知境，本離一切戲論。五應了知諸法的本體是本來無想無執的，在這樣的真實道中一切尋覓、思維、憶念等所緣悉皆遠離。六應了知法界不緣任何體相，本空離根故，一切有相皆是虛妄，回歸此法性境界即是我們所要獲證的殊勝之果，因為通徹無礙、自明自證的本體是遠離有無等一切偏墮的。誰能了知此等甚深義理，誰就能成為名副其實的殊勝大瑜伽士。

開示證悟自性之六法：了知他聲皆是師竅訣；
了知現境即是無實幻；了知執心離根如虛空；
了知覺性無障赤裸裸；了知真義超離意識邊；
了知修理趣至基盡地。誰證此理密意虛空性，
無有所作本來任運成。

演示證悟自性教言之六法：一應了知外界所有的音聲都是上師的竅訣，我們觀念它就能起到對治我執煩惱和增上智慧的作用。二應了知一切現境虛幻無實，唯是緣起假立之法，是如夢如幻般的本體。三應了知我們能執著諸法之心也如大虛空般是本空離根的。四應了知通徹的覺性本體是無有任何遮障而以赤裸裸的方式存在的。五應了知諸法的究竟真實義是超離意識等邊執戲論的。六應了知修行的究竟理趣是引導自己詣至本基——滅盡地。誰能證悟此理，則彼之密意智慧廣大如虛空，無有任何所作的心性本體也是本來任運自成的。

開示斷除魔障之六法：捨棄上師依止諸惡友；
捨棄菩提進入輪迴道；捨棄自利表面行利他；
捨棄正法追求世八法；捨棄靜處步入憒鬧境；
捨棄無二跟隨相詞句。如是之人已被魔加持，
永入歧途今生來世苦。

開示認知魔障並力行斷除之六法：一是有些業障深重的人，非但不恭敬有恩於己的上師，而且還隨意捨棄，偏偏要去依止一些人格卑劣的惡友，當知這就是著魔的現象而力行斷除。札嘎仁波切這樣說過：「若人喜歡談論親友、財富等引生貪心以及談論怨敵等引生瞋心的話題，那麼我們就可以肯定地判斷這種人是惡友。若人喜歡談論上師三寶的功德以及言談慈悲心等話題，我們也可以肯定地判斷這種人是善友。」二是有些業障深重的人，憑藉往昔的福德因緣雖獲得了暇滿人身，但卻不依此努力成辦生死

大事，反倒捨棄難遇的菩提正道而信步進入輪迴狹道。當知這也是著魔的現象，我們應當勵力斷除。三是初發心的修行人切莫捨棄對自己有利益之事而表面妄談利他，也不要以虛偽的行為去利他，應當先以自利為主逐步依次第修行。如果修行人連一些軌正言行、人格的基本法要都修不好，就捨棄自利的修行，而以表面行為去利益他眾，這也是著魔的一種現象。四應了知千百萬劫中難遭難遇的就是正法如意寶，若人已遇殊勝正法而不好好修行，反倒捨棄了正法，努力追求世間八法，這也是著魔的現象。五是修行人應依寂靜處修行，如果捨棄寂靜處而步入充滿憒鬧的境地，則也是一種著魔的現象。六應了知與如意寶一樣的無二智慧非常難得，修行人若捨棄殊勝的無二智慧而跟隨一些表相的詞句、詩歌等，則也屬於是一種著魔的現象。如是顛倒而行之人已被魔王波旬加持了自己的身心，彼將永遠趨入歧途而感受今未來世的無量痛苦。

專心致志巡視之六法：巡視放縱行為如狂象，
是否已入可怖淤泥中？巡視現空無二之見解，
是否已為我執魔帶走？巡視覺性光明之童子，
是否已經跟隨迷亂徒？巡視加持根本敬信稼，
是否已遭邪見霜打落？巡視菩提解脫道明燈，
是否已被貪欲風吹動？巡視上師無死甘露法，
是否已經摻雜懷疑毒？是故專心巡視極重要！

我們應當專心致志巡視之法有六種：一應善加巡視觀察我們自己的行為，若經常放縱行為，則如掙脫韁繩的狂

281

象般必令自己步入恐怖危險之境，大象一旦深陷淤泥就很難獲得解脫，同樣，修行人若不具正知正念，放縱自己的三門，造諸惡業，則墮落到惡趣的淤泥中也是很難獲得解脫的。二應經常巡視我們相續中生起的現空無二之無上見解，看它是否已為我執惡魔帶走了？如果被我執魔帶走，則應揮舞智慧的寶劍來斬殺我執惡魔，勢必將無二正見從惡魔手中奪回來。三應經常巡視我們的覺性光明童子(甚深大圓滿的見解)，看他是否已經跟隨迷亂之徒遠去？也就是說我們剛剛認識的大圓滿見解應時時持守，若不經常熏修則很容易被迷亂分別心所障蔽。智悲光尊者這樣說過：「初學者認識的大圓滿見解，如同雲中的太陽般很容易被烏雲障蔽。」四應經常巡視能令我們獲得加持的根本，即觀察恭敬信心的莊稼是否已遭邪見冰霜的襲擊而毀滅，意即修行人一定要穩固自己的恭敬與信心，如是才能獲得修行的大豐收。如果於上師三寶的恭敬信心稍有退失，則應通過懺悔和觀念上師的功德與恩德等方法努力生起恭敬信心。否則，不僅無義荒廢了自己的寶貴人身，且造下了無間墮落的罪業，豈不哀哉？五應經常巡視在菩提道中為我們引路的解脫明燈——正知正念，觀察它是否已被貪欲等無明之風所吹動？因為這是依靠善知識教言而點燃的能照棄癡暗的明燈，一旦熄滅，甚為可惜！六應經常巡視上師為我們垂賜的無死甘露法，看它是否已經摻雜了懷疑的毒素。如果摻雜了分別邪心的毒素，則本來純淨的甘露妙法對自己的熾熱煩惱也無任何作用。如云：「若不如法而行法，正

竅訣寶藏論釋

282

法反成惡趣因。」是故我們對此等六法專心巡視觀察並善加取捨是極其重要的。

不證真實本義之六法：生執不證無生離心故；實執不證空性離境故；作執不證無作離作故；思執不證無二離思故；耽執不證離邊離方故；行執不證戲論離戲故。不執有實體相實相義，不思通徹本性離妄念。

具執不能證悟真實本義之六法：一是修行人如果生起執著，則不可能證悟本來無生無滅的境界，因為真如本性超離一切心識。二是若修行人未遠離對一切迷亂境現的實有執著，則不能證悟空性的本體，因為空性遠離一切能境與所境。三是若修行人有勤作等執著，則不能證悟本來無作的究竟實相，因為實相遠離一切能作所作。四是若修行人有思維等執著，則不能證悟法性無二的本體，因為法性遠離一切分別尋思。五是若修行人有耽執之相，則不能證悟遠離一切邊執戲論的法界本體，因為法界本離一切方隅。六是若我們對修行生起執著，則不能證悟戲論的真實本體，因為它的本性遠離一切四邊八戲。不執著諸法實有等體相，才能真實了悟諸法的究竟實相義是不思一切、通徹赤裸、本離一切分別妄念的本性。

觀察實相本面之六法：自證通徹無改之本性，非為庸俗亦非無記法；非為妄念亦非能所取；非為對治亦離諸斷治；非為他見各別自證境；非為自體亦離諸所緣；恆具本性然難證此密，

超越悟與不悟周遍性。誰知此理精通實相義。

　　我們應當了知觀察諸法實相本面之六法：自己所證悟之通澈無改的本來覺性本具六種特點，即覺性非為庸俗法，亦非無記法；覺性非為分別妄念，亦非能取所取；覺性非為對治法，亦非能對治與所對治的綜合性，離諸斷治故；覺性非為依其他因緣所見，而是聖者各別自證的境界；覺性非為實相的自體，離諸所緣故；覺性雖然恆具如此本性，然而一般凡夫卻難以證悟此奧秘，諸如我們所謂的如來藏存在等，雖然體性存在，但卻並非是在意識面前安立存在，而是無漏聖智的境界。故覺性已經超越了悟與不悟，也就是超越了一切有局限的境界，是周遍萬有的本性，是語言難以表述的，是分別意識難以思量的。誰能了知此理，誰就能精通諸法究竟實相的本義。

宣說現前自性之六法：分別之時自明清然住；
無念之時不滅明然住；顯現之時自明燦然住；
執著之時皆明昭然住；入定之時無邊清然住；
散住等時無障凝然住。了知此要趣至瑜伽頂。

　　宣說能現前諸法自性之六種竅訣：一是無論在生分別念還是顯現外境執著時，我們首先要依上師明示的竅訣來認識心的本性，認識之後諸法無不融會於心性之中，且時時都在大圓滿的境界中自明清然而安住(在產生分別念的同時，認識其本性，當下安住，即為清然住)。對此若未認知，對上師也無恭敬信心，則修行也很難證得此境界，故應恭敬祈禱根本的傳承上師。二是當我們處於心性無念之時，既不是真實入

284

定，也不是掉舉昏沉，而是在自性不滅的境界中安住，如是即為明然住。三是當顯現外境山河大地等色法之時，我們若心無執著、自明顯現地安住，則為燦然住。四是當產生能所二取執著之時，能明了其本性而安住者為昭然住。五是我們在入定之時，若無有任何分別念和邊戲執著，則為清然住。六是當自心於外散安住平等之時，也即於既無外散，也無安住，無有障礙的境界中安住則為凝然住。了知此等要訣的修行人即能趨至大瑜伽的頂峰。此中「然」字盡攝了不可言思的本義境界。一般來說，認識分別念本性的境界稱為清然；認識無分別念的本性而安住無念境界時為明然……總而言之，無論有分別念還是無分別念，凡是在安住時所了達的心性不同層面的境界即以與之相應的專用名詞來相似表述。

不顧一切修持之六法：應當不顧疲倦飢渴苦；
應當斷絕人境等牽連；應當不顧怨親與名利；
應當放下五根境貪執；應當不顧讚毀破立語；
放下對治動念自消失。具足此等成就菩提道。

　　我們應當了知不用顧忌一切而修持之六種法：一應不顧一切困頓、疲倦、飢渴、寒熱等痛苦而精進聞思修行。二是為了我們的修行不受任何違緣的阻礙，首先應當斷絕人際交往與親友等牽連，遠離充滿誘惑的環境，有關自己故鄉、親朋的一些瑣事牽連亦要斷除。《札嘎山法》中說：「有些修行人該修的法不修，卻整日為家人擔憂，因而家裡稍有一點風吹草動的事情發生，就會給彼修行人添

難，必定會讓他來處理所發生的麻煩事情。這不能說明彼人修行很好，而是他對家人的貪執太重，故家人也認為他不該修行而該幫助家裡，這實際上是對修行人很大的侮辱。」是故為了避免修行中出現閒岔，我們應不顧一切地斬斷牽連。三應痛下決心捨棄一切，既不要顧忌怨敵的損害，也不要顧及親人的眷戀與自己的名聞利養，但求清心寡欲，粗茶淡飯充飢以滋養色身，專心致志於菩提大業。四應放下眼耳鼻舌身五根對色聲香味觸五境的貪執，若不了認貪執境的本性虛幻無實而執迷不悟者，一定會受到它的欺惑，以致感受無量痛苦。因分別心的欲望是永遠得不到滿足的，若能知足少欲，必定樂在其中。五是不要顧及別人的讚歎、詆毀以及破立是非等語言，因為這些來自於分別心的語言不是增上貪心就是增上嗔心之因，要知道「是非朝朝有，不聽自然無」，故當將此等讚毀破立的言語置之度外，或視若空谷回聲，絲毫也不理睬。六是我們最終要放下一切對治法，因為能對治之法與所對治的分別念都不出邊執戲論之縛網，都是現前本性的一種障礙，故修行達到一定境界時，要放棄一切對治法，令諸動念自然消逝於法性的本體之中。若能具足此等修行要訣，則一定能成就菩提正道。

不離六度修持之六法：布施莫受吝嗇敵干擾；
持戒莫為破戒匪摧毀；安忍莫被嗔恨刃刺穿；
精進莫為懈怠鐐束縛；禪定莫為散亂毒混入；
智慧莫被愚癡暗障蔽。斷除六種違品而修法。

修行人在日常生活中不離六度波羅蜜多而修持之法有六種：一是當我們遇到前來乞討的可憐眾生而作相應布施時，切莫受到吝嗇怨敵的干擾與阻礙，應當廣發悲心、長伸妙手、發放布施以滿足眾生所求。二是我們應當以正知正念來持守自己所受的種種戒法，切莫令自心相續那清淨的戒體被破戒的盜匪所摧毀。也就是說，我們應當時時防護自己的根門，守持清淨的戒律。三是我們在日常生活中縱然遭受別人的無端損害、謾罵、誹謗、侮辱等，也應當理智地修習安忍，坦然地面對一切，切莫讓嗔恨的利刃刺穿自己忍辱的鎧甲。四應了知精進是生起福慧二種資糧共同的根本因，只有依靠精進才能成辦修行的道業，因此，我們為解脫生死輪迴而精進修行時，切莫被懈怠的鐐銬所束縛。五是當我們在修習禪定時，一定要謹遵上師的竅訣教言如法禪修，切莫讓散亂的毒素乘虛混入，否則，禪修的真實境界就無法成功地趣達。六是心相續中所生起的殊勝智慧，切莫被愚癡的迷暗所障蔽，比如太陽被烏雲遮蔽，那時再強大的光芒也無法顯現其本能作用。是故我們應依各種善巧方便來遣除心相續中的一切迷暗，以令智慧的光芒普照三界。當知斷除六度的違品而修行對於我們每個修行人來說都是極其重要的。

宣說六無機緣之自性：不見苦性之人無解脫；
護情面者滅迷無機緣；聞思為名利者無實修；
造罪業者善趣無機緣；懈怠之人證受無機緣；
有邪見者修法無機緣。遠離此無機緣極關鍵。

宣說六種無有機緣之自性：一是若人不見知輪迴苦性而顛倒執取，以苦為樂則根本不會產生出離心，如是之人必定無有解脫的機緣。二是若人不具正確知見，整日顧頭護尾，以護親友情面而虛度時日，這種人欲滅除迷亂也無有機緣，因為他們沒有聞思修行的機會。三是若人為求名聞利養或居其他不良目的而聞思經論，則無有實修的機緣，因為他們不是為求解脫而聽經聞法，心術不正故不可能真實起修。所以我們在聞思修佛法時，端正自己的發心是很重要的。四是若人造諸罪業，如誹謗上師、辱罵僧眾、損害眾生等，非但毫無悔悟之心，而且繼續深造更為嚴重的罪業，這種人不用說獲得解脫，就是欲轉生人天善趣的機緣也根本得不到。五是若人於修積善法功德方面毫無興趣，整日只顧吃喝玩樂，做任何事情都懈怠懶惰，從來也不欲實修佛法，那麼這種人要想獲得一些修證的覺受也無有機緣。六是若人於上師三寶、因果等不生誠信反而助長邪見蔓延，這種不依教樹立正見之人欲實修佛法也無有機緣。因為在邪見的大地上不可能生長修持正法的莊稼。修行人遠離此等無機緣之因而創造修行的順緣是極其關鍵的。

修時觀心方便之六法：時而觀察安住穩固心，
誰知遠離生住滅本性，心性獲得自在修習要；
時而觀察覺受之本面，誰知不住無有外境執，
喜心自現不生證悟要；時而觀察功德增情形，
誰知不滅幻化自解脫，獲得無生功德行為要；

時而觀察入定法性義，誰知自然大樂本清淨，
諸法等性轉為道用要；時而觀察自住之覺性，
誰知遠離輪迴二取性，斷定勝義唯一性之要；
時而觀察未修之覺性，誰知見修無作通徹性，
直視證悟法身本面要。具足六要善緣瑜伽士，
法盡境界滅心真喜悅！

七寶藏——竅訣寶藏論釋

　　修行時所需要之六種觀心方便法：有時候我們應觀察
既能安住而且又非常穩固的心，誰能確知心性是本來遠離
一切生住滅的本性，誰就掌握了令心性獲得自在的修習要
訣；有時候我們應觀察所修證之明樂無念等覺受的本面，
誰能確知一切覺受本來不住之性，誰就無有對外境現相的
執著，這就是喜心自現、本來不生不滅的證悟要訣；有時
候我們應觀察自己的信心、悲心、菩提心等修行功德不斷
增上的情形，誰能了知此諸功德是自性不滅的幻化顯現，
而且其本性也是自然解脫的，誰就獲得了本來無生功德之
行為要訣(從有相功德到達無相功德)；有時候我們可觀察入定境界
中的法性本義，雖無能現與所現的聯絡心識，然一旦安住
也能如實認知，誰能確知自然大樂智慧本來清淨的體性，
誰就已掌握了將諸法等性轉為道用之要訣；有時候我們可
觀察自然安住的覺性本體，誰能確知自然安住之境是遠離
輪迴中的能所二取之體性，誰就已掌握了斷定勝義唯一
法界本性的要訣；有時候我們可觀察尚未實修過的本來覺
性，誰能確知一切見修都是本來無作、通徹赤裸的本性，
誰就已掌握了直接透視證悟法身本面的要訣。具足如是六

種要訣的善緣大瑜伽士，一定會速詣法性盡地的究竟境界，如是自然寂滅心與心所的執著，真喜悅！

斷除惡劣秉性之六法：受苦吝者不積後世糧；無信不依師者無法財；不勤修者不得菩提道；貪親友者中陰不見性；有我執者不能摧四魔；貪心重者一地坐不住。積六惡業果報自承受，是故行持善業極重要。

我們應當以六種法要來斷除惡劣秉性：一是有些人縱然感受缺衣少食的貧窮痛苦，心裡仍舊吝嗇不已，從來不以上供下施的方便法修積後世的善法資糧，這樣他們來世會面臨更為貧窮的痛苦。《入中論》云：「彼諸眾生皆求樂，若無資具樂非有，知受用具從施出，故佛先說布施論。」是故我等修行人應斷除慳吝之心，勤修布施自利利他。二是有些人於上師三寶無恭敬與信心，亦不依止上師聞思佛法，他們的精神世界必定是一片荒蕪，無有少許佛法聖財作支柱，故只能在迷迷糊糊中喪盡一生寶貴的時光。喬美仁波切說：「住於靜處卻不事修行而奔忙瑣事者，是低劣的修行人。」三是不精勤修行者必定不能獲得菩提正道，因為一切菩提都是建立在精進的基礎上。噶當派格西常說：「上等精進者，得上等成就；中等精進者，得中等成就；下等精進者，得下等成就。」若人根本無有精進而欲獲得菩提，則必定是遙遙無期的。四是貪戀親友之人因迷亂習氣深厚，故在中陰界中不能現見自己的本性。如果我們在臨死時能捨棄對親友、財富的執著，一心

祈禱上師三寶，那麼憑藉自己的恭敬信心和平時受持的密法竅訣，在中陰的境現中就容易了認心的本性而獲得解脫。五應了知具有我執之人不能摧毀天魔、煩惱魔等四大鬼魔，若我們能削弱我執以致滅盡我執，則諸煩惱、痛苦、魔障均能逐漸乃至徹底消失。藏地俗語亦有「我執愈重者魔愈多」之說，故修行人應當極力斷除我執。六應了知貪欲心深重的人在一個地方是很難長久安住的，他們往往行隨心轉，事事欲辦卻所辦不成，心性漂浮不定，想得多做得多，可惜總是有始無終，今天住在這裡，明天住在那裡，到頭一事無成。積累上述六種惡業之人，其痛苦難熬的果報唯有自己承受，是故我們應當斷除一切惡業、行持一切善業，牢記此教言極其重要。

宣說六種應當之自性：初當生起厭離出離心，
不喜外境一心修正法；其次當知休息自心法，
知於佛身語意中放鬆；復次當令心得大安慰，
且得證悟確信無憂慮；再次當得殊勝大樂果，
現前本來清淨之果位；爾後當令他人得安樂，
以四事業引導諸有情；再後即當安住不退地，
現前任運自成之手印。以六應當修行極重要。

　　宣說六種應當依修之自性：一是初期修學佛法的人，首先應當生起真實無偽的厭離心，即了知輪迴的苦性和萬法的無常，這樣逐漸就不再喜歡世間的外境法，行者一旦滅除對物資受用以及名聞利養的希求心，這樣就能安住靜處一心修行正法。二是在出離心的基礎上，我們還應了知

七寶藏——竅訣寶藏論釋

能令自己無始以來疲倦已久的心靈獲得休息之法，也就了知應怎樣於佛之身語意(妙法)中坦然放鬆。我們若能經常觀修佛的身像、思維法語、安住法性無別的意境中，就能寂滅我們的無明分別心，也就真令疲乏之心在法味中安然休息了，同時也能獲得極大的功德。三是如果我們的心能與佛之身語意相應，則能獲得極大的安慰，並且自心也能獲得殊勝的證悟與確信，徹底斷除一切疑惑，無有少許憂慮之心。四是當我們通過修行而證得殊勝覺受時，即獲得了真實而殊勝的智慧大樂果，最終能現前大圓滿中本來清淨的究竟果位。五是在我們獲得真正的大成就時，就能令他等眾生獲得暫時與究竟的安樂，換句話說，也就是以息增懷誅的四大事業來饒益有情，引導眾生趨入解脫正道。六是最後我們即當安住於永不退轉的究竟本地，屆時能現前任運自成之手印(事業)，如布瑪莫扎在成就大光身以後，暫時安住法界，待時機成熟時就顯現化身來利益眾生。我們依上述六種應當修行之次第而行持是極其重要的。

未得究竟道用之六法：若觀未修動念之本面，了知妄念自性本面時，所現定於無生剎解脫；若觀修習所生之意識，了知苦樂因緣平等時，定於取捨等性中解脫；若觀正行無漏無生性，了知心性諸現自性時，則定通達無生之心性；若觀出定意識之本面，了知心性外境無二時，則趣入定出定無二性；若觀後行動念之本面，了知所生煩惱自滅時，則定詣至心境本基中；

竅訣寶藏論釋

292

前行正行後行相合觀，了知三者無跡如鳥跡，
則定證悟三時自性要。若知此理心識現法性。

　　我們在修行尚未獲得究竟時，應該了知能轉為道用之
六法：一是如果觀察自己未曾修過的分別動念之本面，則
在通徹了知此諸妄念自性的本面時，內外一切所現定於本
來無生的剎那中自然獲得解脫。二是如果我們去觀察通過
修習某法所產生的意識本面，則在了知一切苦樂因緣本來
平等時，一切取捨定於大平等性中自然解脫。三是若我們
去觀察正行無漏智慧本來無生的本性，則在了知心性諸現
都是本來的自性時，一定會通達本來無生的心性本體。四
是我們若觀察出定後得位的意識本面，則在了知心性外境
本來無二無別時，畢竟能趣達入定、出定本來無二的本
性。五是我們若觀察後行(迴向)起心動念的本面，則在了
知內心所生起的煩惱能自然滅盡時，一定能詣至心境的本
基之中。六是我們若觀察前行、正行、後行之綜合性，則
可了知三者的時位概念即如空中的鳥跡般均無痕跡，爾時
一定會證悟過去、現在、未來三時自性之關要。若能了知
此等甚深義理，則一切心識都會顯現為法性本體之等性智
慧。

宣說功德圓滿之六法：畏懼輪迴痛苦尋依處；
以信調伏自續隨佛學；見大福德布施積二資；
精進鞭策日夜勤行善；知慚有愧為法願捨命；
具有妙慧境心現法性。具足此等趣至輪迴岸。

　　宣說能圓滿一切功德之法有六種：一應畏懼三界六道

輪迴的一切痛苦，以此激發我們的出離心，從而尋求能解脫一切痛苦的依怙處——上師三寶。當我們在日常生活中遇到違緣與痛苦時，切莫心生怯弱而應勇猛祈禱、皈依上師三寶。阿底峽尊者的上師曾經這樣說過：「我們於夢中遇到危害與恐怖時，若能憶念、祈禱上師三寶，則一切不悅之夢境皆能立即消除。」二應以對上師三寶的恭敬信心來調伏自心相續的無明傲慢等煩惱，從而依隨佛陀的遺教精進修學。三應在現見大福德的對境前依靠布施來積累福慧二種資糧。四應提持正念，並以精進心來鞭策自己日日夜夜勤苦行持一切善法。五應樹立知慚有愧的品格，為求佛法或為了佛法的興盛，縱然捨棄自己的生命也在所不惜。因此我們平時就應立下堅定的誓願：「寧捨生命亦決不捨棄上師三寶！」六應具有殊勝的妙慧，若我們能以智慧來破除一切邊執戲論，則一切外境與心識均能自然顯現為法性的本體。具足此等功德之人則能趣至解脫輪迴的究竟彼岸。

盡心盡力修持之六法：盡力捨棄今生瑣事泥；
盡力令現邊解脫智光；盡力清除無明愚癡暗；
盡力生出證相之苗芽；盡力清醒二取迷現夢；
盡力獲取三身果寶珠。此乃聖妙教言當牢記。

我們應當盡心盡力修持之法有六種：一應竭盡全力捨棄今生世間的一切瑣事，諸如滅敵護親、求取名聞利養、積增財富、工商農務等如淤泥般污濁的瑣事。二應盡力令自心相續顯現邊解脫的智慧光芒。邊解脫者，即無論生起

任何分別意念，都能當即解脫有無是非等邊執戲論，不受任何束縛與執著的痛苦。三應盡力清除無始以來的無明愚癡之迷暗，令清明的智慧本性無餘現前。四應盡力讓自心相續出生修行證相的苗芽。從諸法本體而言，雖沒有什麼可執著的，然其緣起的證相卻是不可磨滅的。如具有大悲菩提心之人，看見可憐眾生自然會生起難以堪忍的大悲心，禁不住熱淚盈眶；若我們的相續中真正生起證悟法性的智慧，則於任何煩惱都會自然解脫，上述都是絕非造作的無為證相。五是為了不再沉睡迷夢，我們應盡力以智慧去清醒能所二取的迷現夢境。也就是要認清二取本性，滅除分別實執，不再顛倒執取。六應盡一切力量修行以獲取三身無別的菩提果——究竟成辦自他二利的如意寶珠。此等乃為聖者最勝妙之教言，我等修行人應當牢記在心。

修學殊勝斷除之六法：斷除身體顛倒之行為；斷除口中無義之言語；斷除意識妄念之散收；斷除欲妙平庸之貪執；斷除散亂憒鬧之牽連；斷除顧及他心之情面。誰具此等修法定如理。

我們應當修學殊勝行為而斷除六種不如法行為：一應時時刻刻以正念攝持相續，令行為如法、威儀具足，即行如風、站如松、臥如弓、坐如鐘，乃至在做禮佛、繞塔等善法時皆應斷除身體的一切顛倒行為。二應令我們的口經常以美語讚頌他人之善德，或持誦經咒等，切莫口吐惡言穢語，當盡量斷除無有意義的言語。如果我們所說的言語能增上他人的信心、悲心、精進心等，則說得愈多愈好；

295

如果是出言不遜、謗人、謗法等說是道非之言，那就最好閉嘴禁語為妙。雪域諸大德都異口同聲地說過「口是造業之門」。我們再翻開《百業經》、《賢愚經》等教典，則不難窺見口業有多得不可言喻的過患，不得不令人膽戰心驚。因此修行人應萬般謹慎自己的一切言語。三應斷除意識妄念的外散與內收，因為自己未來的事業，並不是以分別心可以判斷的事情。若整日胡思亂想，一個妄想後，又生其他妄想，這樣不斷地外散內收交替循環，則令光陰無義虛喪豈不可惜！四應斷除色聲香味等世間欲妙的平庸貪執，若能以殊勝菩提心、無上密法及無漏智慧的境界來攝持貪執則可將之轉為道用，否則即當斷除一切庸俗執著。五是作為修行人我們身要威儀寂靜、心要清淨無染，如果身行散亂，心則很難得到清淨，顯然這就會導致修行的障礙，故應斷除散亂與憒鬧的牽連。六應斷除顧及他人種種情面之心，只要自己如理如法地行持，就不必在乎別人想什麼，也不用看別人的臉色來做事。因為世間庸人的想法與修行人的心境本來就是格格不入的，前者追求今世，後者追求來世，追求的目標不同故行為一定會有極大差別。誰能具足此等修法，則一定會如理行持。

束縛欲求網中之六法：欲求遠離戲論之真義；
欲求空樂無二雙運義；欲求無緣如空清淨義；
欲求空性智慧精藏義；欲求覺性光明之密意；
欲求本來解脫自然智。見片面義如盲人摸象，
即是耽著我見相有實，故當擺脫執相我見網，

無有是非自證離邊執，斷定廣大邊解脫之義。

　　此外，我們還應斷除一切欲求之貪執心，就算是欲求善法，到一定的時候也會變成束縛的網罟，如是我們應當認知束縛在欲求網罟中之六法：一應了知當修行達到一定境界的時候，若過分欲求獲證能遠離諸邊戲論的真實義，則實際上彼已落入了執著網罟，故此過分的欲求是應斷的所破法。因為離戲的真如實義並無堪忍自相存在，從離實執的角度而言，它本非心所境界，而是超離能求所求的大無為法，故凡是來自於心所的執求必定應成所破法。二是當修行到一定境界的時候，若欲望執求空樂無二的大雙運義，則也落入了一種束縛網，我們應當斷除此網的束縛。三是若修行人特別欲望執求無緣如虛空的清淨本義，則亦未出束縛之網。四是若修行人特別執求空性智慧本來一味的精藏義，則也落入了一種束縛網。五是修行人若執求覺性光明之密意，則也落入了一種束縛網。六是修行人若執求分別念本來解脫的自然本智，則也是一種束縛。因為這些都是我見的片面之義，口中雖然說的是高深境界，心中卻樹立起一種自相的所緣境而特別執求，如是即同盲人摸大象般僅僅能猜測了知而不會獲得真實的體證境界，也就是說，這些心所的遍計執求都是強烈耽著我見的主觀意識，若認為某一所緣存在自相實有而執求，則愈執求愈會墜落在自編的縛網中，難得解脫的機會。是故我們應依上師的竅訣來擺脫執一切相的我見網，因為從最究竟的見解來說，諸法本來無有是非真偽之別，也無實質性的能證所

七寶藏——竅訣寶藏論釋

證之境界，其各別自證的境界是遠離一切邊執戲論的，故執求都是戲論，我們應如是斷定廣大邊戲自然本解脫的真實義。

實修自然滅盡之六法：外境所取之識自然滅；內在能取分別自然滅；秘密二取之識自然滅；憶念空性執著自然滅；究竟覺受本體自然滅；入定出定輪翻識自滅。圓滿此六詣至法界地。

了知在實修過程中能自然滅盡不淨心行之六法：一是通過實修以後，我們於外境所取之不清淨識就能自然寂滅。二是通過實修以後，我們內在能取的分別識也能自然寂滅。比如以前對外境的美色、財物等的貪執心很強烈，通過修行就能逐漸斷除這些執著心。三是通過實修以後，我們於秘密二取和合的有緣識也能自然寂滅(斷除單空的執著)。四是通過實修以後，我們為破除實執煩惱而憶念空性的執著也能自然寂滅，能如如不動地安住在光明離戲的境界中。五是通過實修至究竟時，我們於某些覺受之本體也會自然寂滅。六是通過實修以後，我們於入定、出定輪番交替的意識也能自然寂滅，因為修行到一定境界時，入定出定均無任何差別。札嘎活佛在對修行人的教誡中說：「上等修行人圓滿見修行果，如雪山獅子般能得把握確信；中等修行人分四種，其一即是以恭敬信心經常觀修上師、祈禱上師、永遠不退失恭敬與信心；下等修行人不具任何見解，經常處於茫然無記的寂止中，如冬眠於洞中的旱獺一般沉睡。」能圓滿此六種功德的瑜伽士，畢竟能詣至法界

之本地。

以不超離實修之六法：自身不離佛陀之壇城；
語言不離利眾之佛語；意識不離法身之密意；
飲食不離甘露之供養；行住不離如幻之事業；
實修不離法性之真義。誰以此六不離而修學，
即是享用勝密之寶藏。

　　我們應當了知不超離實修之六種法要：一要令自己的
身體不離佛陀的身壇城，從密法而言，我們的身體本來就
是普賢如來的壇城；從顯教而言，自身修為佛或將佛尊觀
在自己面前，這些都是不離佛身壇城的修法。二要令我們
的語言不離利益眾生之佛語(經教)，也就是說我們口中的
言語應該都是教化人心的經論教句。三要令我們的意識恆
時都不離所證法身本體的密意，或處於明樂無念的境界
中，或安住自己修證的覺性密意之中。四要令自己在飲食
時也不離觀念甘露供養本體無二的如來壇城之修法，如將
上師觀在自身受用輪中廣作供養。五要令自己在行住坐臥
時均不離如夢如幻的事業，也就是說無論對什麼事情均無
任何貪執，處於如夢如幻的境界中。六要令自己的一切實
修均不離法性之真實義，也就是說應以大中觀或大圓滿的
見解來攝持我們的一切實修法。誰能不離此六要而修學，
即是享用了最勝密法之精要寶藏。

開示輪迴自性六比喻：一切無有實質如幻師；
種種迷亂顯現如夢境；現時無有自性如水月；
賢劣苦樂變化如浮雲；受與未受無常如露珠；

299

自生自滅猶如水中泡。以此調心修習極重要。

開示輪迴自性之六種比喻：一應了知輪迴中的一切天地萬物都無有絲毫實質性，如同幻化師的魔術戲法一樣都是從本來無有之中變現出來的。二應了知世間的種種事物都是因無始以來的迷亂習氣成熟而顯現的，如同夢境虛幻無實。三應了知一切器情諸法皆如水中月影般現而無有少許自性。四應了知一切賢劣、苦樂都在瞬息變化，如同空中的浮雲般毫無定準。五應了知我們對苦樂的感受與未感受都是無常的本性，彼能所二取之境即如清晨草尖上的露水珠一樣，不一會兒便消失得無影無蹤。六應了知輪迴諸法由緣起和合而自然生起，轉眼又復自然滅盡，如同水中泡沫一般隨因緣緣起之變化而幻生幻滅。此諸觀修皆能調伏自心相續，故我們在日常生活中依如此竅訣而修習是極其重要的。

開示涅槃自性六比喻：外境匯於心性如陽光；心性不為過染如泥蓮；功德自成如同摩尼寶；自明無障如離雲日月；無偏周遍明空如虛空；世俗無增無減如大海。誰知此理獲得本來地。

開示涅槃(心性本體)自性之六種比喻：一應了知一切外境顯現都能融會於心性無別的本體中，如同太陽的光束無一不歸攝於太陽的本體。二應了知心的本性本來不為任何過患所染污，猶如蓮花雖從淤泥中出，但卻從不為任何淤泥所染，仍然是那樣嬌豔美麗。三應了知心性功德是遠離一切勤作而任運自成的，如同依靠摩尼寶而無須勤勞也自然

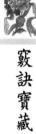

竅訣寶藏論釋

300

能得到一切財富受用一樣。四應了知心性本來是自明自證而無有任何障礙的，如同遠離了一切雲霧的日月那樣赤裸光明。五應了知心性周遍法界而毫無偏頗，是明空大雙運的本體，如同虛空本來周遍人事萬物等一切處。六應了知心性本體悟時不增、迷時不減，就算在世俗諦凡夫的觀現世量和聖者的淨見量面前也無增減之相，猶如大海，表面上看似波瀾起伏、浪濤洶湧，而實際上大海的本體是根本無有增減的。同樣妄現的分別意識雖有煩惱、痛苦以及安樂等相，但實際上心的本性恆時無有變遷。誰能了知此等甚深義理，誰就能獲得真實本來之堅地。

以極重要勸自之六法：自作決定入法極重要；
自勸勉己行善極重要；自勸勉己對治極重要；
自勸勉己苦行極重要；勸己修法究竟極重要；
勸己度化眾生極重要。此乃共同教言當銘記。

　　自己勸勉自己極為重要之六法：一是若自己選擇的修行道路是正確的，且對自他都有利益，則無須咨詢任何人，應當自己作決定去行持。華智仁波切云：「修行之事於父親不用商量，於母親亦不要啟問。」是故拿定主意而盡快趨入佛法修行是極其重要的。二是在修行的漫長旅途中，我們應明辨善惡是非，自己勸勉自己努力行持一切善法，力斷一切不善法是極其重要的。三是當我們生起無明煩惱的時候，應自己勸勉自己依修對治法來懺除業障，這也是極其重要的。四是當我們安享富樂、受用之時，更重要的是應當自己去勸勉自己跟隨古往今來的高僧大德們的

足跡苦行。五是我們既已出家修行，就應立下志願，盡形壽受持清淨戒律，為成辦自他二利精進修法，直至究竟成就，期間更為重要的是應自己勸勉自己無論修什麼法都要持之以恆，切莫半途而廢。六是我們既已成為佛子，就應當行持佛陀的事業，此時自己勸勉自己勇於荷擔如來家業——精勤度化眾生是極其重要的。此等乃為共同殊勝之教言，我們應當銘記於心。

心與行善相融之六法：反覆觀察所行善或惡；
調伏庸俗平凡分別念；恆時恭敬專心而祈禱；
依照經論所說而奉行；當以證悟定見轉自心；
所行當以無相密意攝。如是而行成就菩提道。

我們應當了知心與行善相融之六法：一應反覆觀察自己身口意三門所行是善法抑或惡業。比如修習禪定，修者就當通過發心與見解等條件觀察所修是解脫之因還是無色界之因；所持誦的咒語也應觀察彼是諸佛菩薩的還是普通仙人所偽造的；所做之事應觀察彼是有利於眾生還是有害於眾生。這些身口意的行為都一定要反反覆覆地觀察，正確取捨。二應依教調伏我們那庸俗平凡的分別念，經常提持正念不令忘失。三應恆時對上師三寶生大恭敬與信心，專心祈禱，以求早日與上師心心相印。四應依照諸佛菩薩經論中所說的教誡奉行，毫不違逆。五應以自己所證悟的定解正見來轉依攝持自己的心相續。六是對自己所行的一切善法功德不可太執著，當以無相的密意(智慧)來攝持，如是一切功德皆善無窮盡。如是行持者必定能成就菩提正

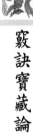

竅訣寶藏論釋

道。

諸修行者不墮之六法：無信田地不生安樂果；
無智淨師不遣無明暗；未行妙法苦海常洶湧；
不行十善失去法根本；不離瑣事縛於懈怠籠；
不具慧眼墮入輪迴澗。不墮此中勤修極關鍵。

諸修行人不能墮落之六法：一應了知無有信心的田地終不能生長安樂的芽苗花果，故修行人首先應於上師三寶生起誠敬的信心，因為他們是一切快樂的來源。二是我們所依止的上師應當具有殊勝的智慧、清淨的戒律以及清淨圓滿的傳承。如果上師無有智慧也無清淨傳承，則不能遣除弟子心相續中的無明癡暗，無有加持力與懾服力的上師就沒有能力調伏眾生。而對修行人來說，若無上師指點迷津，則於高深莫測的經論教義也很難理解明了，是故我們應尋覓並依止具德、具智的殊勝上師。三是我們只有精勤修持佛法才能獲得解脫的大安樂，若不行持妙法，則會因輪迴苦海之波濤常時洶湧而難以抵達幸福安樂的彼岸。四是我們應當行持十善業道，因其是正法的基礎，修行人若不行持十種善業，則將失去正法的根本，如是亦就不配稱名佛子。五是修行人若不棄離世間瑣事，則會將自己束縛於懈怠的牢籠之中。因此我們要遠離一切瑣事而精勤修持能得解脫的正法。六是我們若不具足智慧的眼目，則不知正確取捨法與非法，如是盲目行事，將會墮落到更險的輪迴深淵中。是故修行人時刻皆應小心謹慎，千萬不要讓自己墮入此等生死的險境，為免此患而精勤修行正法是極其

關鍵的。

未作怎能希求之六法：造罪怎能不受惡趣苦？

未行善法怎能得善趣？未斷煩惱怎能淨迷亂？

未積二資怎能獲佛果？追求今生怎得後世樂？

未行正法怎能不流轉？雖欲希求然卻不現實。

　　未造善法之因，怎能希求獲得安樂之果，此理以六種因果事理可作宣說：一是不知取捨而恣意造諸罪業之人，怎麼能不感受三惡趣的痛苦呢？二是若人整日渾渾噩噩，懈怠懶惰，三門從未行持十種善法，則怎麼能獲得人天善趣的安樂呢？三是放逸無度又不具備正知正念之人，無論生起什麼分別妄念都不善觀其性或加以對治，如是未斷無明煩惱，怎麼能淨除二取執著的迷亂顯現呢？四是若我們未曾修積福德與智慧二種殊勝資糧，則怎麼能獲得圓滿斷證功德之佛果呢？五是若修行人整日周旋於世間瑣事中貪求名聞利養，則怎麼能獲得後世究竟三解脫的安樂呢？六是若我們未曾行持能截斷生死源流的正法，則怎麼能不在輪迴苦海中流轉呢？雖然世間人都欲求享受快樂，然因不具足其相應的條件，故只能成為極不現實的奢望。

獲得善趣安樂之六法：具有往昔所積之善業；

現今三門無偽正直住；於諸眾生無有損害心；

誠信業果斷惡而行善；信解真實了義之正見；

具有敬信精進而修法。善趣喜樂已握手掌中。

　　我們應當了知能獲得人天善趣安樂之六法：一是如果具有往昔所修積之善業功德，則於今世自然會因一定的福

報轉生善趣而坐享安樂。二是假如我們想要確保福德萬無一失，且不斷增上，則於現今之世，就應勵力讓自己的身口意三門行善無虛偽，如理如法地正直安住。三是我們應以慈悲心善待一切眾生，對任何一個眾生都不能有絲毫損害之心。四是我們應對因果深信不疑，並依據聖教量來了知善有善報、惡有惡報的道理，如是在誠信業果不虛的基礎上令自之身口意三門斷一切惡、行一切善，就自然能獲得善趣的種種安樂。五應依聞思智慧來信解大乘並生起真實了義的殊勝正見，如大中觀正見或大圓滿正見。六應對上師三寶具有恭敬與信心，同時精進修持能獲得真實解脫的正法。如是履理如法行持則一切善趣的歡喜與安樂都已掌握在自己的手中。

墮入惡趣眾人之六法：恣意生瞋性情極粗暴；
詆毀善法讚頌罪惡業；各種手段欺他具諂誑；
見他圓滿生起嫉妒心；貪圖財物吝嗇無施心；
蔑視他人我慢傲心大。誰具此等前途為惡趣，
受無量苦無有解脫時。

　　我們應當了知構成墮入惡趣條件之六法：一應了知若人不具善意、性情粗暴而又蠻橫不講理，無論遇到什麼事情都會恣意生起大瞋恨心，那麼這種人將來必定會墮入惡趣而感受無量痛苦。二應了知若人愚不及可、不辨善惡而顛倒取捨因果，在與一些惡友交談之時，經常詆毀善法，如妄談殺盜淫等無罪，行善積德等無義，則此人將來必定會墮落到惡趣深淵。三是若人具足諂誑狡詐之品性而經常

以各種手段來欺惑他人，那麼此人將來必定會墮入惡趣。四是不忍別人超勝自己之人，見到他人事事都很圓滿時，就會像阿修羅一樣生起難以堪忍的嫉妒心，表面上雖有可能對功德、事業等圓滿之人諂諛奉承，暗中卻會卑劣地詆毀或加以陷害，當知這種人必定會墮落惡趣。五是貪圖財物又愛財如命之人擁有再多的財物也毫不滿足，對上師三寶和貧苦眾生也毫無施捨之心，非常吝嗇的緣故，這種人將來必定會轉生為餓鬼。六是不懂謙卑處事之益、從不自生慚愧且經常蔑視他人、目空一切、我慢傲氣之心只增不減者，等待他的也是惡趣的無量苦受。具此等惡劣品性者之前途一定是以惡趣為彼岸，感受無量痛苦而無有解脫的時機。

修解脫道妙法之六相：以大敬信依止智者師，
廣聞博思圓滿至究竟；若無加持依怙於此世，
為魔違緣欺故敬三寶；於諸親怨未生厭離前，
不出惑泥當離貪嗔魔；未以正念哨兵所攝持，
墜入惡趣澗故不放逸；不具修法軍隊不能勝，
輪迴敵故勤行善淨罪；未以無緣攝持有為善，
不能成佛故當具智慧。如是精進則速成菩提。

　　我們應當了知修行解脫道妙法之六種徵相：一應以極大的恭敬與信心來依止具有智慧的上師，在智者上師面前長久地廣聞博思經論教義，直至自己的學業成就圓滿究竟為止。二是我們若無具加持的上師三寶作依怙主，則於此五濁惡世中定會為邪魔鬼怪等違緣所欺惑，鬼魔作祟必然

306

會障礙行者修行的進程，因此我們應尋覓、依止具德上師，一心恭敬、至誠懇切地祈求上師三寶賜予加持並作護佑。三是修行人若於自己的親友與怨敵未生起厭離之心，在此之前則不能出離煩惱的淤泥，因此我們在修行的過程中應當遠離貪嗔之魔，力求達到怨親平等的境界。四是如果我們經常忘失正知正念，或未以正念的哨兵來攝持我們的一切行為，則一定會失足墜入惡趣的深淵，是故作為修行人，我們時時應當提持正念，令身口意三門不放逸而謹慎行持。五是我們若不具足實修佛法那強有力的軍隊，則根本不能戰勝輪迴的大敵軍——貪嗔等我執分別心。是故我們應當精勤行持一切善法，以此功德來淨除一切罪障與過患。六是我們在實修佛法的過程中如果未以無緣之空性智慧來攝持，則僅憑一些分別心的產物——有為善法，根本不能成就佛果，是故具足殊勝的無緣大智慧至關重要。如是精進行持者，必定會速成菩提。

精勤積資行善之六法：恭敬聖者具大功德故，
供師本尊空行極重要；饒益有情具大功德故，
悲心救護苦眾極重要；無偏修法具大功德故，
精進聞思修行極重要；利益他眾具大功德故，
發心講法作眾依怙親；無相無緣具大功德故，
斷除我執我慢與相執；修持實相具大功德故，
修成究竟義之三寶尊。若如是行速成正等覺。

　　宣說精勤修積資糧、行持功德之六法：一應了知若人恭敬聖者菩薩，則能獲得極大加持，因彼具有殊勝之

七寶藏——竅訣寶藏論釋

大功德，自己的上師、秘密依修的本尊以及空行，是我們獲得加持、成就、悉地的根本源泉，故恭敬供養此三根本極其重要。二應了知以大慈悲心饒益一切有情之善舉具極大功德，是故廣發大悲心去救護一切苦難眾生極其重要。三應了知具足正確知見、毫無偏頗地修持佛法具足極大功德，如是之故，對於修行人來說精進地聞思修行是極其重要的。四應了知經常利益他眾者，無論施予財利還是法利都會獲得極大的功德，所以我們應當廣發菩提心為有緣的眾生講經說法，甘作眾生的依怙主與至親。五應了知在修法之時不可著相而求，當修持諸法本無自相、無緣大空性的本體，此修具大功德故，我們應當斷除一切我執、我慢(認為有我的增上慢)與相執。如是行持者即便只是一念觀修也會獲得無量功德，乃至摧毀輪迴的根本。《四百論》中說：「薄福於此法，都不生疑惑，若誰略生疑，亦能壞三有。」六應了知修習諸法的究竟實相——光明如來藏具極大的功德，所以我們應當圓滿修成究竟真實義之三寶尊(法身本體)。若修行人能如是行持此等妙法，則必定速成正等正覺的果位。

自己毀壞自己之六法：不聽慈心相告教言者，
如龜出言墜落毀自己；造惡業後欲求快樂者，
如服毒者求樂毀自己；捨棄上師依止惡友者，
如棄送者入敵毀自己；放棄佛法而搞世法者，
如棄王位放牧毀自己。不成此六種人極重要。

我們應當了知自己毀壞自己之六法：一是若不聽取他

人本懷善意而慈心相告的教言，則會自取毀滅。比如乾涸湖邊的一隻烏龜乞求兩隻天鵝帶牠去遠方有水的湖泊，烏龜計謀自己咬住木塊中部，兩隻天鵝各抬木塊一頭。臨行前，天鵝忠告烏龜切莫說話，就這樣天鵝載著烏龜飛上了天。當牠們越過一座村莊時，一群孩童拍手誇讚天鵝聰明，烏龜聞言大為不悅，為明示此是自己想出來的主意而開口，結果牠落得從高空墜落摔死的慘境。二應了知欲通過造惡業來令自己快樂的人終不會有好結果，比如有些人為了滿足口腹之欲而殺生，或為獲得更多的財物而偷盜，或為滿足自己的欲望而行淫，其實此等都是具罪的惡業、痛苦的根源。再如有些人接受不了精神上的痛苦，想一死了之，妄想通過服毒的方式來求得快樂，此愚昧之舉只能是自取毀滅，且會令相續苦苦增上。三應了知捨棄自己的上師而依止一些人格卑劣的惡友也是自取滅亡之舉，如同捨棄了好心護送自己度過險境的大勇士，反倒去與凶狠殘暴的怨敵結伴而行者一樣，必定是自己毀壞自己。四應了知若人熱衷於世間八法而放棄佛法不修，則也是自取毀滅之舉，如同國王棄離自己的王位，去做賤民放牧般終將毀壞自己的前途。(此六法在藏文原版就缺兩法)為防自己變成此六種自取毀壞之人，我們鑒往知來、時時警醒自己是極其重要的。

自我忠告不為之六法：莫入城市依止寂靜處；
莫成剛強三門極調柔；心勿粗暴一心向正法；
勿成無愧履行所立誓；勿破誓言恭敬師道友；

莫為苦惱心境當放寬，住於舒適之處極重要。

宣說自我忠告——修行人不應作為之法有六種：一是我們應告誡自己切莫趨入充滿憒鬧的城市，否則觸境生心而難以抑制貪嗔等煩惱的生起，因為妙色美境的千姿百態都很誘惑人心，此等均為散亂身心以致墮落之因。故修行人鐵定心志依止寂靜處專一修行很重要。二是修行人首先應通過聞思樹立正知正念，增上殊勝的智慧之後依教調柔身心，切莫令自己成為剛強難化的眾生，否則會受到眾人的駁斥與蔑視，而且也得不到諸佛菩薩和善知識的呵護與攝受，故令身口意三門極其調柔很重要。三是修行人應當性情和善、恭敬上師、慈悲眾生，切莫縱任自心易怒粗暴、無理取鬧，而應調柔身心，威儀寂靜，一心趨向正法修行。四是修行人應具足知慚有愧的品格，無論做什麼事情都要以自己的身分來衡量，相宜則為之，不相宜則莫為。對於自己所立下的一切誓言都應履理而行，總之，要極力棄惡從善，使自己成為知慚有愧、講信用的人。五是我們既已接受灌頂，趨入密乘，就一定要提持正念，千萬不要破毀誓言。雖然密乘誓言條理繁多，但其中最主要的即是恭敬上師、團結道友，也就是說彼此要互相尊重、關愛。六是修行人要懂得自我調解，無論遇到什麼違緣，皆內觀心性，切莫為某種苦惱所困擾，應心境坦然放寬，安住於能令身心舒適的地方，漸漸地，一切苦惱都會煙消雲散，如是善加調解心境極其重要。

慎重思維可惜之六法：深恩老父大恩之上師，

竅訣寶藏論釋

忘記可惜故當敬祈禱；深恩老母六道有情眾，
受苦可惜故當引樂道；自己暇滿難得此三門，
空耗可惜故利他行善；殊勝道友賜悉地本尊，
棄離可惜故恆敬相伴；勝子自然智慧美童子，
迷失可惜故持法性地；祖傳家寶心性摩尼珠，
遺失可惜故當慎珍愛；若持永久王位此重要。

七寶藏——竅訣寶藏論釋

　　我們應當慎重思維最為可惜之六法：一應思維對我們恩深似海的老父親——大恩根本上師，他能成就我們的法身慧命，是沉溺生死苦海眾有情的依怙主，如果忘記了這樣的大恩上師，的確非常可惜，是故我們應當經常憶念上師、恭敬祈禱上師，否則我們所修行的道業便不會有成功的時候。二應思維生我、養我、教我做人的大恩老母親——六道眾生，如今她們沉溺輪迴，飽受著無量痛苦，如果我們不念舊情，忘恩負義地將她們置之不理，這樣不僅枉負自己修行的初衷，而且也是不仁不義、非常可惜的事情，故應履行初心，廣發大願、不辭勞苦地將一切老母有情引至安樂道中。三應思維暇滿人身難得而易失，若人在萬難之中獲得了暇滿人身，但卻未能好好地利用起來修行善法，反而放縱身口意三門——渾渾噩噩地造諸惡業，如是空耗珍貴的暇滿人身是非常可惜的，是故我們應當依此珍寶人身精勤地利益他眾，行持一切善法。四應思維在我們的修行生涯中，殊勝的菩提道友和賜予悉地的本尊對每位修行人來說都是不能缺少的，如果棄離他們而獨立前進則是非常可惜的，是故我們應當恆時恭敬本尊以及菩提道

友，並且與他們生死相伴、永不分離。五應思維修行人最殊勝的兒子，即是自然智慧——美妙童子(認識本來的覺性)，對此如果不數數地如實熏修或以分別心加以改造，使他迷失而不知去向，則是非常可惜的，是故認識本來覺性、如實受持此法性之堅地很重要。一般來說為能穩固自己的出離心，偶爾需要修習無常觀、不淨觀、痛苦觀等，但於獲證究竟的解脫來說，心性觀尤為重要，故應日日不斷地熏修。六應思維我們無始以來代代相承的祖傳家寶——心性摩尼寶珠是很難現前的，一旦現前就應當善加護持，如果將它遺失了，則是非常可惜的。也就是說，我們依靠上師傳授的竅訣而認識自己心的本性以後，要經常如實地修煉，否則就很容易被無始以來深重的迷亂習氣所障蔽，故對此心性摩尼寶珠不斷地修持很重要。修行人若欲受持永恆無有變異的王位——普賢如來的果位，則此等修要竅訣極其重要。

法未修成受苦之六法：投生三有痛苦雖不欲，
然如以土堵水必承受；年邁腐朽老苦雖不欲，
然如花遭霜打必承受；劇烈難忍病苦雖不欲，
如魚彈熱沙中必承受；自他愛別離苦雖不欲，
然如駱駝失崽必承受；怨魔加害之苦雖不欲，
然如雛為鷂捉必承受；強烈死亡之苦雖不欲，
然如風中殘燭必承受。思維此等後當勤修法。

　　我們還應當了知法未修成而導致繼續受苦之六法：一是未事修行之人必定會投生在三有輪迴中感受痛苦，雖然

眾有情皆不欲此苦受，但業力尚未消盡之前誰也無法擺脫，如同以泥土去堵塞暴流之水般起不到任何作用，如是沒有真實的修行功德，就必須承受三有中不欲的痛苦。二是很多未能修行的人在身強力壯、青春美滿之時心情很快樂，而於年邁腐朽之時的老苦，雖然不欲感受，但隨著年齡的增長，身體不斷地衰竭，就必須一步步邁向老年，如同豔麗的鮮花遭受冰霜的襲擊般必須承受衰邁的痛苦。三是對於身體感受的劇烈而難忍的病苦，法未修成之人，誰都不願意感受，雖然不欲感受病苦，但卻如在熱沙中彈跳的魚一般必定要承受業力所感的痛苦。四是未能修行之人，無論自己別離親密相處的他人還是他人離別自己，誰都不願意感受此等愛別離苦，雖然不欲，但也必須面臨悲歡離合這一難抹掉的事實，如同駱駝失子般必定會承受這無常定律所致的痛苦。五是未能修法之人誰都不願意遭受怨魔的加害，都希望自己一生平安，快樂無憂，但在業力現前之時也必須接受這一痛苦的事實，如同雛雞被鵰鷹捉走般必須承受痛苦。六是未能修持佛法之人，誰都不願意感受被死神強烈奪走生命之死苦，都想健康長壽或長生不老，但四大假合之軀，必定會有肢體分解的時候，如同風中的殘燭般必須承受生死交關時那種氣息瓦解的痛苦。思維此等無常的真理以後，我們應當以此來鞭策自己精勤修持佛法，積累善法功德，以資徹底解脫一切痛苦的困擾。

雖欲無法擺脫之六法：家人親友雖欲恆不離，相依相伴然卻定別離；美妙住宅雖欲恆不離，

七寶藏——竅訣寶藏論釋

長久居住然卻定離去；幸福受用雖欲恆不離，
長久享受然卻定捨棄；暇滿人身雖欲恆不離，
長久留世然卻定死亡；賢善上師雖欲恆不離，
聽受正法然卻定別離；善良道友雖欲恆不離，
和睦相處然卻定分離。今起該披精進之鎧甲，
詣至無離大樂之寶洲。於諸深生厭離道友前，
無有正法乞人我勸勉。

　　當知雖欲持執而又無法擺脫的六種無常法：一應了知對家人、親友的和樂歡聚，我們雖欲天長地久、永不分離，為此亦曾海誓山盟地要患難與共、相依相伴，然而無常的猛厲襲擊卻是誰也無法抗拒或擺脫的，無論你們情誼多麼深厚、相聚多麼的和睦歡樂、如何的難分難捨，都必定有別離的這一時刻現前，不是陰陽兩隔，就是天各一方，這樣的愛別離苦是所有凡夫都必須接受的事實。二是對美妙悅意的住宅，很多人心裡雖欲長久居住，永不離開，然而計劃沒有變化快，無常一來臨，您就不得不接受這無情的事實，只能是滿懷悲愁地離開美好的樂園。三是對一切幸福的受用、美滿的生活，很多人心裡雖欲永遠擁有，且少許也不願離開，然而無常來臨之時卻一定要捨棄。佛經中也說：「一切有漏的財富是自己、盜賊、水、火等五家所共用之物。」四應了知暇滿難得的人身是憑藉千百萬劫中的福德因緣而獲得的，凡是得此美好人身者，都欲長久留存世間而不願別離，但是脆弱不堪的軀殼不可能持續很長的年月，生死存亡無不取決於自己造作的善惡

窾訣寶藏論釋

314

業緣，一旦無常來臨，就必定會死亡，將如野狗般獨自漂泊於中陰那恐怖的狹道和曠野之中。五應了知淒苦可憐的眾生對自己的賢善上師具有強烈的依賴心，他們心裡雖欲永遠跟隨上師、恆時不離左右，一心承侍上師，依止上師聞思正法而修行，然則不期而至的無常是毫不留情的，總有一天師徒定會含淚別離，各奔東西，故只能珍惜、抓緊依師修行的美好歲月。六是對於善良的道友，有些人心裡雖欲永不分離，願在菩提道中恆時相伴、和睦相處、攜手並進，然而無常來臨之時卻一定要分離。當我們了知無常的真理後，就應立下堅定的誓言，從今日起披上精進的鎧甲修持能獲得解脫安樂的正法，勇往直前直至大樂的殊勝寶洲——清淨剎土。在這裡無垢光尊者很謙虛地說，於輪迴深生厭離心的諸道友面前，自己雖然是無有正法的乞人，但也真誠地以此教言勸勉。

不想自然而得之六法：拋棄無有必要輪迴法，涅槃安樂不求自然得；以無偏信精勤行善法，幸福安寧不求自然得；所為皆依上師言教行，甚深教授不求自然得；以四無量修煉自相續，利眾事業不求自然得；斷除貪心盡力積資糧，受用財富不求自然得；修持無離無合佛密意，迷現我執自然而然滅。依教修行自然得如是。

　　不用妄想而自然會獲得所欲之法有六種：一是只要我們能徹底拋棄無有任何必要的輪迴法(貪嗔癡等分別心所攝之法)，則於寂滅的涅槃安樂不用強力執求，也能自然獲得。二是

七寶藏——竅訣寶藏論釋

若我們能以無有遍計的大信心精勤行持一切善法，則於一切幸福安寧等快樂不用執求也會自然獲得。三是只要我們能謹依上師的言教而行持，則於甚深的教授竅訣不用執求也會自然獲得。四是若我們能經常以慈悲喜捨四無量心來修煉自心相續，則於弘法利生的廣大事業，不用刻意執求也會自然獲得圓滿。五是我們若能徹底斷除一切貪欲之心，盡心盡力地修積善法二種資糧，則於一切財富、受用等均不用執求也會自然獲得。六是若我們經常修持無離無合之佛陀密意——心性本體，則一切由迷亂習氣顯現的我執均能自然而然地滅盡。凡是能如理依教修行之人都自然會獲得如是殊勝功德。

善加思維應當之六法：於此輪迴迷現法厭惡，
當如見到屍糞般反感；警惕一切不善諸惡業，
當如新媳入門般小心；於非法業生起後悔心，
當如服毒之人憶痛苦；斷除煩惱具有懾服力，
當如獅子神威具對治；所生妄念能夠自解脫，
當如鹽入水中自溶解；了知法與非法之差別，
當如天鵝之喙具智慧。具此六者相應諸正法。

　　善加思維後應當生起的感受有六種：一是若人思維萬法的本性，則於輪迴中由迷亂習氣成熟而顯現之法會深生厭惡之心，其限度當如見到屍糞泥般生起反感，這樣才能生起真實無偽的出離心。二是若我們能了知苦性與其來源，則一定會警惕身口意三門的一切不善業，無論是自性罪還是佛制罪都會一併清淨地受持，不令毀損，其限度當

竅訣寶藏論釋

316

如剛進門不久的新媳婦般小心謹慎。三是我們應於前所造作的惡業生起後悔心，發誓不再造惡業，其限度當如服過毒藥之人，每每憶及當時的痛苦，心裡便恐懼萬分，是故從今以後再也不會有這種愚昧的行為。四是我們若欲獲得永恆的快樂，則於對治無明煩惱要具有一定的懾服力，其限度當如雪山雄獅在一切野獸中具有大威神力般，不論生起什麼煩惱，皆能以強而有力的對治法一一摧毀。五是對自相續中所生起的一切分別妄念，我們若能依教了認其本性則能自然解脫，當如鹽傾入水中般自然溶解。六是我們應通過聞思的智慧來了知法與非法之間的差別而正確取捨，當如天鵝之喙能於水乳相融的汁液中無誤分取純奶般具足大智慧以明辨取捨善惡之法。凡能具足此等六法之人必定會相應一切正法，乃至獲得殊勝成就。

大瑜伽士所需之六法：見解如王故需持本地；
行為如臣故需知行時；戒如門衛故需能應付；
智慧如僕故需具全能；妄念如雲故需自消失；
德如倉庫故需恆充滿。若具此六任運成二利。

　　大瑜伽士所需要之法有六種：一是彼之見解應如國王執政一般需要持執本地，國王如果捨棄了自己的權勢和地位，則有萬民起義之厄。同樣我們密乘行者所樹立的究竟見解一定是心性真實的面目，故需持本地。二是大瑜伽士的行為應如大臣一般，即大小諸事需要逐一行持，並且要相應機緣。首先要了知何時應行共同解脫法、何時應行不共同方便法等，並且時時處處以悲心護念眾生，不令生起

邪見而契時契機地示現相應見解的行為。三是大瑜伽士的戒法應如同保護國王的門衛一般，需如理應付一切非法敵賊。正如蓮花生大士所云：「是故見比虛空高，取捨因果較粉細。」四是當如同家中精明能幹的奴僕般，大瑜伽士需要具足世出世間全能的智慧。五是大瑜伽士相續中生起的妄念當如同空中的浮雲一般，需要令其在智慧陽光下照射而自然消失。六是大瑜伽士的功德應如倉庫般需要恆時充滿。大瑜伽士若具足此等六法之相則能任運成辦自他二利。

欲成國王善修之六法：欲成長官王勸自修法；
欲成勇士王摧煩惱敵；欲成人王下達教法令；
欲成威力王伏我執魔；欲成富王積二資糧財；
欲成醫王除自過痼疾。知此理者則成人天師。

竅訣寶藏論釋

凡是欲成為佛法國王的人都應當善修六種法要：一是若人欲成為眾生的長官，甚或長官之王——佛法的傳揚者，則應勸勉自己修持佛法，令自己具足一定的內證功德和殊勝法相等很重要。二是若人欲成世出世間的真正勇士，甚或勇士之王，則應徹底摧毀煩惱的怨敵，如是方能名副其實。三是若人欲成為人中之王，則應負起責任，為一切眾生下達教法的令箭，引導眾生走向解脫。四是若人欲成為具大威神力之王，則應降伏一切我執之魔。五是欲成富翁之王者，應精勤修積福慧二種資糧之勝財。六是若人欲成為眾生的大醫王，則應徹底斷除自己的一切過患和煩惱痼疾。若人能了知此等道理，就一定會成為人天之殊

318

勝大導師。

謹慎提防怨敵之六法：於法起信心生出離時，
親友情感之敵易出現；斷除一切輪迴瑣事時，
貪戀纏綿自敵易出現；行持正法布施食財時，
他人傳誦慢敵易出現；實際修行甚深教言時，
三心二意疑敵易出現；顯現覺受增上暖相時，
喜執有緣之敵易出現；開啟種種功德之門時，
貢高我慢之敵易出現。提防易現之敵極關鍵。

七寶藏——竅訣寶藏論釋

　　作為修行人，我們應當謹慎提防容易出現之六種怨
敵：一是當我們於正法生起信心，對輪迴生起出離心時，
往往容易出現來自於親友情感方面之怨敵魔障，以致阻礙
自己生起對上師三寶的信心和厭離輪迴的出離心，是故我
們一定要認知此諸違緣的本性，立斷對親友情感等的牽
連，堅持自己的志願，履行自己的選擇。二是當我們欲斷
除一切輪迴的瑣事時，則於父母、妻兒等親友的貪戀之情
容易纏綿不斷地出現，有些人往往會因此墜進這種親情眷
戀纏綿的幻網之中難以自拔。自方情感的怨敵就會這樣來
阻礙自己的道心，是故我們應以智慧的寶劍來斬斷眷戀的
情絲。三是我們在為行持正法而布施衣食等財物時，他人
往往會四處傳誦自己的功德，我們有可能會因此而沾沾自
喜，若不提持正念，我慢之怨敵就容易出現。四是當我們
欲實際修行甚深教言之時，疑慮之怨敵魔也容易出現而百
般阻礙，因此自己往往會變得三心二意而難以真實用功。
諸如懷疑自己修法能否成就，或法有什麼問題等等，總是

困於疑慮之網而難以擺脫。五是當我們因修行而顯現某種覺受或增上暖相時，往往不能以空性正見或如夢如幻的境界來攝持，總是喜歡執著某種境界的緣相，甚至自以為修行很好而歡喜，如是執著有緣境相的怨敵就容易出現。六是當我們能開啟信心、出離心、大悲心等種種功德之門時，貢高我慢之怨敵也容易出現，因而會認為誰也比不上自己。作為修行人，在漫長的修行旅途中，恆時提防容易出現的分別執著等怨敵是極為關要的。

諸修行者修持慈心時，披上安忍鎧甲六教言：
終生修法圓滿是勇士；三門趨入善法是信士；
無有諂誑虛偽是善士；了知斷絕邪道是智士；
以法度過人生是明士；大慈大悲利他是菩薩。
當學一切聖者之威儀。

　　無垢光尊者諄諄告誡諸修行人，在修持慈悲心等法要時，一定要披上安忍的鎧甲，如是有六種教言：一是我們若能在寂靜的地方終生修法乃至究竟圓滿，則可稱為真正的大勇士。如果修行人有始無終或半途而廢，此人即為大懦夫。二是我們的身口意三門若能真實趨入善法，自心與佛法相應，則可稱為佛教真正的大信士，佛子稱號當之無愧。三是為人坦誠、無有諂誑虛偽等狡詐行為而仁慈厚道之人才是世間的大善士。四是若人秉性正直、明辨是非真偽、了知並斷除邪道之行，則可稱為真正的大智士。五是完全以佛法來度過自己的人生旅程者乃為真正的明智之士。如果不以正知正念來防護自之根門，以善惡參半之行

窮訣寶藏論釋

度過人生，甚或完全以非法行為來度過人生者，確實是枉來人間走一遭，難得的珍寶人身在他們身上便成了禍害的根源，如是甚為可惜。六是能以大慈大悲之心廣利他眾者，才能稱為真正的大菩薩。是故作為修行人，我們應當修學一切聖者之殊勝行為、秉持如法之威儀。

脫離痛苦網罟之六法：已獲難得人身且遇法；
幸逢具相上師生敬信；斷除輪迴瑣事無憒鬧；
受持甚深教授無道障；行持善法度日無懈怠；
大樂任運自成離執著。具此六者不會生苦惱。

　　能令我們脫離輪迴痛苦網罟之六法：一是我們既已獲得了暇滿難得的人身，且幸遇了殊勝佛法，此即解脫輪迴網罟的一大有利條件，故應依教實修。二是我們憑藉往昔的善緣力而幸逢具有法相的上師，並對上師生起了極大恭敬與堅定的信心，這也是解脫輪迴網罟的一大因緣，故應珍惜。三是我們勵力斷除了輪迴的一切瑣事，無有世間的憒鬧散亂身心，可一心安住寂靜處，當知這也是解脫輪迴網罟的一大因緣。四是我們受持著大小乘的甚深教授，步入了修行的光明坦途，且無有任何道障違緣，當知這也是解脫輪迴網罟的一大因緣。五是我們唯以行持一切善法、修積功德而度日，如是精進用功，無有懈怠即為解脫輪迴網罟的一大因緣。六是若我們的修行達到了一定的境界，其大樂智慧則能任運自成，且遠離一切二取執著，當知這也是解脫輪迴網罟的一大因緣。凡是具足此六條件的修行人必定不會產生苦惱的心境。

開示表明教授之六法：誰厭靜處獨自待不住，
知其未曾實修住心法；誰與多人不能共相處，
知其無巧方便性情劣；誰依上師然未斷非法，
知其未得師德與加持；誰不調柔驕傲我慢高，
知其未悟實相無體驗；誰若輕視教言極懶惰，
知其未入解脫轉輪迴；誰重自利無有大悲心，
知其無大乘道與發心。依此外相推知內在德。
故望勿入非法之歧途。

竅訣寶藏論釋

　　開示依外表能明識教授之六種法要：一是誰人若於寂
靜處生起厭煩心，並且獨自一人根本待不住，總是想方設
法地東逛西遊到處串門，以此外相便能推知彼未曾實修安
住心性之法門，故心如逸馬喜歡遊蕩。二是誰人若與多人
不能和睦地共同相處，整日與人爭執不休，以此外相，則
能了知其無有隨順他人的善巧方便與智慧，而且性情也很
卑劣。三是誰人雖已依止上師，然若未斷除身口意三門的
非法行為，以此外相就可推知其尚未獲得上師之功德印持
和意傳加持。四是誰人若不調柔自心相續，反而顯得更加
驕傲，生大我慢，以此外相便可推知其尚未證悟諸法實相
之本體，甚或無有任何修行體驗或覺受。五是誰人若輕視
上師所明示的修行教言，且自己也非常懶惰，以此外相便
可推知其未具足真實的出離心，也未趨入真實能解脫之正
道，將來必定會老路重走——繼續在生死苦海中輪轉。六
是誰人若過於重視自己的利益而不顧念眾生諸苦，無有絲
毫大悲心，以此外相便可推知其未入大乘佛子之正道，也

不具大乘菩薩之發心。依靠此等外相便可推知我們內在有無功德，是故衷心地期望諸修行人切勿誤入上述之非法歧途。

宣說成為枉然之六法：不畏惡趣積累罪惡業，
難得暇滿人身成枉然；入佛門後貪嗔執偏袒，
真實義之信心成枉然；若以聞思詞句生我慢，
證悟實相智慧成枉然；放棄甚深密宗實修法，
無要精進苦行成枉然；捨棄無二雙運勝智慧，
修習執邊現空成枉然；放棄住山靜處修正法，
遊於城鄉悉地成枉然。是故不成枉然極關鍵。

　　宣說成為枉然(浪費、虛喪、毀壞、失去)之六法：一是有些世間人被邪知邪見熏習而變得麻木不仁，他們根本不畏懼惡趣的痛苦，內在無毫許善心，外在更不會造少許善業，總是胡作非為，積累很多罪惡之業，這種可憐又可惡的眾生雖然得到了比如意寶還珍貴的暇滿人身，但也成枉然，他們不僅無義空耗，且利用此身造就了迅速下墮三塗的惡業，如是豈不哀哉？二是已經趨入佛門的修行人理應依教調伏自之根門，息滅一切煩惱惡心。若不依教如理行持，反而滋生貪嗔癡等煩惱，並且妄執偏袒等邪見也日趨嚴重，甚至充滿自心相續，那麼此人對上師以及佛法真實義之信心皆成枉然，他們已毫無意義地浪費了此珍貴的信心。三是若不懂聽經聞法是調伏無明分別心的方便，僅以聞思一些經論的詞句作資本而增長我慢之心，認為自己廣學多聞很了不起，鸚鵡學舌般演講時也是口沫橫飛，乍一

看似乎講得頭頭是道、條條有理，但因滋生我慢等邪見的緣故，那麼此人即便是擁有證悟諸法本來實相的智慧亦成枉然。四是如果放棄了甚深密宗的實修法，僅依無任何上師明示的修法，盲目地精進行持一些勞苦無望的「要訣」，這樣縱然經歷再大的苦行仍無意義，枉然苦行而已。五是我們應當以殊勝的信心和精進心相合上師的竅訣教言而行持，如是一定會證悟明空無二的智慧。如果捨棄無二雙運的殊勝智慧，反倒耽著邊執的現分或空分等修習，那麼這種修持也成枉然，只能是無義地浪費珍寶人身。六是作為修行人，我們應當依止寂靜處，如果放棄住於深山、岩洞等寂靜處修習正法之機會，反而遊逛於城市、鄉村等憒鬧處，則求得悉地亦成枉然，而且此行還會成為毀壞悉地之因。是故作為修行人，令我們自己的所作所為不成枉然是極其關鍵的。

追循前輩足跡之六法：若想根除罪障與習氣，
且觀無基離根之心性；若想尋覓所欲如意寶，
持之以恆勤修甚深道；若想證悟實相義法性，
且觀尋而不得自性住；若想實修教言入自心，
則調自續爾後實修持；若想誠心如理修正法，
則棄今生斬斷耽著藤；若想速得前輩之偉跡，
觀彼行為真心修正法。此等乃是竅訣精華要。

　　追循前輩高僧大德們的足跡之六法：一是我們若想根除無始以來的一切罪障與習氣，則應直觀無基離根之心性本體，且觀真如本性也是懺悔法門中最為殊勝的懺罪要

324

訣。二是我們若想尋覓並獲得宛若如意寶一樣的證悟智慧，則應持之以恆地沿循甚深密法之要道而精勤修習。三是我們若想證悟諸法的究竟實相義——法性本體，則應依教直觀以分別執著尋而不得之諸法本性，並於此法性中本然安住，(心性本體無論怎樣尋覓，能尋與所尋均了不可得，此不可得實際即是最殊勝之獲得。)如是自然安住則能證悟諸法實相之本義。四是我們若想實修佛法，且令上師的教言融入自心，也就是令自心與法相應，則應調整自心相續，待心稍得調柔時仍應相續不斷地依教實修，這樣逐漸就能令心與法完全相應。五是我們若想誠心誠意地如理修持正法，則應勵力捨棄今生，因為追求名聞利養等世間八法本非修行人應行之事，且是障道的違緣。如是捨棄今生以後，進而再力揮智慧的寶劍斬斷耽著人事萬物的藤蔓。六是我們若想迅速獲得如前輩高僧大德之偉績般的修證功德，則應觀修彼諸殊勝行為，即前輩們是如何夜以繼日地修行，我們也應如是真心地修持正法。當知此等乃為修行竅訣精華之要訣。

不符共同規律之六法：自之種種惡行已具全，
望悅他眾非行者做法；自之諂誑虛偽已具全，
望悅三寶非行者做法；不於靜處精進而修持，
埋怨正法非行者做法；口頭慈悲實際為私欲，
望成利他非行者做法；心中執我口頭說空性，
望得解脫非行者做法；心有我見口頭言離邊，
望證實相非行者做法。是故勿毀佛教總法軌。

我們應當了知不符合佛教共同規律之六法：一是若人

七寶藏——竅訣寶藏論釋

不行持善法，且已具全身口意之種種惡行，然而卻企望取悅他眾以得名聞利養，則絕非為修行者之做法，因為只有棄惡從善才能真實地饒益眾生。二是自己不如法行持，且採用諂誑、虛偽等方式邪命養活，為謀取利養，以狡詐心不擇手段地欺騙眾生，具足上述劣行之人若企望取悅上師三寶，則絕非修行者的做法，其所欲也是根本不可能成辦的。三是修行人本應依止寂靜處修行，如是才能獲得真實法利，若不於寂靜處精進用功修持正法，反而隨心所欲地到處遊逛，令身心放逸散亂，這樣當然不可能獲得修行的驗相。如此不察己過，反倒埋怨正法種種不是之行為，絕非修行人的做法。四是心裡無有慈悲善心，僅在口頭上高唱慈悲之歌者，實際上都是以滿足自己的私欲為目的。以此行為若企望成辦利益他眾的廣大事業，則絕非修行者之做法。五是若人心中我執非常堅固，而於口頭上卻說「一切都是空性」、「一切都不要執著」之類的大話，這種人一旦遇到逆緣或稍有不順之時就會憤慨萬千、大發雷霆。以口頭上的空性而企望獲得解脫也絕非修行者的做法。六是心中充滿了我見，卻於口頭上妄言一切都是遠離邊執戲論的，以此企望證悟諸法究竟實相，也絕非修行者的做法。是故作為修行人，我們應當依教奉行，千萬不要以虛偽狡詐的惡行來毀壞佛教總體的法規。

極其善妙吉祥之六法：佛法住世獲得人身時，
應該迅速脫離輪迴壞；聞思精華實修之此時，
正法應該融入自相續；出現種種痛苦違緣時，

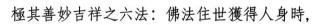

應該毅然精進修正法；六聚門中顯現六境時，
二取顯現應該自解脫；修習見修行義之此時，
應該無偏修煉覺性力；成辦永久大計之此時，
應該勤修慈悲之教言。若未以修佛法獲把握，
死時死主亦會恥笑汝。

極其善妙又非常吉祥之六法：一是我們今生幸遇佛法住世，並且也獲得了如珍寶一樣的暇滿人身，此時就應該依此人身精勤用功修行，以資迅速脫離遍布烈焰之輪迴壑。二是我們今已依止了具有法相的上師，並聞思了大乘佛法的精華義，這足以供我們實修之用，此時就應該將契應自己根器之正法融入自心相續，成為心裡的無盡受用。三是在日常生活中，若自己的心理或生理上出現某種痛苦與違緣，此時就應該善觀其性，克服困難而毅然精進修行正法。作為修行人，以為眾生拔苦予樂的大悲心和引領眾生走向解脫的豪情壯志而言，即應勇敢地面對一切痛苦，並善於將之轉為道用，切莫心生怯弱而在痛苦等逆境面前低頭，是故我們應肩負起弘法利生這一神聖的使命而勇往直前。如果您能勇敢地迎難而上，那麼就連魔王波旬也會對您畏懼三分，往後絕不敢肆意危害於您。四是若六聚識的根門顯現色聲香味等六境時，就應觀其本性，坦然安住，之後自然會解脫於二取之迷亂顯現。五是當我們分別修習見、修、行次位之法義時，就應毫無偏袒地數數修煉本來覺性之妙力。六是當我們在成辦自他二利這一永久的大計劃(獲證究竟涅槃)時，應該恆時勤修增上穩固慈悲

心之教言。倘若我們獲得暇滿人身，卻又未以實修佛法而獲得修證境界和生死把握，則於臨命終時，前來相迎的死主閻羅軍也會恥笑我們。如同經常往詣寶洲取寶之商主，已到寶洲，卻一無所獲、空手而返，這樣不僅人們會譏笑他，而且也會為他感到惋惜。

矛盾可笑不成之六法：自己尚未獲得自在前，令他自在矛盾又可笑；尚未成辦自利能力時，想成他利矛盾又可笑；自尚不具弟子之法相，想做上師矛盾又可笑；自如乾燥皮革不調柔，想調他心矛盾又可笑；自忙今生無有證悟見，教他修法矛盾又可笑；自尚未斷庸俗之行為，令他如法矛盾又可笑。不染如是過患極重要。

　　我們應當了知既矛盾又可笑而且也不能成辦之六種法：一是有些人自心相續充滿苦惱，身口意尚未獲得調順與自在，在此之前卻妄言要令他眾獲得自在，並解脫他等眾生的一切苦惱，這是既矛盾又可笑的事情，實際上也是不可能成辦的。二是有些人尚未具足成辦令自己獲得生死解脫等利益的能力，諸如信解因果、觀修人身難得、壽命無常、輪迴痛苦等出離心的境界和對上師三寶的信心等力都很微弱或根本無有，卻妄想成辦令他眾獲得生死解脫等利益，則是既矛盾又可笑的事情。三是有些人自己尚不具足賢善弟子應具的法相，卻癡心妄想去做他人的金剛上師，這是既矛盾又可笑的事情。四是有些人自己的性格非常頑固，宛如乾燥又堅硬的皮革般毫不調柔，卻還要妄想

去調柔他人的心相續，這是既矛盾又可笑的事情。因為佛陀說過：「自未得度，不能度他；自未寂滅，難令他寂；自未調順，豈能調他。」五是有些人自己整日忙從於謀求今生的衣食、利養等瑣事，心相續中也根本無有證悟法義的見解，卻還在口頭上教令他人要捨棄世間八法，一定要精勤用功修行等，這是既矛盾又可笑的事情。六是有些人自己尚未斷除世間那庸俗不良的行為，卻教令他人為人正直、正確取捨善惡，一定要如法行持等，這是既矛盾又可笑的事情。是故作為修行人，我們首先要內觀心相續，令自己不染著如是過患是極其重要的。

慎重勉勵修法之六法：若想捨棄無義世間事，
生信心時立即放下之，縱做無有完時如水紋；
若想前往寂靜處修持，生此念時即去勿耽擱，
爾時未去拖延違緣多；依上師時當依教奉行，
自我表功無被攝受時；觀心性時當無改自住，
未住改造無見本面時；尋功德時當持之以恆，
性急輪番德無圓滿時；至盡地時當獲實相果，
他處尋覓無有獲得時。

七寶藏——竅訣寶藏論釋

　　慎重勉勵自己修行之六法：一是若自己真想捨棄無有意義的世間瑣事，一旦對上師三寶生起信心，就應立即放下萬緣。比如，當您對上師三寶生起信心，進而想出家修行時，就應毫不猶豫地去成辦，若不立即放下世間諸事，就算是以最大的精勤去勞作，也永遠無有完結的時候，如同水中的波紋，一波未平一波又起，總是此起彼伏、沒完

沒了的。二是您若想前往寂靜處修持佛法，生起此念之時就應立即行動，切莫耽擱、推遲。倘若因某種顧慮而拖延時間，則會出現摧毀自己意願的諸多違緣。三是我們在依止上師時應恭敬地依教奉行，毫不違逆上師之意趣。如果心術不正，以上師來裝點自己的門面，對外宣揚「我是某上師的弟子，現正為上師做什麼大事」等來自我表功，則將失去被上師攝受的機會。四是我們在依教直觀心性時，切莫以分別心去妄加改造，應當在無改本性中自然安住。若未如實安住，反以分別執著加以改造，那麼就無有現見心性本面的時候。五是我們在尋求任何一種功德時，都應持之以恆，夜以繼日地不斷尋求，直到圓滿為止。如果不能恆時堅持，或性情非常急躁，總是急功近利想一步登天，如一些初入門的行者，往往欲在一刹那間圓滿一切功德，或喜憂輪番而修，開心時即求功德，不開心時就不修積功德，這樣修積功德則永遠也無有圓滿的時候。六是當我們通過修行而詣至滅盡地時，就應當獲證諸法的實相果位，如果未能安住本地，而於他處尋覓佛果，則永遠無有獲得的時候。

修持實相對治之六法：不居高位住於低微處；
不做大官居於賢低位；不求名利摧毀我執山；
不貪私欲勝利當知足；觀心善惡不看人喜怒；
六識不散外境觀心性。具此六者修法切要點。

　　我們在修持諸法實相時需要依靠的對治法有六種：一不應居崇高的地位，應經常安住於低微之處，為人謙卑和

竅訣寶藏論釋

330

善，默默無聞地謹慎修行。二不能貪著權勢而去做眾人之官員，應經常依止於賢善上師座下，將自己放在最低位置，恭敬地侍奉上師。三不應希求名聞利養，而應經常依修上師的教言竅訣來摧毀我執這一惡見高峰。四是我們在修行的過程中既不能貪著私欲，也不能執著勝利與失敗，而應精勤依修知足少欲的竅訣。五應經常觀察我們自心的善惡分別之念，善則隨喜，繼續努力，惡則呵斥，力行斷除，切莫看他人的喜怒哀樂而隨境所轉。六應正攝根門，令六識聚不散於外境而直觀心性。我們每一位修行人都應具足此六修法中最為切實的要點。

開示了義竅訣之六法：若具誠摯敬信心祈禱，
定會證悟心性得加持；若知自然無作中放鬆，
定會出現自明無二智；若觀二取體相分別念，
定會無改無染自解脫；若知迷現妄念住本地，
定現自明無念之智慧；若以方便認識覺性基，
定現不動離戲任運性；若無懈怠持久恆精進，
定現地道功德之暖相。

　　開示了義竅訣之法有六種：一是我們若具有誠摯無偽的恭敬與信心而祈禱上師三寶，則一定會獲得殊勝加持，並且可以因此而證悟心的本性。二是我們若能了知諸法是自然而無有勤作的本體，並於此中坦然放鬆，則一定會因此而出現自明自證的無二智慧。三是我們若能依教觀修能所二取之體相，則一切分別念定會在無有改造和無有染著的本性中自然解脫，此即如蛇結自然解開一樣理所當然。

四是若能知道一切迷亂顯現的妄念是本來安住於本地的，則一定會顯現自明無念的智慧。五是我們若能以上師所明示的方便法要來認識覺性之本基，則一定會顯現不動、離戲、任運、自成的法性本體。六是在修行過程中，我們若無懈怠懶惰之心，且能恆時持久地精進用功，則一定會顯現五道十地之功德和暖相。

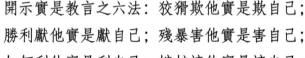

開示實是教言之六法：狡猾欺他實是欺自己；
勝利獻他實是獻自己；殘暴害他實是害自己；
如何利他實是利自己；嫉妒謗他實是謗自己；
利他積資實是自積資。懂此者少實踐者更罕，
是故自心當修此實義。

開示實際應是教言之六法：一是若修行人以狡猾惡心欺騙他人，則實際上是欺騙他自己，因為業果不虛，惡終有惡報。二是我們若將一切勝利和安樂奉獻給他人，則實際上是在利益自己，善有善報故。三是若人以殘暴卑劣的手段來損害他人，則實際是在殘害自己，世間人也說「害人唯害己」。四是我們如何以善心去利益他眾，其結果實際上即是在以如是同樣的方式利益自己，世間人也說「利他成自利」。五是如果修行人以惡心嫉妒並誹謗他人，則實際上是在誹謗他自己，世間人也有「凡說是非者，必是是非人」之說。六是我們若無疲厭、精勤地利益他眾，想方設法使他們多多積累資糧，則由清淨意樂的緣故，修行實際上是在積累自己成佛的資糧。在當今世道中能懂得此等甚深義理者很少，而能依此理實踐者卻更為罕見。是故

竅訣寶藏論釋

332

作為修行人，我們應當令自己的心修習此等真實義。

宣說無有用途之六法：無敬信者悲憫不能攝；

無智慧者聞思亦無用；無誓言者不能得悉地；

不聽從者教誨亦無用；秉性劣者正法亦無用；

不報恩者饒益亦無用。

宣說無有任何用途之六法：一應了知對於無有恭敬與信心而剛強難化之人，僅以悲憫心是不能攝持的。因為善根相對尚未成熟或對上師三寶根本沒有信仰者，他們乃至業力未消盡之前，就算是佛陀親臨也不能度化。二應了知對於無有智慧之人來說，若僅以聞思經論的方式來教化則無用。本來聞思佛法可以啟開我們的智慧，同時也能調伏他們內在的分別妄心，如是等等，有很大的利益，但對於無智而愚昧之人來說，聞思經論卻成了他們的負擔和壓力。三應了知若修行人未守持密乘的根本誓言，如懷恨上師、捨棄密咒手印、譭罵道友甚或反目為仇、互相算計、作害等破毀誓言之人，則絕對不能獲得成就的悉地。四是固執己見、我行我素極強之人，若不聽從上師的教言，總是違逆佛規而行，那麼對這種頑固不化之徒無論賜予多麼殊勝而高深的教誨亦無用，好像在石頭上倒水一般毫無變異。五應了知秉性惡劣而無慚無愧之人，無論造作何等傷天害理的惡業也毫不在乎，根本意識不到自己違越了正法之規。所以，再殊勝的正法對這種卑劣之徒來說也無用。六應了知對那些不知恩、不報恩、甚至恩將仇報之人，施予再大的饒益亦是無有任何用處的。一般人格賢善者，有

時雖暫不能回報有恩於己之人，但在他心裡會牢記受人恩惠之事，如是知恩、念恩，待有朝一日機會成熟時定會加倍報答。

開示法有阻礙之六法：若未見內煩惱之怨敵，
外之上師教授有阻礙；若未拋棄今生之瑣事，
實修成就之時有阻礙；若未斷老後苦之顧慮，
誠心精勤修法有阻礙；若自內心未生起定解，
敬信正法上師有阻礙；若未斷除輪迴罪惡行，
聖者大悲引導有阻礙；若未捨棄頑固之實執，
無有偏袒教授有阻礙。

　　開示對修持佛法有阻礙之六法：一是修行人若未見知自己內心煩惱這一大怨敵，縱任妄心而不善加調伏，則於外在求受上師之教授會有一定的阻礙。二是修行人若未拋棄今生世間的一切瑣事而耽著不捨，則於實修法要而欲獲得成就之時機會有一定的阻礙，甚至會有導致前功盡棄的過患。三是修行人若未斷除對自己年老體弱等種種痛苦之顧慮，則於誠心精勤修法會有一定的阻礙。因為過多的憂慮會分散我們專一修行的精力。四是若修行人自己的內心於正法未能真實生起殊勝的定解，則欲從內心真實地敬信正法與上師也會有一定的阻礙。因為凡夫表面上的信心不能持續長久而且極易退失。五是修行人若未斷除輪迴中的種種罪惡行為，則於接受聖者菩薩們的大悲引導也會有一定的阻礙。六是修行人若未捨棄對世間法、我與我所等頑固的實執心，則欲直接受利於無有偏袒的密法教授會有一

竅訣寶藏論釋

定的阻礙。故應了知我們的分別實執心是一切過患痛苦的根源，若無實執心，則於整個大千世界皆盡毀壞，自己仍會泰然自若地面對，絕不會受任何痛苦的困擾。

失望且誠可笑之六法：居不居住尚且不一定，籌劃住處失望誠可笑；享不享用尚且不一定，積蓄財物失望誠可笑；穿不穿著尚且不一定，勤製衣服失望誠可笑；食不食用尚且不一定，忙碌尋食失望誠可笑；相不相處尚且不一定，交友成婚失望誠可笑；孝不孝敬尚且不一定，珍愛子孫失望誠可笑。目睹世人迷亂行為時，失望可笑之處極其多。

我們應當了知既會感到失望，而且也會感到可笑之六法：一應了知對修行人來說，我們並沒有一個固定的家園，隨處參學修行故隨處是家，又因諸法無常的本性，我們誰也不能確定自己可以永遠在某一處長久居住。若人不觀無常的本性，甚或不了知此無常之理而精心籌劃、建造、裝飾自己的住處，則真是令人感到失望又可笑的事情。二應了知對於世間上的一切物資受用，自己能不能享受得到尚且是很難肯定的，若修行人不觀無常，反而日日夜夜精勤於積蓄財物資具，則真是令人感到很失望又可笑的事情。三應了知無常總是不期而至，自己所擁有的衣服能不能穿得成尚且不一定，若修行人還不知滿足地縫製衣服，則真是令人感到很失望又可笑的事情。四應了知對自己所擁有的食物，我們能不能食用尚且是很難決定的，若

七寶藏——竅訣寶藏論釋

還要忙忙碌碌地為尋求食物而虛喪光陰，則真是令人感到失望又感到可笑的事情。五應了知我們能不能與親友長久相處尚且是很難肯定的，若還要交結親友、成辦婚姻等事，則真是令人感到失望又可笑的事情。六應了知子女對自己能不能施行孝養尚且不定，若還要過分地因珍愛子孫而生貪嗔等煩惱，則真是令人感到很失望又可笑的事情。在目睹世間諸人的這些迷亂行徑時會發現，真是令人感到很失望又可笑之處，除此六法外尚有很多五花八門的事例。

開示必需教言之六法：世間瑣事必須盡力拋；
無明黑暗必須盡力清；二取建築必須盡力拆；
證相功德必須盡力增；雙運智慧必須盡力現；
三身寶珠必須盡力獲。

　　開示修行人必需力行之教言有六種：一應了知世間瑣事是引生貪嗔等煩惱之因，故修行人應盡一切力量拋棄世間的一切瑣事。二是由於無始以來的無明黑暗一直籠罩在我們智慧的虛空中，是故我們必須盡力將它無餘清除。三應了知能所二取之機是一切痛苦、過患的根源，所以我們必須盡力拆毀能所二取的一切建築物。四是為能獲得殊勝成就，我們就必須竭盡全力增上修行證相的一切功德。五是為能解脫一切邊執戲論，我們必須盡力現前明空雙運的大智慧。六是為能使斷證功德究竟圓滿，我們必須盡力用功修行，以資獲得法報化三身無別的如意寶珠。

開示遺憾教言之六法：雖然棄俗出家已多年，

仍不知戒開遮真遺憾；雖然進入佛門已多年，
仍需始學善業真遺憾；雖然趣入大乘已多年，
仍不接近發心真遺憾；雖然聞思佛法已多年，
仍未趣向實修真遺憾；雖然修持佛法已多年，
仍未生起證相真遺憾；雖稱證悟見解已多年，
仍未滅盡實執真遺憾。此等先造建築已竣工，
爾後再奠地基真希有！觀察可笑思維心失望，
故依聖者聞思修佛法。

七寶藏——竅訣寶藏論釋

　　開示令人深感遺憾之六種教言：一是有些人雖然棄俗出家已經過了很多年，但卻仍不知道佛陀所制戒律的開遮持犯，這真是很遺憾的事情。二是有些人雖然在形式上皈依而進入佛門已經有很多年月了，但聞思修行卻一點也未深入，仍需如剛開始學習佛法的人一樣學習一些基本的善業之法，這真是很遺憾的事情。三是有些人雖然從形象上趣入大乘佛法已是很多年了，但其內心、外行仍不接近大乘應發之無上菩提心，反而以私欲心造作損人利己之事，這真是很遺憾的事情。四是有些人雖然在表面上聞思佛法已經很多年了，但卻仍未趣向實修真是很遺憾的事情。五是有些人雖然一心專注地修持佛法已經歷許多年月，但在心相續中卻仍未生起少許修行中不同層面的證相，這真是很遺憾的事情。六是有些人雖在口頭上稱自己已證悟見解很多年了，但內心仍未滅盡對內外諸法的實執心，這真是很遺憾的事情。上述諸人的作為就像先將一切建築完全竣工，之後再行奠定地基一般真是很希有(太過顛倒之行)！如是

337

觀察彼等行為矛盾又可笑的事例，進而思維彼等裡外違逆的錯舉，心裡真是感到很失望。是故作為修行人，我們應當謹慎地依止聖者菩薩們精勤地聞思修行。

開示法性自具六要點：未觀未察本面自然見；
未思未除輪迴本清淨；未斷未解執著自解脫；
未尋未修五身任運成；未捨未取功過自離邊；
未作未勤事業自然成。誰知此理通達精華要。

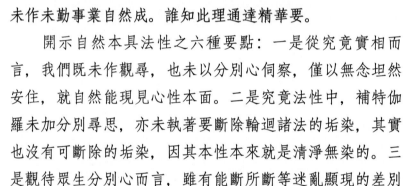

開示自然本具法性之六種要點：一是從究竟實相而言，我們既未作觀尋，也未以分別心伺察，僅以無念坦然安住，就自然能現見心性本面。二是究竟法性中，補特伽羅未加分別尋思，亦未執著要斷除輪迴諸法的垢染，其實也沒有可斷除的垢染，因其本性本來就是清淨無染的。三是觀待眾生分別心而言，雖有能斷所斷等迷亂顯現的差別所相，但從究竟實相而言，既未施予能斷的智慧，也無所解開的束縛，一切內外執著的本體本來就是自然解脫的。四是無須刻意尋覓，亦不用刻苦修行，五身無別的本體都是任運自成的。在《大圓滿願詞》中從安住本體真實義的角度亦作了如是宣說，「尋找和修持都是徒勞無益的」。五是若從顯現方面而言，雖要明辨善惡因果而正確取捨，但從究竟實相而言，本無功德與過失的差別與自相，法性中既未捨棄過失，也未取受功德，一味等性的本體是自然遠離一切邊執戲論的。六是當我們詣至究竟本地之時，未以造作，也未勤行，一切因地與果地的事業都能自然成辦。誰能了知此等甚深義理，誰就通達了無上精華之密

竅訣寶藏論釋

要。

上師精通教言之六法：精通令無信者生信心；
精通令學取捨之道理；精通修法切合諸要訣；
精通遣除違緣障礙法；精通宣說雙運耳傳法；
精通惡緣轉為道用法。

作為上師應當精通之教言有六法：一是上師應當精通令無信心者生起信心的種種方便法。二是上師應當精通令依止自己修學的弟子明辨善惡取捨的一切道理。三是上師應當精通一切實修法，並且要切合不同的殊勝要訣，對斷除煩惱方面亦要有藥到病除的功效，也就是說上師需要有事理圓融的殊勝方便。四是上師應當精通能遣除修行中的一切違緣障礙之方便法。五是上師應當精通智悲雙運的耳傳法要，並為具法相的弟子宣說。六是上師應當精通在修行中能將一切惡緣轉為道用之方便法。

理當依止上師之六法：平常疾病尚需依醫生，
除輪迴疾理當依上師；恐懼險地尚需依送者，
救脫中陰理當依上師；商議大事尚需依長輩，
永久計劃理當依上師；爭論訴訟尚需依長官，
為滅惡緣理當依上師；船客赴岸尚需依船夫，
渡過苦海理當依上師；商人赴海尚需依商主，
成就菩提理當依上師。

弟子理當依止上師，如是之教言有六種：一應了知人們在感受平常易患的風寒感冒等疾病時，尚需依靠醫生對症下藥才能消除疾病，那麼我們為解除輪迴痼疾，理當依

靠慈悲而有方便法的上師，如是才會得到令輪迴痼疾痊癒的辦法。二應了知世間人在前往藏有虎、狼、毒蛇等恐怖的險地時，尚需依靠勇士護送，那麼我們為能救脫獨往中陰界時那充滿打打殺殺等險惡的境地，理當依靠具大威神力的上師，這樣才能脫離中陰險境與恐怖。三應了知一般人在商議世間的普通大事時尚需依靠有豐富人生閱歷的長輩指點迷津，之後才能作決定，那麼我們為了成辦生死大事——獲得無上涅槃這一永久的大計劃，理當依靠上師的智慧及其教言，這樣才能順利地成辦自己的一切意願。四應了知普通世間人的一般爭論、訴訟等事情，尚需依靠長官來公正判決，那麼我們為能滅除無始以來與輪迴糾纏不清的惡緣，理當依靠具有殊勝正見、秉公無私的上師，只有這樣才能滅除一切惡緣。五應了知乘船過渡的旅客為能順利抵達岸邊，尚需依靠精通航行的船夫，那麼我們為能渡過生死大苦海，理當依靠具足智悲等善巧方便的上師，這樣才能從生死的此岸，順利到達解脫的彼岸。六應了知一般商人欲赴海中取寶，尚需依靠具有智慧和方便的商主，那麼我們為能成就菩提如意寶，理當依靠具有智慧和方便的上師修行，只有這樣才能圓滿斷證功德。

宣說請看教言之六法：請看現今疾病之苦痛，
思維能忍三惡趣苦否？請看囚犯勤逃出圄圇，
思維輪迴各獄摧自否？請看今生奔波求衣食，
思維今失永恆稼穡否？請看短暫相處惡友過，
思維能忍難處眾生否？請看普通險地多謹慎，

思維墜入惡趣深淵否？請看現世夫妻亡悲痛，
思維離開永久之佛法。如是思維趣向三有岸。

宣說修行人應當觀看之教言有六法：一是請觀看一下現今正在感受疾病痛苦的眾生，若對此病苦我們也難以忍受，則應思維地獄、餓鬼、旁生三惡趣的劇烈痛苦，自己能否堪忍？二是請觀看一下被囚禁在監獄中的罪犯，他們總是想方設法地逃出囹圄，欲獲得屬於自己的自由。如是我們也應思維自己被囚禁在輪迴的監獄中，為何不設法出離？難道自己甘願承受輪迴各獄痛苦的摧殘嗎？三是請觀看一下人們僅為追求今生的衣食受用亦整日勞累奔波，我們也應思維而今自己若不修積善法功德，常時懈怠懶惰，甚或非理妄行，難道要故意失壞能令自己獲得永恆解脫的莊稼嗎？想一想世間人為暫時衣食也要勞苦無望地奔波，那麼我們為獲得永恆的無盡受用——解脫的安樂，就更應該精進用功。四是請觀看一下，僅與卑劣惡友短暫的相處，也會給自己帶來不可估量的過患，那麼我們就應思維自己與世間很多惡劣眾生相處的狀況，其過患之大是可想而知的，難道我們能堪忍與更多的世間眾生相處嗎？因而我們應當速疾解脫輪迴的一切過患。五是請觀看一下當我們行於普通險地時，也是倍加謹慎、小心翼翼地行走，唯恐跌落溝崖，我們也應思維墜入惡趣深淵的痛苦，如是更應該小心謹慎的行持。若還不如法行持，難道甘願讓自己墜入惡趣深淵受苦嗎？六是請觀看一下現時世間的夫妻，不管他們離別還是死亡，都是悲痛萬分，我們也應思維倘

若離開自己永久需要依靠的佛法，難道不為此而感到痛苦嗎？況且善惡之緣組合的夫妻在共住之時，一般不會有快樂，而佛法帶給我們今未來世的都是清涼的安樂。如是思維以後就能激發我們對三有輪迴的出離心與對上師三寶的恭敬信心以及修持佛法的精進心，我們只有這樣行持才能迅速趨向三有之安樂彼岸。

宣說實修竅訣之六法：猶如空中升起璀璨日，
實修明空自然之智慧；猶如須彌山巔見群山，
現見心性詣至密意頂；猶如至金洲時不得糞，
散亂外境直指為法性；猶如微風散於晴空中，
妄念體相自然而消失；猶如所射兵器成花雨，
一切顯現道用為法身；猶如獅子三力自圓滿，
等性勝伏一切希憂相。誰知此理通達最深要。

　　宣說實修佛法之六種竅訣：一是猶如在虛空中升起光芒萬丈的璀璨日一般，實修明空無二的智慧也能自然顯現在自心相續的虛空中。二是猶如詣至須彌山的頂峰時，一切環繞之群山盡收眼底一般，現見心性本體時，即詣至了如來密意之頂峰，故一切諸法皆能通徹無礙地了達。三是猶如到達了黃金的寶洲不可能得到糞土一般，將一切散亂的外境直指為法性遊舞時，也不得毫許穢濁之自性法。四是猶如微風消散於晴朗的虛空中不復存在一般，於本來法界的虛空中現前赤裸的本性時，一切分別妄念之體相也會自然消失。五是猶如具神變者能將所射出的兵器都變成花雨一般，通過具德上師以竅訣方式直指本性的教言，我們

也能將一切貪嗔癡等顯現都如實轉為道用，如是一切都能顯現為法身智慧。六是猶如雪山獅子的三種妙力自然圓滿一般，等性智慧也自然能勝伏一切希求與憂慮之相。誰能了知此理，誰就能通達最為甚深的無上密要。

轉為道用歸納之六法：器情迷現直指為淨相；
輪迴直指痛苦生悲心；眾生直指父母生慈心；
因果直指緣起守三戒；四灌直指三門修生圓；
現相直指心性悟法性。若具此六則無歧途障。

七寶藏——竅訣寶藏論釋

　　此將轉為道用之法歸納為六種：一是將器世間和有情世間的一切迷亂顯現直指為清淨的體相。二是將三界六道輪迴直指為痛苦的本性，從而對迷亂中顛倒執取故沉溺輪迴苦海的眾生生起大悲心，發誓為拔除他們的痛苦而修持佛法。三是將一切眾生直指為我們累世的父母，他們因無明愚癡而不知正確取捨善惡諸法，雖欲離苦得樂卻造諸惡業，以致為種種痛苦所逼，欲樂不得。是故我們應對無量父母有情生起大慈心，盡力給予他們所欲求的安樂。四是將世俗中的因果直指為緣起性，造善業必定會得安樂，造惡業必定會受痛苦，這是因果的自然定律，為此我們應當守持別解脫、菩薩、密宗三乘戒律。五是將寶瓶、秘密、智慧、句義四灌頂直指為清淨身口意三門所實修的生圓二次第，當如是轉為道用。六是將一切現相直指為心性遊舞之自性，從而了悟法性本體，如實證悟後一切顯現都會一味無別地融入法界。修行人若能具足此六種修行要訣，則決定無有歧途等迷障。

343

不甘懈怠要點之六法：別等有朝一日至靜處，
自心遠離二取極重要；別等將從教言中得到，
尋深方便道法極重要；別等積蓄生活之用品，
隨得知足維生極重要；切勿拖延耽擱修正法，
立即捨棄瑣事極重要；別等積資淨障得證相，
強力實修深法極重要；別等次第而尋得地道，
穩修心性三身極重要。若實修此則成菩提果。

　　修行人不應自甘懈怠懶散要點之六法：一是既然我們
已發心修行，則當立即成辦此事，不要等待將來有朝一日
才詣至寂靜處修行，故令自心遠離能所二取的執著是極其
重要的。二是切莫癡心妄想地等待將來在某一教言中得到
什麼利益，而應於現在所得到的竅訣中精勤尋求甚深方便
道的法要，這是極其重要的。三是切莫癡心妄想地等待將
來發財而積蓄豐富的生活用品，應該隨緣所得，以知足少
欲的修養來維持自己的生活是極其重要的。四是我們修行
應該當機立斷，切莫拖延耽擱修持正法的時間，是故立即
捨棄一切瑣事的羈絆極其重要。五是修行人切莫等待將來
積資淨障後獲得什麼證相與功德，從現在起就抓緊時間以
強力精勤實修甚深法要是極其重要的。六是切莫等待將來
依次第經歷三大阿僧祇劫而尋得地道等功德，我們應該穩
固自己的信心和恭敬心，精勤修煉心性本體以現前法報化
三身之果位是極其重要的。我們若能如實修煉此等要訣則
一定會速成菩提。

修學要點實義之六法：為利眾生堅持菩提心；

為積二資安住波羅蜜；為修智慧精通諸法語；
為修禪定居於寂靜處；為捨諸行行持頭陀行；
為成勝果恆時敬上師。誰安住此趣入大乘道。

　　宣說修學要點之實義有六法：一是為利益一切眾生，我們應堅持菩提心，如是才能真實成辦利益眾生的事業。二是為能修積福慧二種資糧，我們應當安住六度波羅蜜多而修持，如是才能如意成辦一切所欲。三是為能修習一切智慧，我們應當精通佛陀所宣說的出世間諸法之要義。四是為能很好地修習禪定，我們應當居住於無有憒鬧的寂靜處。五是為能徹底捨棄世間的無義諸行，我們應以行持十二頭陀行來約束自己。六是為能成就最殊勝的果位——正等正覺，我們應當恆時恭敬上師，因為上師是行者獲得成就的根本，只有恭敬上師才能獲得加持，只有依上師的加持才能了達並證悟法性之要義。誰人能安住此等要點並依之實修，誰就能直接趣入大乘殊勝之正道。

詳細宣說住道之六法：身心無動之故寂靜道；
自他無惱之故合理道；自性無悔之故善妙道；
修成功德之故真實道；行事圓滿之故成就道；
往昔修煉之故任運道。住此六道之人得安樂。

　　詳細宣說修行人應當住道之六法：一是我們若恆時安住於佛法正道中，則能令身心穩重無動搖，如是之故可稱為寂靜道。二是若能善調自續，同時如法行持，既不擾亂他人也不損害眾生，自他皆無煩惱，如是則可稱為合理道。三是若自己的所作所為都問心無愧，如是心無悔意，

七寶藏——竅訣寶藏論釋

並如理如法行持則可稱為善妙道。四是若我們修成出離心、信心、大悲心、正見等殊勝功德，如是之故則可稱為真實道。五是若我們無論做任何事情都有始有終，則一切所欲皆能圓滿成辦，如是之故可稱為成就道。六是我們往昔已有修煉故，今生無需勤作亦能安住任運自成之道。如是住於此六道者，皆能獲得一切所欲之安樂。

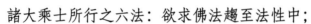

諸大乘士所行之六法：欲求佛法趣至法性中；
欲利眾生應機宣說法；欲證自心滅盡貪嗔癡；
欲得智慧求大資糧道；欲利有情隨機而投生；
欲解脫道依止上師尊。如是而行即學佛法者。

　　宣說諸大乘信士所應行持之六法：一應了知凡是欲求真實佛法者，就應當以趣至法性中為根本目的。二應了知凡是欲利益他等眾生者，則當為眾生應機宣說佛法。三應了知凡是欲證悟心性本體之修行人，首先就應當依教精勤地滅盡貪嗔癡等煩惱諸障。四應了知凡是欲獲得超越世間的無漏智慧者，首先就應當求得五道中的大資糧道，如是方能親自往詣十方諸佛菩薩面前聽聞佛法，以此就能開啟自己本然的智慧。五是具足一定修證功德的大菩薩若欲廣利有情，則應隨順眾生根基而投生到合適的地方，以便力行度化眾生的廣大事業。六應了知凡是欲獲得解脫道者，就必須依止一位具有法相的至尊上師。如是而行持者，即是真正學修佛法之人。

需要心靜教言之六法：積累善根需要心寂靜；
勤行正法需要心寂靜；無上菩提需要心寂靜；

發心利他需要心寂靜；恆修法性需要心寂靜；
厭離出離需要心寂靜。誰如是行趣入佛子道。

　　需要令心寂靜之六種教言法：一是我們在積累任何一
種善法功德時，切莫胡思亂想，亦不應萌生不清淨的發
心，而需將自己狂亂的心寂靜下來。二是當我們在精勤行
持不同層次的正法時，也需要令自己的心寂靜下來，一心
一意地修持很重要。三是當我們在行持無上菩提時，也需
要令自己的心寂靜下來，毫不散亂地專意修行菩提正道很
重要。四是當我們在為無量父母眾生的利益而廣發大心
時，也需要令自己的心寂靜下來，一心為利眾生而行持。
五是我們欲恆時修習法性，首先也需要令自己的心寂靜下
來，一緣安住，若心有散亂則本來的法性難以現前。六是
當我們厭棄輪迴而生起出離心之時，也需要令自己的心寂
靜下來，如是才能令出離心更穩固。誰能如是行持，誰就
已趣入了佛子之道。

詳說語言教授之六法：宣說眾生行為無盡語；
細說浩如煙海法理語；讚說佛陀功德之語言；
詳說無盡大乘之語言；十方虛空法音遍布語；
宣說輪迴滅亡涅槃語。誰具此六即是佛長子。

　　詳細宣說語言教授之六法：一是宣說眾生的行為、業
力、苦樂感受之無盡語言，這個能力只有諸佛菩薩才有，
故聖者可隨順各趣不同眾生的意樂而宣說其相應能接受的
語言。二應了知詳細宣說的即是浩如煙海之法理語言。三
是讚說佛陀的三十二相、八十隨好、十八不共法等功德之

語言。四是詳細宣說大乘菩薩的八十種無盡法之功德語言。五是能周遍十方虛空之法音，即無論人與非人、天龍、夜叉等一切眾生都能獲得法利之遍布語。六是宣說能摧毀以致輪迴滅亡之涅槃語。當知這些都是諸佛菩薩的法語，本具無量功德與加持力，我等修行人應當虔心受持，誰能具足此六種法語，彼人即已成為諸佛之大長子。

細說身體幻化之六法：為度人類幻化為人身；
為度惡趣幻化非人身；為度非天天人現天身；
為度小士幻化聲緣身；為度大乘幻化菩薩身；
為利自在菩薩現報身。圓滿功德諸士任運成。

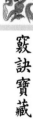

詳細宣說諸佛菩薩的身體幻化各種身相來度化眾生之六法：一是諸佛菩薩為度化人類眾生，則幻現為人的身相來善巧方便地引導眾生。二為度化地獄、餓鬼、旁生這三惡趣的眾生，諸佛菩薩則幻化為與其各趣眾生相同的身相來引導眾生。三為度化非天(阿修羅)與天人，諸佛菩薩則幻現為天人的身相來引導眾生。四為度化發心修學小乘道的士夫，諸佛菩薩則幻現為聲聞、緣覺的身相來引導眾生。五為度化發心修學大乘道的士夫，諸佛菩薩則幻化為大乘一至十地菩薩的身相而引導他們趣向彼岸。六是為利益獲得自在的清淨三地(八、九、十地)之大菩薩，諸佛則化現報身的形象來為他們施予方便善巧之甚深法。上述引度眾生的善巧方便，對圓滿斷證功德之諸大士來說都能任運成辦。

宣說一切佛子之六首：為聚人天世間之眾生，

頂禮具德上師佛子首；為令三寶傳承不間斷，
攝持如來法理佛子首；為成三千世界之主尊，
誠信清淨深法佛子首；為將眾生安置菩提道，
度化一切有情佛子首；為能成就無上之正法，
安住智慧度為佛子首；為能以諸三界作供養，
迴向一切善根佛子首。具此六者成就勝壇城。

七寶藏——竅訣寶藏論釋

　　宣說一切大乘佛子之六種首要條件：一是為能集聚人天世間之諸眾生，我們應當恭敬地頂禮具有殊勝功德之上師，此為大乘佛子首先應具足的條件。二是為令三寶的傳承(種性)永不間斷，以致能一直延續至盡未來際，我們應依靠能攝持如來所宣說的法句義理，也就是說應依止能廣弘佛法、延續法身慧命的大乘菩薩，這是成就大乘佛子首要條件之一。三是為了自己將來能成為三千大千世界一切眾生依怙之主尊，我們應誠信清淨源流之甚深法要，也就是說應為眾生廣發大慈悲心及無上的菩提心，令自己成為名副其實的大乘佛子。四是為能將一切苦難眾生安置於菩提大道中，我們應精勤度化一切父母有情，這也是成為大乘佛子的首要條件。五是為令自己成就無上甚深之正法(現證法性本體)，我們應安住於智慧波羅蜜多中，這亦稱為大乘佛子應具的首要條件。六是為能以三界中的最勝資具於上師三寶前廣作供養，我們應依靠殊勝的迴向儀軌，安住於三輪體空的境界中將一切善根與功德廣作迴向，此亦稱為大乘佛子應具的首要條件。凡是具足此六者之修行人皆能速疾成就最殊勝之壇城。

一切佛子所具之六耳：聽聞美言惡語不破立；

不求美言不詆毀惡語；耳聞菩薩事蹟生歡喜；

聽無暇處披上大悲鎧；聞讚佛陀發起精進心；

知十方世諸音為谷聲。如是佛子當具此六耳。

　　宣說一切大乘佛子所應具足之六種耳識：一是具有一定修證功德之大乘菩薩，在聽聞別人對自己的美言讚歎或惡語詈罵、無故譏諷等語言時，能坦然安住，不加分別破立之相。二是具有一定修證功德之大乘菩薩，既不希求別人的美言愛語，也不以惡語詆毀、傷害任何人。三是真正的修行人在耳聞某某大菩薩真實而感人的事蹟時，內心會數數地生起大歡喜心。四是真正的修行人當聽聞到正在八無暇等處受苦的父母眾生的事蹟時，則會堅定地立下誓願，披上大悲心的鎧甲，勇猛精勤地救度眾生。五是真正的修行人在耳聞讚頌佛陀無量功德之偈語時，內心會數數發起大精進心而進取無上的斷證功德。六是真正的修行人了知十方世界的一切音聲皆為空谷回聲一般毫無實質，故經常能安住於如夢如幻的境界中。如是作為大乘佛子的我們也應令自己迅速具足此六種極為殊勝的耳識。

宣說一切佛子之六眼：能見世間色法為肉眼；

能見眾生種性為天眼；能見有情根基為慧眼；

如理見諸法故為法眼；無有障垢故為無礙眼；

能見法界故為遍知眼。具此六眼成辦眾生利。

　　宣說一切大乘佛子應具之六種眼識：一是能現量見世間一切色法之眼為肉眼。二是能現見眾生屬何種性以及宿

竅訣寶藏論釋

350

世的作為等事之眼為天眼。三是能現見諸有情根基之利鈍並知契機當施何種法要之眼為慧眼。四是能如理現見一切諸法之眼為法眼。五是無論見什麼色法，均無任何障垢之眼為無礙眼。六是能現見法界本體之眼為遍知眼。具足此六種眼通者皆能任運成辦一切眾生的利益。

宣說一切佛子之六手：誠信佛陀故為信心手；能滿乞願故為布施手；遣除懷疑故為聞法手；救度眾生故為獻樂手；為眾傳法故為無吝手；積資供佛故為承侍手。具此六手之人現法光。

　　宣說一切大乘佛子應具如手一般極其重要之六法：一是誠信佛陀具足圓滿功德和無量加持力，此乃信心之手。二是用自己的財富來滿足乞丐們之意願，此為布施之手。三是為遣除心相續中存有的懷疑而精進聞思經論，此為聞法手。四是以大慈悲心救度苦難眾生，令他們離苦得大樂，稱為獻樂之手。五是為消除眾生的無明迷暗而傳授佛法光明，故為無有吝嗇之手。六是為積累殊勝的資糧而以上妙供品供養諸佛菩薩，故為承侍之手。凡是具足此六種手之人皆能顯現正法的光明照耀一切世間。

一切佛子所具之六足：圓滿宏願故為持戒足；攝菩提法故為精進足；圓滿行事故為誓言足；遵師言教故為隨順足；聞法不厭故為智慧足；細緻而行故為慎重足。具六足士定證得佛果。

　　一切佛子所具如足一般之六法：一應了知諸菩薩圓滿具足四宏誓願，即眾生無邊誓願度、煩惱無盡誓願斷、法

門無量誓願學、佛道無上誓願成，故說具有持戒足。二應
了知諸菩薩以三輪體空之智及無緣大悲攝持一切菩提分善
法，並歡喜逐一修行故具精進足。三應了知諸菩薩圓滿行
持誓願中的一切事業，從不虛願故具誓言足。四應了知諸
菩薩能謹遵上師的一切言教，從不違逆少許故具隨順足。
五應了知諸菩薩在聽聞佛法時，縱然是遇到飢渴寒熱等
苦，或歷時悠長皆無厭煩之心，如是之故即稱為智慧足。
六應了知諸菩薩在成辦任何一件事情之前都會細緻入微地
觀察抉擇，正確取捨後便鍥而不捨地行持，從不粗心大意
故為慎重足。具足此六足之士夫必定能速疾證得佛陀果
位。

魔不能害盔甲之六法：救護眾生慈愛之盔甲；
圓滿行事宏願之盔甲；救度有情大悲之盔甲；
遣除無明智慧之盔甲；具大乘心安忍之盔甲；
現行善法方便之盔甲。一切佛子行道之助伴。

　　我們應當了知一切鬼魔不能危害、如同盔甲一般安全
之六法：一是以弘法為事業、利生為己任而救護一切父母
眾生，並賜予他們無限的安樂，此為慈愛之盔甲。二是不
論自己專事聞思修，還是身體力行地廣利有情，只要能圓
滿行持自己意願的一切事業就奮勇精進決不退屈，此為宏
願之盔甲。三是不忍眾生苦楚，一心救度有情脫離險境，
精勤地為他們拔苦予樂，此為大悲之盔甲。四是依靠聞思
經論教法的方式來遣除自他一切眾生的無明癡暗，此為智
慧之盔甲。五是具有大乘菩薩之胸襟，心寬量廣如太虛，

竅訣寶藏論釋

能怡然修持六度萬行，並且是勇往直前毫不退失，此為安忍之盔甲。六是身口意三門毫不放逸地精勤行持一切善法，此為方便之盔甲。此六盔甲是一切佛子在學道修行過程中根本不可缺少的殊勝助伴。

宣說持執兵刃之六法：斬斷二取持執等性刃；
斬斷煩惱持執智慧刃；斬斷邪命持執正命刃；
斬斷破戒持執淨戒刃；斬斷吝網持執布施刃；
度化眾生持執無厭刃。具此六刃斬斷三有藤。

　　宣說修行人應當持執如同兵刃一般之六法：一為斬斷無始以來流轉輪迴的根源——能所二取的執著，我們應當持執現空大平等性的利刃。二為斬斷心相續中的貪嗔癡等煩惱，我們應持執智慧的利刃。三為斬斷依邪命養活的非理行為，我們應持執正命如法的利刃。四為斬斷身口意三門破毀戒律的一切惡行，我們應持執清淨戒法之利刃。五為斬斷貪得無厭而所得不捨之吝嗇網，我們應持執廣行布施之利刃。六為廣泛地度化一切有緣的眾生，我們應持執無有疲厭之利刃，即恆時堪忍野蠻眾生對自己的邪行、反抗、製造違緣等一切難行之事。具足此六種利刃者，則能斬斷三有輪迴中的一切藤蔓。

超勝一切教言之六法：雖知眾生本是正等覺，
然為度眾而廣積二資；雖知一切佛剎如虛空，
然為修煉剎土猛精進；雖知利眾當無厭煩心，
然不捨棄無我義之相；雖知具神通者能幻變，
然當於法界中不動搖；雖知不捨殊勝菩提心，

然當生起如來之智慧；雖以說法滿足眾生願，
然不離開法性之境界。具此眾人能得如來果。

我們應當了知超勝一切之六種教言：一是從實相本體
分而言，心、佛、眾生三無差別，我們雖從見解上已了知
一切眾生本來即是正等覺佛，但從現相上仍存在很大的差
別，眾生由未認識心性本體而顛倒執取，被無明翳障遮蔽
了本來的佛性，故於三有輪迴的苦海中輾轉受苦，我等已
發大乘菩提心之行者就應該為度化眾生而廣泛修積福慧二
種資糧。二是雖然我們已知道一切佛剎毫無實有自性，如
同虛空一般清淨無有變異，但我等眾生因暫時的無明翳障
而不得真實現見，是故為讓自己早日現見諸佛清淨剎土之
本面，我們應當勇猛精進地修煉清淨剎土之法，如修淨土
法門、蓮師淨剎法等。雖然淨土無處不在，但未經修煉，
仍是不能顯現的。三是我們雖然知道在利益眾生之時不應
有任何厭煩心，而應耐心、孜孜不倦地廣行饒益之事，但
與此同時也不能捨棄無我空性義之相，也就是說在成辦利
他之事的過程中，不能生實執心，而應安住如夢如幻的境
界修行。四是我們雖然知道具有大神通力者能幻變各種形
象，並能以各種方便來饒益有情，然而也應安住於法界的
本體中不動搖而修持，否則便與世間魔術沒有差別。五是
我們雖然知道不應捨棄殊勝之菩提心，而且此心亦是利眾
之根本，但是我們還應當在此基礎上生起如來的盡所有智
和如所有智，因為只有獲得究竟佛果之一切智智才能究竟
利樂有情。六是從顯現上我們雖能以講經說法來滿足一切

竅訣寶藏論釋

354

眾生的意願，但還應以三輪體空的智慧來攝持此等行為，時時在不離法性的境界中安住。具足此等要訣之修行人皆能獲得普賢如來的果位。

了知魔業斷除之六法：利他怯懦心煩意又亂；
小利喜悅一事亦不忍；懷疑正法捨棄微妙法；
不利眾生求自得解脫；怕自流轉捨棄菩薩行；
不發大願而想滅煩惱。此六乃是魔業當遠離。

　　了知一切魔業之相並力行斷除之六法：一是我們在成辦利他事業的過程中，如果出現怯懦的心境，甚或心煩意亂，則應了知此乃魔業所致，進而力行斷除。二是自己在獲得一些小便宜時喜悅萬分，而真正有意義的一件事情卻不忍耐著去成辦，或釋為當看見別人因獲得小利益而生起喜悅時，自己心裡不能忍受，這都是魔業現前的徵兆，我們應當力行斷除。三是若人在聞思修的過程中疑信參半，經常懷疑正法對自己修行是否有益，或自己能否有成就等，以致捨棄微妙正法，當知這也是魔業現前的徵兆。四是若修行人不以善心利樂眾生，時時唯求自己獲得解脫，產生這樣的私欲心也是魔業所致，我們應當力行斷除。五是若修行人畏懼自己在輪迴中流轉的痛苦，絲毫不顧念眾生諸苦，這樣捨棄菩薩的殊勝行為也是魔業所致，我們應當力行斷除。六是若大乘修行人不廣發弘法利生的大願，而僅求自己滅除心相續中的煩惱，則也是魔業所致。當知此六種狀況都是魔業現前而引起的，所以我們應徹底遠離。

得師加持驗相之六法：發起無上圓滿菩提心；
了知一切魔業而遣除；聞大乘法勵力而行持；
於輪迴中利他無厭倦；說聲聞法不執其勝妙；
縱證密意亦當勤修持。此乃一切佛子所應行。

了知獲得傳承上師加持必生內證驗相之六法：一是若我們已在自心相續中真實發起了無上圓滿的菩提心，則應了知這是自己獲得上師加持的一種殊勝驗相。二是若我們能了知自己不如法的一切作為都是魔業所致而勵力加以遣除，則也是獲得上師加持的一種驗相。三是在聽聞大乘教法時，若自心法喜充滿，並能勵力不懈怠地依教行持，則說明這也是獲得上師加持的一種驗相。四是我們於輪迴苦海中廣事利益他眾之偉業時，無論遇到多大的難度和違緣均無厭倦之心，並能勇猛精進地廣利有情，說明這也是獲得上師加持的一種驗相。五是我們在為他人宣說聲聞教法時，若能了知自己所說之法實為度化眾生之方便途徑，根本不會執著其為最勝了義之法，確信最了義之法唯有能成就佛果之大乘法，能如是明辨者也是獲得上師加持的一種驗相。六是縱然自己內心已證悟了諸佛菩薩的究竟密意，然於外在的行為上亦精勤修積二種資糧，如是廣利有情，不捨棄絲毫善法，也是獲得上師加持的一種驗相。當知此等乃為一切佛子所應行持之法。

欲求說法之人六種魔：於無怙者不賜正法魔；
輕視堪為法器弟子魔；為求財物說法又是魔；
於非法器傳授深法魔；於求勝乘者說小乘魔；

竅訣寶藏論釋

不隨根基隨意說法魔。不為此等魔欺極重要。

　　欲求為他人說法之人易遭六種魔境：一是若法師捨棄可憐無怙的眾生，而不為他們傳授佛法，則可推知此法師已著了不賜予正法之魔境。二是有些弟子本來是大乘根基，然上師卻不予重視，反而輕視如是堪為法器的弟子，這對上師來說也是著魔之相。三是若修行人發心不正，非以利樂眾生為等起，僅為追求財物等而說法，則也是著魔之相。四是若上師不能明辨弟子的根基，而於非法器者隨意傳授甚深法要，則也是著魔之相。五是若上師於契求勝乘法要之利根者宣說小乘教法，則也是著魔之相。六是若法師不隨應眾生根基的差別而籠統隨意地宣說佛法，則也是著魔之相。作為傳揚佛法的法師，努力令自己具足殊勝智慧而不為此等魔業所欺惑是極其重要的。

弟子當斷邪魔之六法：棄善知識依止罪惡友，
是著遠離示道怙主魔；捨棄大乘聞受小乘法，
是著步入歧途邪道魔；棄解脫道尋世間學問，
是著所作所為顛倒魔；不樂投生希求自涅槃，
是著退失發心鎧甲魔；自未曾聞詆毀微妙法，
是著錯亂取捨之惡魔；不知善惡取捨法非法，
是著無明黑暗籠罩魔。諸法器者斷此極關鍵。

　　我們應了知做弟子者當斷除之六種邪魔法：一是修行人如果棄離了真正的善知識，反而去依止一些人格卑劣、罪惡深重的道友，這種人即是著了遠離開示正道怙主之邪魔。二是如果捨棄了大乘教法及其發心，反而聞受一些小

乘教法，這種行為便是著了步入歧途邪道之魔。佛在《攝集經》中說：「何人捨棄大乘而趨入小乘道，其罪較犯菩薩根本戒尤重。」三是如果修行人隨心所欲地捨棄真實的解脫正道而尋求有漏的世間學問，這種人即是著了所作所為顛倒之魔境。四是我們發了菩提心以後，如果不樂意隨緣投生到眾生所需要的地方去履行自己的意願，反而捨棄菩提心，像小乘阿羅漢一樣希求自己獲得涅槃，只顧自己解脫生死輪迴的痛苦，這種人是著了退失發心鎧甲之邪魔。五是如果自己從未聽聞過大乘的殊勝教法，也根本不知道法義，反以粗狂之心詆毀殊勝大乘的微妙法門，這種人即是著了錯亂取捨之惡魔。六是若不能正確了知善惡差別，也不知取捨法與非法，時時處處非理蠻幹，這種人即是著了被無明黑暗籠罩之邪魔。凡是受持教法或堪為法器者，勵力依教斷除這六種魔境極其關鍵。

不為魔業所害之六法：斷除我慢恭敬善知識；斷除嗔恨讚歎他人德；斷除懈怠勤修甚深義；斷除偏執尋覓諸佛法；斷除漸次趨入雙運道；斷除瑣事修持精華義。誰具此六能摧毀魔軍。

　　了知謹慎行持、不為魔業所害之六法：一是謹慎自己的身業，我們在修行的日常生活中應當斷除貢高我慢之心，謙卑處事，和藹待人，恭敬承侍自己所依止的善知識。二是謹慎自己的口業，也就是要斷除對他人的嗔恨心，不隨意揭露他人的過失，也不以惡語謾罵他人，而應經常隨喜並讚歎他人的一切功德。三應斷除懈怠懶惰之陋

竅訣寶藏論釋

358

習，勤修甚深法義。四是修行人不能分宗別派，應依無垢的教理教證斷除對宗派及不同法門的執著，理智地尋覓一切佛法而廣聞博學。五是當我們修行達到一定境界的時候，即應盡力斷除漸次的修學方式而趨入無上智悲雙運道之方便途徑。六應勵力斷除世間的一切瑣事，一心修持佛法的精華義。誰能具足此六種修要，誰就能有力地摧毀阻礙修道的一切魔軍，並且能順利地成辦一切修行道業。

學大乘者破戒之六法：捨棄三寶欺騙應供處；
捨棄淨心虛偽而行持；於諸佛子惡語而中傷；
他人行善令生後悔心；嗔恨嫉妒趨入勝乘者；
趨入方便智慧脫離道。恆當策勵捨棄此六法。

修學大乘之行者因不善加注意而容易破毀戒律之六法：一應了知滋生邪見而捨棄上師三寶和欺騙上師、僧眾、父母等應供處，都是破毀菩薩戒法的行為。二應了知若佛子因煩惱而捨棄出離心、信心、大悲菩提心等清淨心，並以虛偽狡詐的方法而行持，則會導致毀犯菩薩戒法的過患。三應了知若佛子不善護自之根門，惡口謾罵、無端諷刺挖苦、惡語中傷發心菩薩或聖者菩薩都會導致毀犯戒律的過患。四應了知若佛子見到他人在行持某種善法時，非但不生隨喜心，反而挑撥離間，妄說一些令對方生起後悔心的語言，諸如見別人受戒，挑撥說「可能你沒有得到清淨圓滿的戒體吧」，或見別人做某件善事，妄說此舉不會有什麼功德等，都是毀犯菩薩戒的行為。五應了知若佛子以邪惡心嗔恨並嫉妒趨入勝乘道之修行人，也會引

來毀犯戒行的過患。六應了知若佛子持有偏見，僅僅以趨入大悲心等方便道而修，不求智慧等甚深道，或僅求智慧而不行方便等都是毀犯菩薩戒的行為，所以大乘行者要努力趨入智悲雙運之正道。作為大乘修行人，我們應當恆時策勵自己捨棄此等不如法的六種行為。

行利他時出現嫉妒謗，於彼不生厭煩之六法：
思是自己毀他異熟果；思是淨惑惡業大方便；
思是揭露諸過之教誨；不作評價思如犬吠聲；
思成安忍對境增善業；認識本面無跡空性幻。
思維此等斷除嗔恨心，不喜以及厭心行利他。

　　在依教發心並行持利益他眾之事業時，往往容易招來別人的嫉妒和無因毀謗，為此我們應依各種方法來善修安忍。在此特意宣說於嫉妒、毀謗絕對不生厭煩心之六法：一是如果遇到別人以嫉妒心對我們妄加誹謗，此時即應思維這是自己往昔毀謗過他人的異熟果報現前了，當深生懺悔心清淨累世罪業。二是當遇到別人的誹謗時，應思維對方是為自己消業障的善知識，依之即是清淨無始以來所積惑業的一大方便法，故應安然忍受。三是在受到別人的誹謗時，應思此是揭露自己諸多不良過患的殊勝教誨，理應歡喜納受。四是我們在遇到他人誹謗時，不用對他人的語言作好壞等評價，亦不用猜測所言是否有根據，而應思維此誹謗的言語如同犬吠之聲一般，根本不用理會。五是我們在遇到他人誹謗時，不用心生煩惱，而應思維此是能成就我們安忍波羅蜜多的殊勝對境，並能依此增上諸般善業

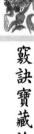

功德。六應認識誹謗與嫉妒的自性本面，其聲的來處與去處無有痕跡，都是空性幻化的本體，若於如夢如幻的境界中坦然安住，不生執著之心，一會兒誹謗就會銷聲匿跡。我們可以依靠這種種思維來斷除易怒的嗔恨心、不喜心、厭煩心，坦然安忍一切不悅耳的語言，更加精勤地行持廣利他眾的事業。

安忍眷屬惡行之六法：於其反以大悲心攝受；
於諸其他眷屬無希望；思維事情前因及後果；
思維自己業力及外緣；與誰交往皆以此類推；
一切觀為如夢如虛幻。厭煩惡眷依此六對治。

　　能使自己在弘法利生的過程中對一切卑劣眷屬的非理惡行善增安忍之六法：一是上師在遇到一些惡劣眷屬對自己製造違緣的時候，非但不對此眷屬生嗔心、捨棄，反而於彼生起大悲心加以攝受，如同父母對待身患惡疾的孩子般更加慈愛他。二若眷屬對自己不行恭敬反而變本加厲地製造諸多違緣，但也不能喜新厭舊地捨棄此眷屬而希求其他眷屬。三是如果眷屬對自己不行恭敬反而非理製造違緣，則應思維此諸事情的前因後果，有可能是他們的業力深重或有邪魔作害等其他原因所致，這樣便能如理忍耐一切不順逆緣。四是在遇到惡劣的眷屬製造違緣時，應思維此是自己的業力現前或某些不良外緣所致，當念往昔聖者菩薩們亦曾受到別人的諸多誹謗，何況我這一普通凡夫，受點違緣是情理之中的事。五是如果自己所攝受的眷屬非常惡劣，則應思維此等充滿無明煩惱的眾生普遍都是心

胸狹隘、鼠目寸光、辦事不可靠等等，無論與誰交往皆應以此類推，可知根本沒有必要與這區區小事計較。六是如果自己的眷屬很惡劣，則應將一切觀為如夢如幻的境界而修，不生執著心，一切隨緣。是故一旦發現自己對惡劣眷屬生起厭煩心，就應多方思維，盡可能依靠此等對治法來根除厭煩心，並數數於彼諸眷屬生起大慈悲心，誨人不倦地加以攝受，坦然安忍是極為殊勝的。

恆常念誦願文之六法：願我乃至生生世世中，獲得具足七德之善趣；願我出生立即遇正法，具有如理修持之自由；願我能令上師生歡喜，日日夜夜之中行正法；願我悟法後修精華義，彼生越過三有之大海；願我能為眾生傳妙法，成辦他利無有厭倦心；願我能以無偏大事業，令諸有情一同成正覺。恆時持誦此六發願王，福德功德無量等虛空。

竅訣寶藏論釋

　　我們應當恆以六法來念誦發願文：一願我從即日起乃至生生世世中，都能獲得具足七種功德(種姓高貴、形色端嚴、長壽、無病、緣分優異、財勢富足、智慧廣大)之人天善趣。二願我乃至尚未獲得佛果之前，無論轉生何處，出生之際就能值遇佛法，並具有如理修持的自由。三願我的一切所作所為皆能令上師生大歡喜，以致更加慈悲地攝受我，常常撫慰我那顆飽嘗輪迴苦水的孤苦心靈，時時為我開示修行的殊勝要訣。同時也願自己能恭敬地依教奉行，於日日夜夜中不斷地行持正法。四願我得到上師的慈悲攝受，並且真正在

362

依教了悟法性本體以後能勤修無上密法之精華要義，令自己即生越過三有輪迴之大苦海而趨至究竟安樂的彼岸。五願我能安住慈悲菩提心的基礎上，具足無畏的大能力以便為一切父母眾生傳授依之能獲得解脫的妙法，並於成辦他利的過程中無有絲毫的厭倦心，能以最大的涵養和耐力來成辦弘法利生的廣大事業。六願我能以無偏廣大的事業來令一切有情一同成就正等正覺的佛陀果位。修行人若能恆時持誦此六種殊勝的發願王，則一切福報功德便會無間增上，量等虛空，不可窮其邊際。

受持法藏教授之六法：無有虛偽尋求微妙法；
誠摯恭敬正法而修持；為他傳法且讚法功德；
於說法者生起本師想；恆以恭敬承侍依上師；
無有厭倦受持正法藏。此乃一切佛子之妙行。

七寶藏——竅訣寶藏論釋

　　受持法藏教授之六法：一是修行人應當斷除虛偽狡詐的行為，誠實不欺地尋求無上解脫的微妙法門。二是我們應以誠摯的信心來恭敬上師與正法，因為只有依止上師精進修持才能獲得殊勝加持。三是在自己力所能及，而且因緣也具足的基礎上，我們應為他眾傳授契應根器的佛法，並且大力讚頌佛法的殊勝功德。四應在觀修清淨心的基礎上將一切宣說佛法的上師觀作本師佛陀。我們依據噶瑪巴「傳法時十方諸佛都會融入傳法者相續」的教誡即可明識此理，故作如是觀想是極其應理的。五應恆時以恭敬心來承侍上師，依止上師毫不違逆。六是在聞思修行的過程中，我們應無有厭倦心地歡喜受持一切正法教藏。此等乃

為一切佛子的殊勝妙行。

以六無量接引諸眾生：實踐欲他離苦之悲心；
實踐欲他得樂之慈心；實踐不離得樂之喜心；
實踐無有親疏之捨心；實踐令入有緣之法門；
實踐三輪體空無緣法。修學增長發心義重要。

竅訣寶藏論釋

　　具大悲菩提心之人應以六種無量心來接引有緣眾生離苦得樂：一應實踐願一切眾生遠離一切痛苦之悲無量心，如云：「願諸眾生永離眾苦及眾苦因。」正如此願，我們即應依之身體力行。二應實踐願一切眾生獲得一切安樂之慈無量心，如云：「願諸眾生永具安樂及安樂因。」在發此願的同時即應盡自己的能力幫助眾生獲得安樂。三應實踐願一切眾生獲得一切順緣、永不離開一切利樂之喜無量心，如云：「願諸眾生永具無苦之樂，我心愉悅。」四應實踐願一切眾生無有親疏貪嗔之捨無量心，如云：「願諸眾生永離貪嗔之心，住平等捨。」也就是說我們作為大乘佛子就應令自他一切眾生徹底捨棄對親友的貪執心和對怨敵的嗔恨心，當一視同仁，平等相待一切眾生。五應實踐令一般根器的眾生趨入有所緣相的種種法門，諸如修信心、悲心、出離心甚或生圓二次第等法。六應實踐令根器稍利的眾生修習三輪體空、無有緣相的殊勝法門。總之，為增長自己的發心，我們修學此等教義是極其重要的。

謹慎修持佛法之六種：慈目而視一切諸有情；
如理了知應行不應行；如理證悟大菩提智慧；
為利有情不捨輪迴眾；自性無念不為輪迴染；

若想成佛精勤而修法。此乃一切佛子圓滿行。

宣說在修持佛法的過程中應當謹慎之六法：一是我們平時應慈眉善目地看待一切眾生，如《入行論》中所云：「眼見有情時，誠慈而視之，念我依於彼，乃能成佛道。」若以怒目斜視他眾，則會感召不可愛樂的果報。二是我們應當依教如理了知什麼是應行之法，什麼是不應行之法，明了其界限而正確取捨。三是我們應通過實修佛法來如理證悟大菩提(諸法真實義)之智慧。四是為利一切有情離苦得樂故，我們永遠都不能捨棄沉溺輪迴苦海的一切可憐眾生。五是自性無念的本體剎那亦不曾為輪迴的一切過患所染著。六是我們若想成就殊勝的佛果，則應精勤實修佛法。此等乃為一切佛子應當圓滿行持之妙法。

斷除違緣障礙之六法：孤陋寡聞莫入城市中；
不具戒律莫受他人敬；未護根門之人莫視女；
未入定者切莫散外境；身心粗者莫住不合處；
莫以邪命偽裝式維生。未斷此六將為魔所欺。

斷除違緣障礙之六法：一是如果自己不具足廣聞博學的智慧，而是一個孤陋寡聞的人，那麼就不要趨入憒鬧的城市中去修行，以免身心被染著而隨境所轉。二是如果自己不具足清淨戒律等功德，則切莫接受他人的恭敬與供養，因為連一分清淨戒律的功德尚不具足之人，不堪為應供之福田，沒有資格受取信徒的供養。三是尚未調伏自心相續，而且也不能善護自之根門的修行人應攝心正念，切莫隨意觀看女人那誘惑人心的千姿百態，以免因染污心而

七寶藏——竅訣寶藏論釋

毀壞自己的修行。四是尚未獲得禪定功德之人應提持正知正念，切莫令自心散亂於色聲香味等五花八門的外境中，以免因放逸無度而生違緣。五是性格不夠隨和、身心極為粗暴之人，切莫住於不適合自己性格的地方和人群中，以免觸境動怒、造諸惡業。六是作為修行人我們千萬不要以詐現威儀等五種邪命來偽裝自己的行為，更不能依此來維持自己的生活。作者告誡我們，凡是未能斷除此六種非理行為之人將會為魔障所欺惑，故當勵力加以斷除。

教誨斷除六種惡劣友：不依一切順世外道徒；
不依追求今生之凡夫；不依無慈自利聲聞眾；
不依無利他心之緣覺；不依求財積財散亂者；
不依貪圖名聞利養者。若依此者將比其更劣。

　　我們應當聽受教誨而力行斷除與六種惡劣道友的往來：一是絕對不能依靠順世外道的信徒或具有與他們相同邪惡知見的人，因其不承許前世後世等因果原理，乃為大邪見者，故應棄離這種惡道友，而依止具有正見的善知識。二不能依靠唯求今生衣食等利養的普通凡夫，因其不可靠亦不可信，故當依止無私利眾而求來世的大善士。三不能依止不具大慈悲心而唯求自我解脫獲得阿羅漢果的小乘聲聞眾，而應依止具有大悲菩提心的大善士。四不能依止無有利他心、唯依十二緣起法自行解脫而獲證阿羅漢果之獨覺，應當依靠恆時利益眾生、永不退失發心的大菩薩。五不能依靠希求財富和喜歡積累財富而散亂身心、虛喪光陰之人，應當依止喜歡修積聖者七財之大善知識。六

不能依靠無有真實出離心、喜歡貪圖名聞利養的假修行者，而應依靠具足出離心、真實修持出世解脫法的修行人。我們若不善加取捨而感情用事地盲目依止上述此等非為究竟的善知識，則不能獲得無上菩提，甚至將使自己的人格、發心、修行等變得比所依之惡友更加惡劣，為能避免這些弊端，我們理應善加取捨。

宣說重要功德之六法：證無我時憫有情重要；
信空性時警因果重要；住寂滅時離三有重要；
發布施時不求報重要；守戒律時無慢心重要；
居靜處時減資具重要。若具此六如是成正法。

　　了知宣說重要功德之六法：一是當我們證悟無我的空性時，自然會悲憫苦惱眾生，此時以大悲而修持最為重要，如果修行人僅於口頭上說自己證悟了無我空性，而內心卻毫無大悲心，則此證悟應當值得懷疑。二是在我們真正信解空性本義之時，一定要以警惕善惡因果為重。三是若我們真正安住於寂滅能所二取的境界時，則當以遠離三有的煩惱和瑣事為重。因為真正獲得寂滅果位時，於三有的瑣事絕對無有任何貪執。四是在發放布施時，絲毫不希求異熟果報是極為重要的。五是在守持清淨戒律時，無有我慢之心極為重要。六是身居寂靜處修行時，知足少欲而減少資具極為重要。若我們能具足此六法而行持，則必定能如是成就正法。

修行正法必要之六法：學習自己他眾之智慧；
斷除所攝眷屬之懷疑；護持佛教受持微妙法；

七寶藏——竅訣寶藏論釋

了知取捨不入顛倒途；了知高低差別入深道；
了知宗派之義斷歧障。諸說法者當知此等理。

　　我們應當了知在修行正法時非常必要之六法：一是經常修學串習自己與他眾心相續中的智慧。二是盡力斷除所攝眷屬心相續中的一切懷疑。三是盡力護持佛教，以理智來遣除他人的邪見，並於心相續中受持佛教之微妙法門。四是了知善惡因果之差別，並正確取捨，千萬不要趨入顛倒因果之歧途。五應了知佛陀為契合千差萬別根器所宣法門之高低差別，並趨入佛法的甚深要道。六應了知佛教內各大宗派的意趣本義，既不妄駁他宗也不建立自宗，當斷除一切沒必要的破立歧途。諸說法的上師和自修之人都應了知此等道理而如法行持。

值遇一切佛陀之六法：守持三種清淨戒律者，
修習一緣等持佛陀身；精進恭敬念佛供讚佛；
散亂行事之時觀心性；雖無煩惱亦願投三有；
毫不散漫精勤行善法；殊勝意樂清淨發善願。
勤行此六蒙受佛攝受。

　　如同值遇一切佛陀一樣之六法：一是守持了三乘清淨戒律之人，在此基礎上若修習一緣等持之佛陀身相，則與值遇佛陀沒有任何差別。二是我們以大信心來恭敬佛陀，精進念修佛號、供養讚歎佛陀，這也與值遇佛陀沒有差別。三是當我們以散亂心行持某件事情時，若能直觀心性本體，則也與值遇佛陀沒有差別。四是自己雖然無有煩惱，並且已經得到生死自在與把握，完全可以安住於寂滅

368

的境界中，但卻不能滿足於自我安享寂滅的狀態，而應廣發大願倒駕慈航，義不容辭地投生到三有輪迴中去廣行救度眾生的事業，這即等同值遇了無量諸佛。五是若我們身心毫不散漫，並能精勤地行持一切善法，則也與值遇佛陀沒有差別。六是若修行人具有殊勝的意樂，則無論成辦什麼事情心都非常清淨，如是經常為利有情而廣發善願，也與值遇佛陀沒有差別。凡是能行持此六法之人，一定會蒙受佛陀的攝受。

縱遇命難不捨之六法：不捨利他圓滿菩提心；不捨能仁所宣之妙法；不捨漂泊輪迴之眾生；不捨淨障積資之善根；不捨引道上師本尊眾；不捨修證聖果之深道。

　　修行人縱遇命難也不能捨棄之六法：一是永不捨棄利益他眾的圓滿菩提心。二是永不捨棄能仁(佛陀)所宣說之殊勝妙法。三是永不捨棄漂泊輪迴苦海中的一切父母眾生。四是永不捨棄清淨障垢和積累資糧之善根。五是永不捨棄引導我們趨入正道之上師及本尊眾。六是永不捨棄修證無上聖果之深要道。

成為強力對治之六法：如何貧窮亦不捨善行；如何賢善亦不輕劣者；雖無人勸亦為他引道；雖然利他亦不圖回報；雖受加害亦無報復心；以正知念行持對治法。

　　我們應當了知能成為強力對治之六法：一是無論我們如何的貧窮亦絕不捨棄對一切善法的行持。二是無論自己

成為如何賢善之人，亦絕不輕視下劣之人，並滿懷慈悲心、盡己所能幫助他們。三是我們既已發了殊勝菩提心，雖然無有他人的勸勉，但也應盡心盡力地引導他人趨入解脫的正道。四是雖然我們白天黑夜都不斷地在利益他眾，但卻不能貪圖絲毫回報的善果。五是雖然我們有可能遭受他人的加害和無端誹謗，但自己的內心也不能產生絲毫的報復之心。六是我們經常應以正知正念來行持一切煩惱心的對治法。

成就菩提之法六方便：慈悲觀待一切諸有情；
如理了知諸法之本性；雖無煩惱亦轉世利眾；
利眾之事永遠不放棄；精勤求得佛陀之智慧；
了知一切無緣如虛空。此乃迴向菩提方便行。

　　成就菩提之六種方便法：一是經常以慈悲心來觀待一切有情，盡力令他們離苦得樂。二是通過聞思經論教典以及上師的教言，我們應如理了知一切諸法的本性。三是修行人就算獲得生死無懼的把握，能自在地取證寂滅之涅槃，且無有絲毫煩惱，亦不會無自在地流轉生死輪迴，但基於大悲菩提心的緣故，亦應轉生世間成辦利益他眾的事業。四是無論何時何地我們都要廣行利益眾生的事業，無論遇到多大的違緣，也永遠不放棄這種神聖的職責。五是我們應當精勤聞思修行，以資求得佛陀的無上智慧。六應了知一切諸法的本體均如大虛空一般無任何所緣。當知此等乃為將一切善根迴向菩提之方便行徑。

宣說六大方便之次第：微善轉成大善之方法，

竅訣寶藏論釋

少許迴向以及作隨喜；小事修成廣大福德法，
令他發菩提心入正道；遣除他人心懷嗔恨法，
以四事業隨順利眾生；引導普通眾生學佛法，
言合意語施衣食受用；令已入道之士成熟法，
傳其信解之法讚大乘；令已成熟之人解脫法，
詳說甚深廣大切要法。具此六者利他無困難。

　　宣說六種次第之大方便法：一應了知能將些許微小善
業轉成大善業之方法，即是將自己所造善根廣作迴向，於
他人所造善根亦誠心隨喜，這是猛增善根的唯一方法。二
應了知能將小事修成廣大福德之方法，即是令他人廣發菩
提心而趣入解脫正道，如是僅以隻言片語也會積累無量功
德。三應了知能遣除他人心懷嗔恨煩惱之方法，即是以息
增懷誅四大事業來攝受他眾，恆時隨順一切眾生。四應了
知能引導普通眾生修學佛法之方法，即是言說一些令對方
合意的語言並施捨一些衣食受用等資具。五應了知為令已
入正道者成熟相續之方法，即是為其傳授一些信解次第法
的殊勝教理，並大力讚歎大乘佛法之功德，令他人生起出
離心、信心、悲心、菩提心等功德。六應了知能令已成熟
心相續之人獲得解脫的方法，即為彼等詳細宣說甚深、廣
大方面切要之竅訣法。其成熟也可詮釋為灌頂，解脫法詮
釋為密法的教言竅訣，也就是說當為已入大乘道者授予灌
頂、讚歎密法之功德、傳授修要竅訣。若能具足此六方便
法，則成辦利益他眾的事業就無有困難和違緣。
不隨順者入道之六法：令其隨順自行且調柔，

七寶藏——竅訣寶藏論釋

讚他隨喜順從令入道；聲稱您若如理修正法，
我將提供順緣令入法；有時亦以暴力現怒容，
稍許加害令其入正法；揭露過失好心相呵責，
進行試探如理令入道；利益他人至其報恩時，
不求回報而令其入道；於諸有緣眾前現神變，
以此清淨方式令入道。佛子當以方便利他眾。

能教令不隨順者趨入正道之六法：一是對於剛強難化之人，若我們經常和顏悅色地相待，多方善巧令其隨順，而且我們自己的行為也恆時保持調柔，並經常以美言讚歎彼之功德，常生隨喜，百般順從，這樣逐漸就能令彼相續得到調化而趨入正道。二是為令對方趨入正道，我們還應善言相勸，提供所需資具，勉力他不要有後顧之憂，諸如聲稱您若能如理修持正法，我將為您提供修行中的一切順緣(衣食受用等資具)，通過如是方便法亦可令不隨順者趨入正法之道。三是為能令對方真實趨入正道，有時候上師可顯以暴力、怒容等方式稍許加害，如對某些不如法行持者罰以扣發生活費、暫時取消聞法資格等方式令其痛改前非而令趨入真實正道。四是為能令對方棄惡從善、趨入真實正道，我們甚至可以公開揭露彼之過失，善懷好心呵責他的非理行為，令他倍感羞愧，試探他是否生起大慚愧心，有懺悔心者即能如理趨入正道。五應以各種方法去利益未入正道之人，乃至他們有報恩的能力時亦不求取絲毫回報，仍以善言勉力他們好好聞思修行，如是令其趨入正道。六是為能令對方趨入正道，有修行能力之人可於諸有

緣眾生面前顯示神變等希有威力，以此清淨的方式令其趨入正道。是故大乘佛子當以各種善巧方便來利益他眾。

修學廣大意義之六法：恆思饒益輪迴諸有情；
以無嗔害慈心待諸眾；以無愚昧方便度眾生；
以無嫉妒同等賜安樂；以無我慢唯一行他利；
以無吝嗇廣施善資糧。具此利樂有情極重要。

我們應當修學具有廣大意義之六法：一應恆時思維自己當如何饒益六道輪迴中的一切父母有情，以什麼方法才能令他們離苦得樂等等。二應在日常生活中盡力斷除嗔恨、邪惡等一切害心，常以慈悲心善待一切眾生。三應廣聞博學一切經論教典，通過聞思來增長自己的智慧，更要以無愚昧的方便法來度化一切眾生。四應保持心境平和，乃至他人的一毫之善，我們也應常生隨喜心，毫無嫉妒地於有緣諸眾同等無偏地賜予安樂。五應為人謙卑和善，以無我慢之心唯一精勤地行持利他的廣大事業。六應無私奉獻，以無吝嗇之心在自己力所能及的情況下於可憐的眾生廣泛布施資具受用而善修一切資糧。我們若以此六種方法來利樂有情則能獲得很大的功德，具足這六種竅訣而行持也是非常重要的。

徹底根除我執之六法：如諸佛陀作為我依怙，
我當盡力成為彼等伴；如佛子眾作為我依怙，
我當作彼助伴行他利；如諸護法作為我友伴，
我當協助彼等履諾言；如諸佛法成為我依怙，
我當成為法伴慎修持；如慈悲主成為我助伴，

我當成彼助緣勤行善；如勝上師成為我怙主，
我當利益眾生成怙主。當深思維恭敬而修持。

徹底根除我執之六法：一是如同諸佛如何作為自己修行的依怙主一般，我也應當隨學諸佛的一切殊勝行為，根除我執，以無我的精神盡力成為彼等之友伴。二是如同大乘佛子如何作為我們的依怙主一般，我也應當以無我的精神成為彼等之助伴而廣行利他事業。三是如同世出世間諸護法神如何作為我們在菩提道中的友伴一般，我也應當協助彼等盡心盡責地履行曾經許下的一切諾言。四是如同諸佛法如何成為我們終生的依怙一般，我也應當盡力成為法的伴侶而謹慎地修持一切佛法。五是如同慈悲的大德高僧們如何成為我們菩提道中的助伴一般，我也應當盡力成為彼等弘法利生的助緣而精勤地行持一切善法。六是如同殊勝上師如何成為我們的依怙主一般，我也應當以無我的精神盡力隨學上師的殊勝行為，精勤地利益他眾，讓自己也成為一切眾生的依怙主。為此我們應當深深思維此理，發自內心地恭敬上師及諸佛菩薩而修持一切正法。

宣說清淨自性之六法：清淨聞思無偏證密意；
清淨見解通達雙運義；清淨修習二取自然清；
清淨行為自相續無垢；清淨證相圓滿諸妙力；
清淨悉地趣至法性界。若具此六精通大乘義。

宣說清淨自性之六法：一應了知清淨無垢的聞思即是毫無偏頗地證悟佛教各大宗派之究竟密意，既不妄立門戶之見，也無宗派之爭，諸宗意趣都能融會貫通。二應了知

清淨的見解是通達明空或智悲雙運一味的本義。三應了知清淨的修習是能所二取自然一味無別地消融於法界之本體中，遠離分別尋思，安住本然。四應了知清淨的行為是自相續毫無垢染，一切所想所行都是出自於清淨智慧的指使，沒有無明分別心的染污。五應了知清淨的證相是圓滿具足成辦自他二利之諸妙力。六應了知清淨的悉地即是趨至無改無作之法性界。若能具足此六清淨法，則就精通了大乘之本義。

修持重他勝己之六法：取捨自他見聞如此行，

不顧自己所受之痛苦，為除他人痛苦而精勤；

不顧自己所享之安樂，為令他人安樂而精勤；

不顧自己五毒分別念，為摧他人煩惱而精勤；

不顧生起自己之智慧，為使他人生智而精勤；

不顧淨除自己之二障，為淨他人二障而精勤；

不顧積累自己之二資，為積他人二資而精勤。

如是而行速疾成自利。

我們應當修持重視他眾勝於自己之六法：一是正確取捨自他見聞覺知之諸法而如是行持，不顧慮自己所感受的一切痛苦，一心為消除他人的痛苦而精勤行持，這就是菩薩的行為。二應了知不顧慮自己所享受的安樂是否會失去，一心為令他人獲得安樂而精勤者是菩薩的行為。三應了知不顧慮自己所感受的五毒分別念的困擾，一心為摧毀他人的煩惱而精勤是菩薩的行為。四應了知不顧慮自己能否生起智慧，一心為使他人生起智慧而精勤是菩薩的行

七寶藏——竅訣寶藏論釋

為。五應了知不顧慮能否清除自己的煩惱障和所知障，一心為清淨他人的二障而精勤是菩薩的行為。六應了知不顧慮能否積累自己的福慧二種資糧，一心為他人積累二種資糧而精勤是菩薩的行為。如是以「不為自己求安樂，但願眾生得離苦」的偉大精神而行持者，將速疾成辦自己的殊勝利益。

密意難以揣測之六法：心想我當歸納而行持，
一切佛子無餘之行為；心想我獲菩提時成辦，
一切善逝所有諸事業；心想縱為一一之眾生，
我於無數劫中寧受苦；心想一切佛子不能行，
極難利眾事業我行持；心想無量剎土一剎中，
行持佛陀無數之事業；想我若未圓滿此等行，
則已欺曚諸佛及佛子。恆時披上六種大鎧甲。

　　了知密意難以揣測之六法：一是心想我當歸納一切諸佛菩薩的殊勝行為，即一心利他，行持一切佛子無餘之殊勝行為的密意很難揣測，了知後若依之行持則能獲得不可思議的功德。二是心想當我獲得菩提時，應成辦一切善逝如來所有的一切殊勝事業，即弘法利生，引導有情脫離三有苦海，趨向安樂彼岸。三是心想我為了利益一切眾生，縱然是在無數劫中感受痛苦也心甘情願，出生入死也在所不惜。四是心想即使是一切佛子不能行持之法，諸如面對剛強難化的眾生要施於種種方便善巧之法，循循善誘，耐心引導，當然也要經歷種種苦行，如是等等，別人做得到的我要去做，別人做不到的我也要努力去做，總之，一切

一切極難利眾的事業我皆行持。五是心想我應在無量剎土的每一剎土中行持無量佛陀無數無邊的廣大事業。六是心想我若未能圓滿此等殊勝行為，則已欺矇了諸佛及佛子。所以我們應恆時披上六種殊勝行持的大鎧甲，勇猛成辦弘法利生的廣大事業。

諸魔不能勝伏六盔甲：漁夫屠夫農民及軍人，
商人僕人僅為維生故，飽嘗寒熱飢渴捨生命，
無有懈怠恆常奔波行。見此六例當為無量眾，
勵力修持難行之菩提。

此外，我們尚應披上諸魔不能勝伏的六種大盔甲：我們經常看見漁夫、屠夫、農民、軍人、商人、僕人等僅僅為維持他們自己的生活，也要飽嘗寒熱飢渴等難以忍受的痛苦，甚至有些為了些微薄的衣食受用而捨棄自己寶貴的生命。他們僅僅為了生活竟然也如是無有懈怠而恆常奔波忙碌。見到此六種事例以後，我們應當為無量眾生暫時或究竟的利益而發起無上的菩提心，勵力修持凡人難行之無上菩提道。心中有如是偉大誓願者更應該精勤努力地行持。

斷除六魔教授之六法：若捨發心利他解脫道，
追求自利聲譽名利魔；自相續處平庸之狀態，
辯論聖者斷證剛強魔；一緣等持拖延而修持，
羨慕希望得果懈怠魔；棄離所依深山寂靜處，
謀求利潤積財貪欲魔；捨棄聞思教理竅訣後，
盲修瞎煉冒充愚昧魔；自之過失隱藏於內心，

七寶藏——竅訣寶藏論釋

他人無過亦說嫉妒魔。自心不著惡魔極關鍵。

能斷除六魔之殊勝教授法：一是如果某人捨棄了利益他眾的殊勝發心及解脫道，而一門心思追求利益和聲譽，則說明彼人已遭到名利之魔的襲擊。二是若人已歷經多年的苦修，但其自心相續少許也未調柔，仍然處於一種平庸的狀態，絲毫沒有上進的表現，在口頭上卻言辭激昂地辯論聖者菩薩所斷與所證之真偽、大小、了義不了義等差別，則說明此人已遭到了剛強難化之魔的「加持」。三是若修行人放逸懶散，對一緣等持之法也是明日復明日地拖延而修持，如是不精勤用功修持任何法，心裡又非常羨慕已得聖果之人，並且也希望自己獲得聖果，則說明彼人遭到了懈怠懶散之魔的毒害。四是如果我們棄離修行所依之深山等寂靜處，謀求一些貿易的利潤而拼命積累財富，則說明自己遭了貪欲之魔的引誘。五是若人捨棄聞思經論、教理、竅訣，自己盲修瞎煉卻還冒充自己修行很好，這種人則是遭了愚昧之魔的腐蝕。六是若人將自己的一切過失隱藏於內心深處，總以一些虛偽狡詐的行為來佯裝善妙，而於他人的過失卻添枝加葉地攪混一談，即便他人沒有過失也會瞎編亂造地大肆宣揚，這種人則是遭了嫉妒之魔的陷害。作為修行人，我們應恆時提持正念，令自己的心不著邪惡之魔是極其關鍵的。

不為過患所動之六法：不為聲緣所動如山王；
不為妄念所動如虛空；不為利養所動如聖者；
不為病苦所動如大地；不為飢寒所動如大海；

不為魔障所動如烈火。誰具此六住於勝乘義。

了知不為任何過患所動之六法：一是我們應當為眾生的利益而無私奉獻，切莫為聲緣二乘自了漢的發心所動搖，作為大乘佛子就應有獨特的氣魄，即廣發大心穩如山王，絲毫不為他緣所動。二是我們在修行的過程中應注意切莫讓自己的心為貪嗔癡等分別妄念所動搖，當如清淨的虛空一般毫無染著。三是我們在修行的過程中，自心相續千萬不要為世間的任何利養所動搖，當如聖者菩薩一般不被誘惑。四應注意不要為任何病苦所動搖，當如大地般安然穩住，縱經滄桑亦別來無恙。五是不可為飢渴寒熱等困苦所動搖，當如大海般平靜怡然。六是我們在修行的過程中不可為任何魔障所動搖，當如熊熊烈火般盛燃不熄。誰能具足此六法，則可安住於殊勝大乘道之本義。

宣說極為重要之六法：成辦自利他利極重要；
利益低下眾生極重要；了知眾生恩德極重要；
利樂作害之人極重要；利眾較供養佛陀重要；
棄自樂遣他苦極重要。此等乃為大乘大宗旨。

宣說對於大乘修行者來說極為重要之六法：一是以成辦自利和他利比較而言，成辦利他之事業是大乘佛子極為重要的發心與行為，這實際上也是最為究竟的自利。二是以對高尚眾生與低下眾生作利益兩者比較而言，利益地位低下而可憐的眾生是極為重要的。三應了知一切眾生對我們成就菩提方面而言有相當大的恩德，如是知恩而修持是極為重要的。四是作為修行大乘道的人來說，經常去利樂

對自己作害的人是極為重要的，這樣才能實修怨親平等，而且危害自己的人能成就我們的忍辱波羅蜜多。五應了知供養佛陀和利益眾生兩者比較而言，以慈悲心利益眾生是極為重要的，眾生歡喜則佛歡喜，究竟來說心、佛、眾生等無差別。六應了知捨棄自己的利樂，力行遣除他人的痛苦，這對我們來說是極其重要的殊勝行為。上述此等乃為大乘佛子修行過程中應奉行的最大宗旨。

極大恩德教授之六法：遭受危害令己遇正法，
得解脫道害者恩德大；厭離痛苦令己遇正法，
獲得永樂痛苦恩德大；非人作害令己遇正法，
獲得無畏鬼魔恩德大；人等嗔恨令己遇正法，
獲得利樂嗔者恩德大；猛烈惡緣令己遇正法，
獲無變道惡緣恩德大；他人勸告令己遇正法，
獲精華義勸者恩德大。平等報恩善根迴向彼。

對自己有極大恩德之六種教授：一是雖然我們經常會遭受某種意想不到的危害，但經歷這樣的遭遇卻能令自己值遇正法，基於獲得解脫之道的緣故，作害的怨敵對我們的恩德很大。二是因厭離世間的某種痛苦而祈求上師三寶加持，能令自己值遇正法，通過修行會獲得永恆安樂的緣故，此痛苦對我們的恩德很大。三是非人所作的種種危害亦會令自己值遇正法，以致獲得大無畏的境界，故鬼魔對我們的恩德很大。四是由於人們的嗔恨能令自己值遇正法，通過修行而獲得了殊勝的利樂故，嗔恨自己的人對我們的恩德很大。五是由於猛烈的惡緣可以令自己值遇正

法，通過修行而獲得永無變異之正道故，諸惡緣對我們的恩德很大。六是他人的善言勸告可以令自己值遇正法，通過修行能獲得證法之精華本義故，勸誡者對我們的恩德很大。是故對上述此等有恩於己的眾生，我們應當平等無偏地施行報恩，並將自己的一切善根迴向彼等，普願他們離苦得樂，直至成佛。

危害道用推理之六法：受害值遇上師害道用；怕苦趣入佛門害道用；令生菩提心故害道用；利眾積資淨障害道用；觀自本面證悟害道用；增上地道功德害道用。勸行善故危害轉道用。

七寶藏——竅訣寶藏論釋

我們在修行過程中可將一切危害轉為道用，如是推理之法有六種：一應思維我們正是在遭受某種危害時才對上師三寶生起了歸投之心，並值遇上師，獲得攝受，當如是將一切害緣轉為道用而修。二是某些修行人由於畏懼世間諸苦而趣入佛門修行，這種暫時的危害也轉成了修道之用。三是通過自己所受諸苦來觀念眾生所受諸苦，自己希求離苦得樂，眾生亦復如是，這就能令自己生起大悲菩提心故，苦害等違緣也成了修道之用。四是我們通過危害的折磨而知萬法無常、虛幻無實的本性，為出離生死得證佛果，自己知道精勤廣利眾生，修積一切善法資糧，清淨一切障垢，故害緣也可成修道之用。五是當他人為我們的修行製造違緣時，若觀自己心的本面，即可從違緣中解脫並能依此獲得真實證悟。六是我們通過違害的磨練而精勤修行，能增上一切地道諸德，故害緣也成了自己修道之用。

勸令行持善法的緣故，修行人將一切危害轉為道用是極為殊勝的。

成辦他利功德之六法：作為救脫諸畏護送者；
作為防護魔障守護者；作為遣除疾病之醫生；
作為遣除魔緣之勇士；徹底根除一切業煩惱；
圓滿二資獲得菩提果。功德無量等同虛空界。

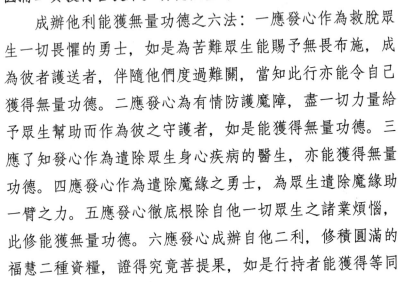

　　成辦他利能獲無量功德之六法：一應發心作為救脫眾生一切畏懼的勇士，如是為苦難眾生能賜予無畏布施，成為彼者護送者，伴隨他們度過難關，當知此行亦能令自己獲得無量功德。二應發心為有情防護魔障，盡一切力量給予眾生幫助而作為彼之守護者，如是能獲得無量功德。三應了知發心作為遣除眾生身心疾病的醫生，亦能獲得無量功德。四應發心作為遣除魔緣之勇士，為眾生遣除魔緣助一臂之力。五應發心徹底根除自他一切眾生之諸業煩惱，此修能獲無量功德。六應發心成辦自他二利，修積圓滿的福慧二種資糧，證得究竟菩提果，如是行持者能獲得等同虛空界不可思議的無量功德。

高度讚歎功德之六法：無餘摧毀一切大罪業；
備受一切佛陀之讚賞；斷除輪迴成就諸利樂；
得菩薩地成為應供處；成為無量眾生之商主；
圓滿暫時究竟之二利。

　　高度讚歎殊勝功德之法有六種：一是能無餘摧毀一切大罪業者功德無量。二是所作所為如理如法，備受一切佛陀之讚賞者，功德無量。三是能徹底斷除生死輪迴，成就

自他究竟之諸利樂者功德無量。四是證得大菩薩之地道功德，堪為人天之應供處者功德無量。五是以大悲菩提心為修行的根本前導，成為無量父母眾生的大樂商主者功德無量。六是圓滿暫時與究竟的自他二利者功德無量。

宣說抉擇實相之六法：實相無有遷變如虛空；實相不動無滅如大海；實相無念滿願如寶珠；實相以緣不同如冰片；實相明空無垢如明鏡；實相無偏周遍如芝麻。以此六相抉擇極重要。

宣說抉擇我們所證悟的究竟實相有六法：諸法究竟的實相本體無有遷變，其本性不動無滅、無念滿願、以緣不同、明空無垢、無偏周遍，此等分別喻如虛空、大海、寶珠、冰片、明鏡、芝麻一般。以此六相來分別抉擇是極其重要的。以上是總說，下面分別解說。

第一猶如虛空之六法：無有偏墮之故如虛空；無有偏向之故如虛空；無有寬窄之故如虛空；無有高低之故如虛空；無有形色之故如虛空；出現諸輪涅故如虛空。

第一實相本體猶如虛空之六法：實相無有偏墮、偏向、寬窄、高低、形色、輪涅等差別所相，如同大虛空。

第二猶如大海之六法：實相廣大無邊如大海；無實通徹深奧如大海；難以測度無量如大海；二邊不動清澈如大海；廣界不滅自明如大海；妄念波濤自解如大海。

---

①不動：在古人的概念中，八号以下的海水是靜止不動的。故以此比喻不可動搖之實相。

七寶藏——竅訣寶藏論釋

第二實相本體猶如大海之六法：實相廣大無邊、無實通徹而深奧、無量而難以測度、以有無等二邊不可動搖①，清澈通透、廣界不滅而自明、妄念之波濤能自然解開，此等諸性即如深廣無垠的大海。

第三猶如寶珠之六法：無念滿足所欲如寶珠；滿願亦無偏墮如寶珠；實相自性清淨如寶珠；妙力中現莊嚴如寶珠；明清無有戲論如寶珠；一切法界一體如寶珠。

第三實相本體猶如寶珠之六法：實相無念滿足所欲、滿願而無有偏墮、自性清淨、妙力中現莊嚴、明清無有戲論、法界一體如同摩尼寶珠。

第四猶如冰片之六法：未證顯現輪迴如冰片；感受六道痛苦如冰片；證悟獲得佛果如冰片；成就寂樂三身如冰片；基中無有輪涅如冰片；依緣顯現異相如冰片。

第四實相本體猶如冰片之六法：未證實相顯現輪迴、感受六道痛苦、證悟實相而獲得佛果、成就寂樂之三身、本基中無有輪涅、依種種緣起而有種種現相，此等如同冰片。

第五猶如明鏡之六法：實相基中明故如明鏡；無有障蔽離垢如明鏡；遊舞不滅現故如明鏡；體相無二之故如明鏡；無念明性住故如明鏡；自明本來清淨如明鏡。

第五實相本體猶如明鏡之六法：實相之本基中明明朗

竅訣寶藏論釋

朗、無障離垢、遊舞不滅而顯現、體相無二、無念明性本住、自明本來清淨故如明鏡一般。

第六猶如芝麻之六法：佛性遍布眾生如芝麻；
顯現生死因果如芝麻；心性現於外境如芝麻；
境念解脫心性如芝麻；若修則現法身如芝麻；
果位不復成因如芝麻。若知此理精通實相義。

第六實相本體猶如芝麻遍油性之六法：佛性周遍一切眾生、顯現生死因果、心性現於外境、境念解脫心性、修則顯現法身、果位不復成因如同芝麻與油性的關係一樣。若我們能了知此理，則可精通證悟實相的本義。

斬斷二現耽著之六法：以夢比喻顯現直指心，
猶如夢醒自然無顯現，淨除無明自心亦無有，
依此滅除外境之實執；以幻比喻境心證妙力，
了知顯現皆空迷亂相；以影像喻直指心自性，
了知顯現空性離二取；以煙霧喻直指心遊舞，
依此證悟境現自消空；以彩虹喻直指心莊嚴，
如融空中解脫自現智；以水晶喻直指心自相，
心性自相解脫無二智。

我們應當了知能斬斷耽著二取顯現之六法：一是以夢喻之理將一切顯現諸境直指為心的自現，猶如甦醒睡夢時，一切夢境自然消逝一般，同樣，只要我們清除了無始以來的無明習氣，自分別心之種種迷亂顯現也就自然消失，了達此喻理後即能滅除對一切外境的實執心。二是以幻化喻境而證悟一切二取之法都是心之妙力妄現而假有

的，如是了知一切顯現都是迷亂之境，其本性皆為大空性。三是以影像的比喻來直指心的自性，了知一切顯現都是遠離二取等邊執戲論的，本體皆為空性。四是以煙霧的比喻來直指的心性，了知一切顯現都是自心幻化遊舞之相，依此便能證悟一切境現自然會消融於空性本體中之自性。五是以彩虹的比喻直指心性本來莊嚴之自性，如彩虹自然融入虛空般，一切無明皆可自然解脫，且自現為法身智慧。六是以水晶的比喻直指心的自相，當知心的自相本來即是解脫的自性，無二智慧也如水晶自性般如是而存在。

六種直指所攝之六法：義阿賴耶無二離偏向；
彼中迷現輪迴之自性；迷現迷執自心之幻變；
從中脫離無基修妙力；境心自滅解脫為智慧；
智慧自淨本來執堅地。此六正法總綱極重要，
僅僅了知自然得成就。

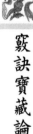

　　宣說六種直指所攝之六法：真實義之阿賴耶(如來藏)沒有能所二取之耽著，遠離一切偏向方位；在尚未了認此義之際，彼阿賴耶迷現為輪迴之自性；其正在迷現、迷執之時即是自己心的幻變顯現，實際上所現根本無有一個實有的自相，皆如空中彩虹顯而無有自性；欲從此迷現中獲得解脫者，應了認心的本性，修持心的妙力；一切外境與心念自然寂滅而解脫為自然智慧，如經陽光的照射後，彩虹會自然消融於虛空中一樣，眾生在本基中無實而顯現，正在迷現之時為眾生，一旦認識其本性後，則一切虛妄境現

竅訣寶藏論釋

皆會融入法界的本基中，證得普賢如來的果位；最後證達智慧本自清淨之自性而持於本來之堅地。此六種直指之竅訣乃為正法之總綱，故對行者來說極為重要，僅僅了知此理也會自然獲得成就。

究竟深義三身六直指：第一任運自成之直指：
水晶明鏡以及太陽光，　明性自性本性三種性，
法身自性清淨之本性，　猶如無垢水晶本潔淨，
報身本體光明之自性，　猶如清潔明鏡中影像，
化身現相無內外本性，　猶如日月照射至十方，
此等本來任運自成故，　莫從他尋當知自本具。

這裡將究竟深義之三身分別直指為六種修要竅訣。

第一即是任運自成的直指竅訣：以水晶、明鏡、太陽光這三種比喻來顯示明性的法身、自性報身、本性化身三種性。其中法身自性清淨的本性，猶如內外透明、無垢的水晶一般本來潔淨無暇；其報身本體光明的自性，則猶如清潔無垢的明鏡中顯現影像一般，清澈了然、顯而無有自性；其化身在所化眾生面前顯現的無有內外之別的本性，則猶如日月普遍照射於十方世界一般，沒有南北方隅之別。此三身無別的功德在每一眾生的心相續中都是本來任運自成、自然本住的緣故，我們切莫向外尋覓三身的本體，應當了知每一眾生自性本具三身功德，只是被忽然的無明障垢所遮蔽，暫時不能現前，一旦消除了無明障垢，此覺性本體則如日離雲霧般赤裸地顯現出來。

第二寶珠不滅之直指：自性清淨為本體法身，

七寶藏——竅訣寶藏論釋

光明不滅為自性報身，智慧不滅為大悲化身，

自具彼性如力士寶珠。

　　第二即是以寶珠不滅的方式來直指本性：我們心的自性本來清淨故為本來的法身(本體空性)；其光明不滅則為自性報身(自性光明)；其明空雙運之智慧不滅則為大悲化身(大悲周遍)。如同大力士自然具足如意寶珠一般，每一眾生自己本具彼三身本性。

第三太陽自現之直指：如同日輪通徹無分別，

覺性智慧無念為法身，如同不為雲遮自明淨，

五門頓然明清為報身，如同光線射向一切處，

顯現六境不滅為化身，如同晨起日出自證中，

本具三身當知其本面。

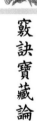

　　第三以太陽光自現的比喻來直指本性：如同日輪的光芒通徹而無有任何分別一樣，覺性智慧本來無念故為法身；如同日輪不為雲霧遮蔽而顯得自然明淨一樣，眼耳等五根門的境現本來都是自然明清的，此頓然所現之性乃為報身；如同日輪的光線沒有彼此分別，且能普遍照射一切處所一樣，色聲香味六境顯現而不滅，此乃為化身；如同旭日東昇一般，當我們證悟了然明清、自現之心性本體時，會很明清地知道自心本具三身無別的本體，當如是了知其真實本面。

第四以日直指現法界：如空清淨法性法身中，

如日自現光明之報身，自性無二覺空之化身，

自己具有當知其本面。

第四是以日輪的比喻來直指淨現之法界：如同在萬里無雲的清淨虛空中自然顯現璀璨的日輪一樣，清淨法性之法身大虛空中自然會顯現光明燦然的報身，日輪放射出自性無二的大光芒，即如自性覺空無二的化身。如是三身無別的本體每一眾生本來具有，我們應當了知其為自心之本面。

第五喻義因三之直指：喻如虛空清淨之法身，
乃為超離一切偏墮性，義即光明自淨之報身，
乃為本來自成無為法，因即自光顯現之化身，
乃為令生誠信自明燈。

第五即是以比喻、意義、因三種方式來直指本性：比喻即是如清淨的大虛空一般，本淨之法身乃超離一切偏墮之性；意義即是光明自淨之報身乃本來自成之大無為法；因即是自性之光所顯現的化身乃令眾生生起誠信之自明燈。

第六法界覺性之直指：如空法界本淨即法身，
如界本體光明即報身，如離方位覺空即化身，
自證性中本來已成故，莫於他尋尋亦無得時，
未知此理如煉石成金，天盲尋金日為雲遮蔽，
無足登梯盲人去佛堂，猶如黑暗之中升明月，
雖似明亮然卻具癡暗，是故慎重無誤抉擇後，
穩獲心性之義極關鍵。

第六即是法界覺性直指之竅訣：法界本淨、本體空性即是法身；自性光明不滅即報身；遠離方位等分別執著、

七寶藏——竅訣寶藏論釋

覺空無二顯現即化身。此三身之本性在自證的本性中本來已成故，切莫於外在的他處尋覓，縱然向外去尋覓亦無有獲得的時候。

尚未了知此等義理而於外尋找佛性者，如同欲將石頭煉成黃金、天生為盲眼之人尋找黃金、濃雲蔽日、無足者登梯、盲人去佛堂等一般是決定不能成辦的事。此等猶如在黑暗中升起的明月，月雖似明亮然卻暗淡無光。是故我們依教慎重無誤地抉擇此理以後，再通過修習穩獲心性之本義是極為關要的。

入定出定不離六密意，當以六種比喻而了知：

第一空中微風比喻示：猶如虛空明淨智慧中，

實修動念解脫自明性，體驗通徹無執之覺受，

未知此理一緣之等持，如同風中殘燭不堪緣。

無論入定還是出定均不離如來的密意(法界本體)，此理當分別以六種比喻來了知。

第一是以空中微風的比喻來加以明示：若我們在猶如虛空般明淨的智慧中精勤實修，則一切起心動念都會自然解脫於自明自知的本性之中。也就是說我們在入定出定中觀看自心時，一切動念會自然消於法界，如微風融入虛空般，爾時自然會體驗到通徹無執的一種殊勝覺受，而且無論出現什麼違緣均無所畏懼。如果行者尚未了知此理而僅修一緣等持，則如風中殘燭般縱有覺受也不能穩固地保持多久，並且很容易消失，或根本不能面對所遭遇的某種違緣而隨外緣所轉，絲毫不能堪忍。

竅訣寶藏論釋

第二清晨日出比喻示：實修離明蔽邊之本性，
體驗自淨明清之智慧，未知此理如同患瘟疫，
昏沉掉舉遮障實相義。

　　第二是以清晨日出的比喻來加以明示：我們實修遠離
一切明與蔽之邊的本性，結果就能體驗到自淨明淨的智慧
境界。如果行者尚未了知此理，則如同罹患瘟疫的病人般
必定會處於昏沉掉舉的狀態中，如是無疑會遮障一切實相
本義。

第三無風油燈比喻示：實修毫不動搖境心義，
體驗未經改造大等性，未知此理如同不孝子，
座間修習需時無用途。

　　第三是以無風擾動而盛燃油燈的比喻來加以明示：實
修毫不動搖境心之本義，也就是說自己的心既不隨內之分
別念所轉，也不隨外境色法等所轉，這樣就能體驗到未經
改造的大平等性的智慧境界。如果行者尚未了知此理，則
如同不行孝養的孽子不聽召喚一般在座間修習需要之時卻
顯得無有用途。我們若能修持不隨境心所轉的本義，令心
獲得自在，達到一切住平等性的境界，善緣逆緣無不平
等，心無分別執著，這樣則如很守孝道的賢子一樣，隨叫
隨到，一呼百應。

第四虛空廣界比喻示：實修普明無邊平等性，
體驗離希憂執之密意，未知此理精進墮險地，
如同斷翅小鳥飛空中。

　　第四是以虛空廣界的比喻來加以明示：我們實修心性

七寶藏——竅訣寶藏論釋

普明而無有邊執戲論的大平等性，便能體驗到本來即遠離希憂諸執的真實密意。如果行者尚未了知此理而盲目地精進修煉，則有墮落險地的可能，如同被折斷翅膀的小鳥飛在空中一般定有墜落之危險。

第五大海波浪比喻示：實修自融自現法界性，
體驗生住滅與法性融，未知此理基中執二取，
無法脫離破立之對境。

第五是以大海波浪的比喻來加以明示：我們通過實修自心的一切分別動念皆自然融入法界而自然顯現的法界本性，便能體驗到一切法之生住滅與法性融會一味的境界，因為法界本來就是一味一體的。如果行者尚未了知此理而於本基中執著能所二取，則無法脫離破立之對境。

第六小溪入海比喻示：實修識聚自融自心性，
體驗多者一味一明點，未知此理無法滅妄念，
如同芥子灑落於地面。若知如是竅訣切要修，
則如大海深廣瑜伽士，未知此理如小溪乾涸，
見修行皆不能勝外緣。

第六是以小溪匯入大海的比喻來加以明示：我們若將六識聚自然融會自心本性而實修，便能體驗到多者本來一味、唯一明點的境界，一切都是法性遊舞的顯現，多現為一、一現為多等互不相礙。如果行者尚未了知此理，則無法滅除分別妄念，如同芥子灑落到地面而難以撿淨。

若我們能了知如是竅訣切要而修持，則各自的智慧境界將如大海般深廣無垠，亦堪為大瑜伽士的稱號；若我們

竅訣寶藏論釋

尚未了知此等義理，則如小溪乾涸般，自之見、修、行皆不能勝伏外緣，且修無所成、不得自在。

獲得見解本地之六要：第一無有二取之見解，
獲得自證無二之本地，六境空性遠離所取邊，
智慧自明遠離能取邊，無能所取遠離二取邊，
邊解唯名遠離非二邊，證此理者於何皆無執。

我們應當了知獲得見解本地之六要：第一若我們能樹立無有能取所取諸邊之見解，依此便能獲得自證無二的本地。色聲香味等六境本來為空性故遠離所取之邊；智慧本來自明故遠離能取之邊；無有能所二取故遠離二取共識之邊；一切邊本自解脫故唯是名稱而已，亦即遠離了非二之邊。凡是能證悟此理之行者，於何時何境皆無任何執著。

第二遠離有無常斷見，依之獲得自地之竅訣，
是自然智慧故離無邊，無分別念垢故離有邊，
無境離名之故離二邊，現而遊舞故離非二邊，
當知大全解脫本解脫。

第二是介紹遠離有無、常斷諸見之竅訣：我們依此見解修習而獲得的自然本地之竅訣即是現前自然智慧，如是之故遠離無的邊；無有任何分別念垢染的緣故離有的邊；無有境現、本離名稱之故遠離二俱邊；現而遊舞故遠離非二俱之邊。當知此為大全解脫本解脫。

第三獲得遠離生滅地，如空生其不成離生邊，
遊舞不滅之故離滅邊，生時無生遠離二者邊，
能見不成遠離非二邊，當證自性清淨一法界。

第三是介紹獲得遠離生滅諸相之本地：猶如虛空，生法之基本來不成立，故遠離生的邊；覺性的遊舞不滅故遠離滅的邊；生時無生故遠離二俱之邊；能見本來不成立故遠離非二俱之邊。我們應當證悟自性本來清淨的一真法界之實相。

第四獲得遠離現空地，自性光明之故離空邊，
無有分別念故離現邊，無有破立之故離二邊，
無有所緣故離非二邊，當知大平等性自解脫。

第四是介紹獲得遠離現空本地之竅訣：自性光明不滅故遠離空之邊；無有任何分別念，本體空性故遠離顯現之邊；無有破立之相故遠離二俱之邊；無有任何所緣故遠離非二俱邊。當知此乃大平等性，而且是自然解脫的。

第五獲得遠離常斷地：所現本體空性離常邊，
空性顯現種種離斷邊，現空無離無合離二邊，
見者本面淨離非二邊，一切本來未生持本淨。

第五是介紹獲得遠離常斷之本地：諸法所顯現的本體皆為空性故遠離常有之邊；空性中緣起和合而能顯現種種故遠離斷滅之邊；現空無別、本無離合故遠離二俱之邊；見者本面本來清淨故遠離非二俱之邊。當知一切法的本體本來從未產生過而如實護持本淨。

第六獲得遠離賢劣地，未墮高見清除賢勝執，
未墮劣見清除斷惡心，未墮二見二執自地空，
未墮無二遠離一切邊，若未了知如是大見解，
不能自離出現歧途障，低劣見解不能增境界，

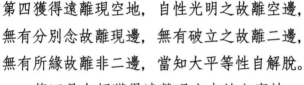

竅訣寶藏論釋

是故持地竅訣極重要。

第六是介紹獲得遠離賢劣邊執之本地：未墮高見者能清除賢勝的執著；未墮劣見者能清淨並斷除惡心的執著；遠離賢劣之見而未墮二見與二執者，其自地本空；未墮無賢劣之二邊者遠離一切邊執戲論。若行者未了知如是殊勝的大見解，則不能自離賢劣之邊執而必定出現修行的歧途之障，況且僅依低劣的見解也不能增上修證的境界，是故護持本地的修行要訣對我們來說是極為重要的。

妄念轉為助緣之六法：心識道用自消如微風，
內心現出自然之智慧；動念道用自淨如閃電，
顯現一切動念自明智；憶念道用自清如濁水，
顯現憶念自然佛意趣；諸分別念道用為法性，
內現無有取捨之密意；執著道用自盡無對境，
自現無基所見消失智；自相道用明淨明界伴，
內現明然無跡之智慧。如是實修之諸瑜伽士，
即從分別念中顯現智，如同乾薪之中燃大火，
一切現為助伴極關鍵。

了知能將妄念轉為修行助緣之六法：一是若我們能依教將心識轉為道用而直觀其本性，則一切分別念將如虛空中的微風一般自然消失，爾時內心自然現出自然之智慧，而且分別念消失與智慧生起是同時的。二是將一切起心動念轉為道用，也就是說當我們直觀動念之本性時，一切動念會如閃電剎那消失在虛空中一般自然清淨。同樣直觀正在動念之心，則一切動念剎那皆消融於心性本體之中，所

七寶藏——竅訣寶藏論釋

顯現的一切動念無不成為自明自證的智慧。三是若將一切憶念轉為道用，即直觀憶念之本性，則如渾濁的水自然會澄清般自然清淨。爾時一切憶念都會自然顯現為佛陀的密意(認識心性本體，即是上師佛的智慧密意)。四是若將一切分別念轉為道用——直觀其性，則一切分別念都會自然消融於法性本體之中。爾時於內在即可現前無有任何取捨的真實密意。五是若將一切內外執著轉為道用——直觀其性，則能自然滅盡一切執著，並且再也沒有任何可執著的對境存在。爾時自然顯現無有所見之基的本性，如對山河大地等法雖有所見，但無執著，也就是處於一種有相無執的境界，如是自然現前消失執著的智慧。六是若能將內外諸法的自相轉為道用，即直觀其性，則諸法自然是明淨無垢的，故能成為光明法界的助伴，因此內在也自然現前明然無跡的智慧。能如是實修的諸瑜伽士，即能從一切分別念中顯現智慧，如同在乾薪之中盛燃大火一般，修行人應將一切內外顯現轉為道用——直觀其性，使之成為修行的得力助伴是極其關鍵的。

安住法性境界之六要：調整風脈明點各自要，
身即依照禪定之六法：解脫庸俗平凡迷現要，
了知器情乃為佛壇城；自然生起大樂境界要，
即閉下風而修寶瓶氣；安住無念法性境界要，
舌尖上卷勿觸二上齶；自明智慧清淨虛空要，
雙目直視一卡虛空處；本來智慧任運自成要，
心性無改放鬆明清住。具此法者安住法性中，

竅訣寶藏論釋

故具緣者應當精進修。

　　了知安住法性境界之六要訣：一是我們在修習圓滿次第時，當依教調整體內風脈明點各自要點，身要即是依照禪定的六法(結跏趺坐、身體端直、眼睛垂視鼻尖、頭部微俯、舌抵上顎、兩手等印)。二是在修習生起次第時，我們應修習解脫庸俗平凡、迷現的要訣，依教了知一切器情世間乃為諸佛之清淨壇城，當如實觀修。三是我們要想自然生起大樂智慧的境界，所依要訣即是持閉下風而於內觀修寶瓶氣。四應了知安住無念法性境界的要訣，即是將舌尖往上卷，但勿抵觸上顎，當如是修煉。五應了知自明智慧清淨於虛空之要訣，即是雙目直接注視自前距離一卡遠的虛空。六應了知本來智慧任運自成的要訣，即是於心性無改、自然放鬆中明清而安住。具足此等法要者皆能安住於法性的本體之中，是故，具善緣的行者皆應精進實修此要竅訣。

安住法性境界之六法：當以六種竅訣而了知，
依靠三時無別之竅訣，斷除二執分別心念邊，
不憶過去不妄想未來，現在無執之中坦然住；
依靠燕子入窩之竅訣，斷除希憂分別心念邊，
現在之心無生亦無滅，不散等性之中放鬆住；
依靠士夫捨事之竅訣，斷除執著依處分別邊，
心性實相無改平等中，遠離所緣平等一味住；
依靠大鵬翱翔之竅訣，斷除懷疑二執分別邊，
斷心識邊自然本性中，廣大平等一味而安住；
依晨日出清淨之竅訣，斷除種種境現分別邊，

七寶藏——竅訣寶藏論釋

不攝根門不破動念中，六聚悠然放鬆而安住；
依靠相執自淨之竅訣，斷除種種妄念分別邊，
於所顯現諸境無取捨，無改本性之中如理住。
如是住者無二性中住，定現邊解脫之廣意趣。

　　了知安住法性境界不離之六法：此六法當以六種竅訣來分別了知。一是依靠過去、現在、未來三時無別這一竅訣來斷除二執分別心念之邊，即不憶念過去、不妄想未來、不執著現在，當於如是無執著的境界中坦然安住。二是依靠燕子入窩般的竅訣來斷除希憂分別心念之邊。燕子在入窩前，首先善加觀察，待遣除一切險疑後才安然入窩，同理，我們通過聞思來觀察而斷除其違品後，才可無憂地安住修習。我們現在的心即是遠離一切分別念、無生無滅的本性，故當在毫不散亂的大平等性中自然放鬆地安住。三是依靠大士夫捨事之竅訣來斷除一切執著所依處之分別邊，亦即我們應當在心性實相無改大平等性中，遠離一切能緣所緣而平等一味地安住。四是依靠大鵬翱翔的竅訣來斷除一切懷疑二執之分別邊，亦即我們應當在斷除一切心識邊執之自然本性中以廣大平等一味的方式而安住。五是依靠清晨日出一般清淨的竅訣來斷除種種境現之分別邊，亦即不收攝根門，也不破除動念，我們應在此不破立之明清中，以六識聚悠然放鬆的方式而安住。六是依靠相執自淨之竅訣來斷除種種妄念之分別邊，亦即於所顯現的諸境中無有任何取捨的執著，並在無改之本性中如理安住。如是安住者即等同於在無二本性中安住，也就決定能

竅訣寶藏論釋

現前邊解脫之廣大意趣。

宣說修行共過之六法：明清不分無念茫茫然；
特意修明偏墮智慧方；散射內收片面執著心；
未證內明迷迷茫茫狀；未徹斷定跟隨懷疑轉；
三門改造迷亂成妄念。如是六過所生諸障礙，
求真義者當斷而修持。

　　宣說修行中顯密共許之六種過患：一應了知若明清不分地處於無念茫茫然的狀態，則是修行的一種過患。二應了知特意注重修持明念諸覺受而偏墮於智慧方面，不行持大悲心、菩提心等方便法，也是修行中的一種過患。三應了知當自心稍有向外面散射之時，便立即以強力內收，這種片面的執著心也是修行的過患。四應了知若修行人未能生起內證功德，只是處於迷迷茫茫的狀態之中，則也是修行中的一大過患。五應了知若行者未能徹底斷定法性本義，也就是對正法沒有生起真實定解，僅僅跟隨分別懷疑而轉，則也是修行中的一大過患。六應了知若不能認識迷亂的本性而將身口意三門加以改造，則一切無不成為分別妄念的境界，這也是修行中的一大錯處。對於如是六種過患所產生的諸般障礙，欲求真實義者應當力行斷除，如是而修持很重要。

宣說修道歧途之六法：四無色界作意之修行；
執持世俗無因果斷見；執持二取不變大常見；
境現視為怨敵或荊棘；一切歸心自證自明修；
分別識聚視尊離真義。萬勿墮入此等六歧途，

亦勿超離法界平等性。

　　宣說修道中易入歧途之六法：一應了知在禪修之中，若行者不遠離四無色界的作意而修持，則即步入了修行中的歧途。二應了知執持世俗中無有因果的斷見也是一大歧途。三應了知若執著能所二取諸法為永恆不變、常有自在之法，那麼執持這種大常見即是修行的一大歧途。四應了知若將一切境現視為怨敵或荊棘樹般遠離，則也是修行中的一種歧途。五應了知若將一切諸法歸屬為心，而除了自明自智的心性本性以外，一切均無，如是執心識為實有而修持即是修行中的一大歧途。六應了知若將分別識聚視為實有的聖尊，並且離開了本體空性的真義而修持也是修行中的一大歧途。明了上述之理，作為修行人，我們千萬不要誤入此六種歧途，也不要超離法界大平等之性而修持。

出現六過糾正之六法：猶如雲消空中糾正法，所現一切種種心幻變；自性悉皆淨於法性空，猶如賊至空室糾正法，分別妄念本體無自性，生起之時未生無識別，僅僅放鬆則無所斷法；猶如冬林著火糾正法，觀察所生境念之本面，從而現為法性之助伴；猶如毒為咒攝糾正法，無生境界之中滅妄念；猶如民見國王糾正法，五毒生時認識自放鬆，從而徹見法性義本面，猶如船上烏鴉糾正法，所生掉舉除開法性外，別無去處境界中安住。以此六要所生諸憶念，

自性自淨自清解重要。

　　我們應當了知在修行中容易出現的六種過患，當過患出現之時即應依六法加以糾正：一是猶如雲消散虛空中一般的糾正之法，即所顯現的一切種種法皆為心之幻變，故可將其分別心的自性悉皆清淨於法性的虛空之中，當如是以此糾正自己修行的過患。二是猶如盜賊進入空屋而無有憂懼一般的糾正之法，即應了知一切分別妄念的本體無有自性，當我們生起分別妄念之時，其心念本體就是本來未生而無有識別的，若僅僅坦然放鬆而修持，則無有任何所斷法。三是猶如冬季林木著火一般的糾正之法，即我們在觀察所生分別念的本面時，會發現一切心念無不現為法性之助伴。有如林木枝葉無不成為著火之因，同樣，分別心亦無不成為證悟法性之因。四是猶如毒物被咒語攝持後即可成為妙藥一般的糾正之法，即若以無生的境界來攝持一切諸法，則自然能寂滅一切分別妄念，並能使之悉皆顯現智慧的本性。五是猶如臣民面見國王而威力自竭般的糾正之法，在我們生起五毒煩惱之時，當下即應認識其本性而自然放鬆，這樣就能現前法身智慧，以致徹底現見法性義之本面。六是猶如船上烏鴉不敢遠翔一般的糾正之法，即在茫茫無際的大海中航行的船上有一隻烏鴉，牠只能在船上往來盤旋而不敢獨自遠去，同樣，我們所生起的一切掉舉等分別心，除法性以外也別無歸處，唯於法性的境界中安住。以此六種要訣所生之諸般憶念，當知其自性是自然清淨、自然解脫的，了知此理是極為重要的。

真實證悟確信之六相：震懾一切功過無怯懦；
自心法身住於肉身中；不貪輪迴利他無厭倦；
通達唯一明點無歧障；諸魔法性無有違緣懼；
苦樂皆空希憂取捨無。通達此理眾人悟實相。

　　當我們對諸法自性生起真實的證悟時，可通過六種確信之相來了知：一是當真正的證悟智慧現前之時，我們對自己或他人的一切功德與過患皆不產生大的執著之心，已獲自在之故能震懾一切功過，對自己接下來必走的修行道路也不會有怯懦之心。二是自心光明之法身本住於自之肉身中，密宗稱之為童子瓶佛身，對此觀點我們依佛陀第三轉法輪所宣說之教義或《寶性論》的教義即能遣除一切懷疑而真實無誤地了達。三是當我們真實證悟法性之時，對輪迴不會再產生貪執之心，能勵力實行弘法利生之事業而無厭倦，錢財在眼前便如糞土一般，名譽也不過是過眼雲煙。四是當我們通達覺空無二的法性真實義之時，則所現諸法皆是唯一的法界明點之性，修行過程中的違緣、歧途等障皆能轉為道用。五是一切外在之魔緣皆為法性之遊舞，證悟此義之行者皆不為任何魔緣所害，縱然天魔、死魔等一併現前亦不會產生絲毫畏懼之心。六是真實證悟法性時，世間的一切痛苦與快樂都成為一味大平等的空性，無執故無希求、憂慮與取捨。對於上述之理，若人人都能通達則眾人皆可依之證悟諸法實相。

真實獲得穩固之六量：現有諸法幻化自現故，
恆時出現無自性道相；煩惱本體本來清淨故，

竅訣寶藏論釋

五毒自滅顯現自明智；功過本來現為大智故，
顯現取捨二念自清性；證悟精華之義無他現，
是故妄念現於法性中；心性寶珠自已獲得故，
遠離死遷恐怖無畏懼；現見自心法性正覺義，
是故脫離精進希憂縛。如是瑜伽之士即正覺。

　　我們尚應了知生起真實證悟並獲得穩固之六種正量：
一是所證已經獲得穩固的修行人，在他們面前現有的一切
諸法皆是幻化之遊舞自現，無有毫許堪忍之自性，並且恆
時能出現無有自性的一切地道之功德與證相。二究竟來
說，任何一種煩惱其自性本體都是本來清淨的，如是之
故，在貪嗔癡等五毒自然生起而又自然寂滅的過程中即能
顯現自明自證之智慧。三就諸法本性而言，一切功德與
過患本來就顯現為大平等的智慧故，顯現在我們面前的取
與捨這兩種觀念也自然清淨於大法界的本性中。四是修證
已獲穩固的行者，其所證悟的精華之義即密宗最究竟的深
義，此外再也無有其他清淨與不清淨的顯現，是故妄念皆
消融與無生無滅的法界本性中。五是自證獲得穩固者，自
己已認識心性本體，穩獲此證悟之摩尼寶珠之故，遠離死
亡、遷移、恐怖而無任何畏懼。六是自證獲穩固者現見自
心之真實本性、法性正覺之義，是故已脫離修法精進與否
以及希求解脫而憂慮墮入輪迴之束縛幻網。具足如是六種
穩固正量之瑜伽士即為正等覺。
已得密意境界六確信：證悟諸法離邊中觀道；
證悟現空雙運大光明；證悟一切等性之大樂；

證悟無二唯一之明點；證悟任運自成離方義；
證悟本淨本性究竟義。彼等無有欲證之意念，
於證悟時無有自詡心，故為幻化離喻瑜伽士。

我們應當了知已得大圓滿密意境界之六種確信：一是證悟諸法遠離一切邊執戲論，並恆時能安住於離邊之中觀道中。二是證悟了現空或智悲雙運之大光明，完全了悟了心性自現不滅之本性。三是證悟現有之輪涅諸法皆是大平等的本性，一切功過、賢劣、多少、好壞等都達成一致，平等無別，能安住如是等性之大樂境界。四是證悟一切現有之法皆是無二無別，全都是唯一之法界明點自性。五是證悟覺性任運自成、遠離一切方隅之義。六是證悟諸法本性最究竟的實相義自然本淨、無作無改。已了知得密意境界的六種確信，在實修之時，我們對彼等應無有欲證悟之分別意念；於證悟之時亦不會洋洋得意地在人前自詡。自明自證的境界只有證悟者最明白，那是離一切言思而無法用比喻明示的，即如啞人嘗到糖的甘美滋味一般，歡喜在心裡而無以表達。如是證悟之行者故可稱為幻化離喻之瑜伽士。

如是證悟解脫六方式：正當顯現一切外境時，
現即解脫如冰化為水；明知內在覺性諸法後，
知即解脫如水融入水；中間動念二意散射時，
散即解脫如空中閃電；一切假立名聲傳出時，
名即解脫如同空谷聲；所持宗派承認之正時，
彼即解脫如虹消空中；所修之果成就即解脫，

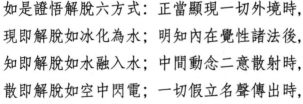

竅訣寶藏論釋

猶如如意寶珠滿需欲，自性自解對治自清淨，
無名離境密意任運成。如是上根即生得解脫。

　　如是證悟法界本性而獲得解脫有六種方式：一應了知
山河大地、有情眾生等一切外境正在顯現時，顯現的當下
即是解脫，有如冰融化為水，冰與水二者之本性乃一味無
別，此外在冰上怎麼也尋找不到一個異於水的自性。二是
我們明然了知內在種種覺性諸法之後，在了知覺性本面的
當下即現前解脫，這好比將一盆水倒入水池中，水相互交
融後再也找不出一盆水單獨的自性，水與水本體無二無
別。三應了知中間刹那生起的動念，抑或修行不能專一行
持而顯三心二意，這樣的念頭正在散射時，其散射的當下
即現前解脫，好比空中的閃電，電光劃過夜空閃現的同時
便頓然消失。四應了知世間一切名聲皆是假立而無實有自
性，當一切名聲或其他響聲傳出之時，在名聲顯出的當下
即是解脫。別人對我們作的讚歎，即如空谷的回聲一般虛
幻無實，讚歎之聲刹那即失，皆為迷亂之顯現，去尋找時
如何亦不得其實有自體故當下現前解脫。五應了知我們所
持執的宗派觀點之自性，正在承認自宗與他宗的觀點之時
即現前解脫，好比空中顯現的彩虹於刹那間消失於虛空，
此時如何亦尋找不到先前所見彩虹之實相。六應了知我們
通過修持所證道果之自性，在成就的當下即現前解脫，猶
如如意寶珠一般能滿一切眾生的需求與欲願。上述六種證
悟方式極為殊勝，依自性自解脫與自性自清淨的對治，遠
離一切名言、境現的執著，並且分別念的密意境界又是任

運自然而成的。我們依上師的殊勝教言已明知諸法自性，以及自己的迷亂，故於迷亂的當下認識自心之本性極為重要。如是上根利智之人聞此竅訣並依之實修即生就能獲得解脫。

當知中根法性中陰時，獲得解脫二種之六法，
第一捨棄肉身之六法：內外一切聚於自心時，
即是遠離所取之外境；心性集於智慧之中時，
即是遠離能取之心性，覺性智為習氣包藏時，
地風融入水大身無力，出現糞便之時當超度；
水風融入火大身肢顫，面容積塵口水鼻涕滴；
火風融入風大口鼻乾，喪失體溫口鼻無光澤，
此時溫度若集於腳掌，則墮地獄密處轉餓鬼，
臍間旁生心間投生人，喉間非天集眼生天界，
熱散頂上則得無上果；一切風風融入神識時，
外氣急促不能向內吸，神識不清眼自光燈失，
外氣中斷神識入光明，內氣中斷身心相分離，
彼身留世智慧現法界。此等即是初現隱沒式。

此外，我們尚應了知中根行者依竅訣在法性中陰時獲得解脫的二種六法(共十二法)。

第一即是捨棄肉身之六法：一應了知當自身內外、上下一切明點聚合於自心之時即是遠離所取之外境的時候。二應了知最後心性集於智慧之中時即是遠離能取之心性、覺性智慧之力被無始之習氣包藏而頓現黑暗之時。三應了知當地風融入水大之時身體便顯得四肢無力，當體內大小

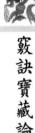

竅訣寶藏論釋

406

便失禁而出現糞便之時即應及時超度。四應了知當水風融入火大之時，身體四肢便會戰慄不止，面容也會積滿穢濁之塵埃，同時流出口水與鼻涕。五應了知當火風融入風大之時，自己的口與鼻都會顯得異常乾燥，並且喪失身體恆有的溫度，口鼻皆失去往日擁有的亮麗光澤。此時應注意溫度流失的方位，若發現體溫由上往下降，最後集於腳掌部位，則說明彼人將會墮入地獄；若體溫最後集於密處，則說明彼人將轉生為餓鬼；若體溫最後集於臍間則彼人將轉生為旁生；若體溫最後集於心間，則彼人將轉生為人；若體溫最後集於喉間，則彼人將轉生為非天；若體溫最後集於眼部，則彼人將轉生至天界；若體溫最後集於頭頂而散去，則說明彼人獲得了無上解脫之果。如依破瓦而往生者皆屬獲無上果之人。六應了知當一切風風融入自之神識之時，外氣便顯得異常急促而不能向內吸氣，神識也變得迷亂不清，眼睛自有的光燈完全喪失。當外氣完全中斷之時，其神識便會進入光明的境界，當內氣完全中斷之時，身體與心識便相互分離開來，彼之虛假肉身留存於世間，自性智慧則現入法界之中。這即是最初所顯現的隱沒方式。

第二六法根基解脫理：宣說六種根基之第一，
上等根基之中利根者，不現中陰心身分離時，
自明顯現法性大勝觀，住於遠離戲邊境界中。

　　此說第二種六法——不同根基者獲得解脫之理：
　　首先宣說六種根基中的第一種，即上等根基之中利根

者，他們於命終時不顯現中陰境界，當其身心分離之時，自然能顯現自明大法性的大勝觀，安住於遠離一切戲論邊執的境界中而獲得解脫。

第二上根之中鈍根者，於三剎那之中得解脫，
身心分離第一剎那中，顯現自明無念大法身，
第二剎那顯現報身光，第三剎那解脫光明後，
安住如空等性法身中。

第二種為上等根基之中鈍根者，他們將於三剎那中獲得解脫。在身心分離的第一剎那中，彼之境現中自然顯現自明、無念之大法身的本性；在第二剎那中將顯現報身之光明；第三剎那解脫於光明之後便安住在如是大空、平等的法身境界中。

第三中根之中利根者，一或三禪定日處昏厥，
彼者醒後顯現智慧光，身之自光語言之自聲，
意光線相顯現五日時，知身語意本面而解脫。

竅訣寶藏論釋

第三種為中等根基之中利根者，他們在臨終的一個禪定日或三個禪定日中會處於昏厥的狀態。待彼等醒覺之後就自然會顯現智慧之光明，當彼身體自有之光芒、語言、自然之聲音以及意識的光線諸相顯現至五日之時，便能通徹了知身語意之本面而獲得解脫。

第四中根之中鈍根者，三或五禪定日處昏厥，
彼醒顯現五智之光明，不生懼怕無畏自現解。

第四種為中等根基之中鈍根者，他們在臨終前的三個禪定日或五個禪定日中會處於昏厥狀態。待彼等醒覺之時

就會顯現五種智慧之光明，爾時，不生任何懼怕之心，無畏而自然現前解脫。

第五下根之中利根者，三禪定日之中處昏厥，
彼醒顯現五智之光明，經過五日智慧顯現沒，
光中現境聲中出光線，光線之中顯現妄念時，
滅盡昔日外境財人念，同時應當憶念昔正法，
覺醒對治自明無執著，智慧自現中陰現解脫，
法界之中現前菩提果。

第五種為下等根基之中利根者，他們在臨終前的三個禪定日中會處於昏厥的狀態。待彼等醒覺之時，亦會顯現五智之光明，這樣的智慧光明顯現須經歷五天的時間，慧光隱沒的同時，光中出現種種境界，聲中又出現種種光線。當光線之中顯現妄念之時，自會滅盡昔日對外境美色、財物以及人的貪念與執著，此時應當憶念往昔聞思之正法，覺醒時若能依佛法竅訣來對治則自明而無有執著，以至於智慧自現之中陰境界中現前解脫，究竟於大法界之中現前菩提果。

第六下根之中鈍根者，一禪定日神識昏厥中，
清醒現智一日而隱沒，彼者認為以前身存在，
諸根具足無礙遊各處，身心分離尋找境住處，
隨業力入不同之胎門，獲得具有七德人身後，
值遇深法彼生得解脫，若是罪業極其深重者，
不現中陰身心分離時，自現迷惑顯現地獄處，
造罪中等中陰住片刻，爾後感受其他二惡趣，

七寶藏——竅訣寶藏論釋

善惡平等中陰時較長，七七四十九日中停留，
爾後隨其業力而投生，即是法性中陰隱沒時，
二種鈍根轉世中陰現，是故今當斷惡修善法，
獲得心性本地極重要，此乃有利教言當銘記。

第六種為下等根基之中鈍根者，彼等在臨終的一個禪定日中，其神識處於昏厥狀態，清醒之時現前智慧，歷經一日而隱沒。此時彼者會認為自己以前的身體至今尚存，並且眼耳鼻舌諸根也圓滿具足，故能無障礙地雲遊於世間一切處所。當身心分離之時便開始尋找適合安住的處所，隨業力的牽轉而進入不同的胎門轉生。若人生前修積善法並獲得過灌頂，則可有選擇性地投生，如是獲得具有七種功德(種姓高貴、形色端嚴、長壽、無病、緣分優異、財物富足、智慧廣大)的人身後必定能值遇甚深正法，並於彼一生中得到解脫。若亡者是罪業極其深重之人，則其不顯現中陰境現，也不經歷身心分離之時，自現皆為迷惑而直接墮入地獄。造罪中等之人將在中陰境界中小住片刻，爾後，便去感受其他二惡趣的果報。所造善與所作惡業平等之人在中陰境界中待的時間較長一些，一般會停留七七四十九日，爾後隨其各自的業力而投生。這些即是法性中陰境界的隱沒時，二種鈍根轉世中陰的情況，了知此等惡怖之境現，我們應提高警惕，從今日起立即斷除一切惡業而勤修一切善法，盡快令自己獲得心性之本地是極為重要的。這是對自己最為有利之教言，故當銘記於心。

上述不同根基者獲解脫的情況，要想更詳細地了知，

可參閱《上師心滴》。

宣說現前究竟果位時，所現真實菩提之六法：

離諸二取迷亂習氣後，迷現迷執入於法界中，

如同晴天日輪清淨時，第一具二清淨法身者，

法界中現法性光明智，離戲光明廣大周遍性，

任運自成本淨中解脫。

　　宣說我們通過修行而最終現前法報化三身果位之時，所現前的真實菩提果之種種功德，在此歸攝為六法。現前菩提果位時，我們已徹底遠離了能取所取的迷亂習氣，凡夫地及有學道時所具的煩惱障與所知障以及二障習氣已得清淨。爾後，一切迷亂的境現以及迷亂的執著皆盡消融於大法界的本性中，即如秋高氣爽晴朗的天空，沒有一絲雲彩，烏雲更是不見蹤跡，日輪則顯得分外明清、淨潔，現前「萬里無雲萬里空，萬里無雲萬里光」的境界。對此證悟的境界，也許有人會持懷疑的態度，認為眾生於本基之時乃清淨無染之性，後來卻為無明障垢蒙蔽真性而起諸迷亂境現流轉輪迴，此時雖依殊勝竅訣通過精進實修、淨障而回歸自性之本地，這樣得果以後我們是否還會繼續迷亂呢？答案是肯定的，現證究竟菩提後絕不會再迷亂！因為眾生的無明煩惱諸障經過大空性的對治力而斷完後決定不會再復生，對此毋庸置疑，在《經莊嚴論》以及《大幻化網》中對此有詳盡的解說。

　　首先宣說第一種功德：我們現前菩提果時將於內明法界宮中圓滿法身的功德。爾時，具足二種清淨，即自性本

七寶藏——竅訣寶藏論釋

411

來清淨和暫時的客塵垢障清淨，並於法界中自然現前法性之光明智慧，那是離一切戲論、自具光明本性、廣大周遍的，此性非為因緣所造作而是任運自成，且與一切諸法之本性無二無別，我們必定會在這種本淨一味無別的大法界中獲得究竟的解脫。

第二清淨圓滿受用身，彼中於諸十地菩薩前，
顯現猶如彩虹五部佛，圓滿妙相隨好極耀眼。

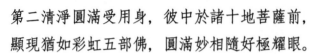

　　第二種功德是受用報身那清淨而圓滿的功德。報身的形象如彩虹一般顯而無有自性，因其為自現所顯，故只有在十地以上的菩薩面前才能顯現，並且顯現為五部佛(不動佛、寶生佛、無量光佛、不空成就佛和毗盧遮那佛)的形象，具足圓滿的三十二相好以及八十隨好，光彩奪目，極為耀眼。

第三猶如月影之化身，現於一切所化水器中，
事業受生殊勝化身等，隨順不同根基而示現，
乃至六道各趣存在間，利眾事業不可思議也，
依此三身所具六智慧：法界性智法性無遷變，
大圓鏡智自明普現基，平等性智一味無分辨，
妙觀察智如所盡所見，成所作智事業不可思，
任運成智無為法性者，離喻如來一切智慧主，
如摩尼寶無念成諸事。

　　現證菩提所獲之第三種功德是猶如月影一般之化身功德。從究竟真實義來說，法、報、化三身實為一體，無有分別，然於各趣眾生前因所化清淨不清淨的緣故而示現三身。此化身顯現即如月亮映照在百千萬數不同的水器中成

形一般，如是化身亦應眾生千差萬別的根器而示現種種。所謂佛陀之事業化身也即技藝應身，乃為佛陀為教化眾生而示現種種能工巧匠的化身。如為教化樂神乾達婆，佛自化為樂師，演奏乾達婆琴。無論以何種形象出現，都是為了弘法利生的廣大事業示現。受生化身也即應身，為如來示現種種受生的化身以教化有情，如示現生為帝釋天、斑鹿、飛禽、水、橋、樹木等等變化之身，此等顯現皆為利益眾生不可思議之幻化。殊勝化身如釋迦牟尼佛於千百萬娑婆世界示現能仁而度化有情。如是等等不可思議之化身無量無邊，皆隨順眾生不同的根基而示現，而且從無間斷，乃至輪迴未空之際，六道各趣存在期間，其化身利益眾生的事業永遠是不可思議的。

此法報化三身亦自然圓具六種殊勝智慧。一般來說，法身之智慧主要為盡所有智和如所有智，報身智慧為法界性智等五種智慧，化身智慧為無二等性之智慧。然於本論中作者歸攝為六種：第一種為法性無有遷變之法界性智；第二種為如明鏡一般一切自明而普遍顯現之基——大圓鏡智；第三種為一味一體、無有分辨之平等性智；第四種為妙觀察智，即觀待勝義之如所有智以及觀待世俗之盡所有智；第五種為成所作智，即能顯現各種形象利益眾生，其事業廣大無邊不可思議；第六種為佛陀法身智慧——無為法性之任運自成智。此六種智慧遠離一切比喻、言說，也是如來一切智慧中最為主要的，就像摩尼寶珠一般雖然無有欲利益眾生等念頭卻自然能利益眾生成辦諸事。

七寶藏——竅訣寶藏論釋

第四眾前生起大悲理，　發心發願積累二資糧，
任運自成智慧力所生；　第五如何生起大悲理，
自然而然生起大悲心，　逢遇外境生起大悲心，
受他勸請祈禱生悲心。

　　現證菩提果所獲得之第四種功德即在眾生前能生起無
偽之大悲心。如是之理即行者於學道修道時，發起了殊勝
的菩提心，並發願利樂一切有情，同時也精勤地積累了圓
滿的福慧二種資糧，最終此功德便由任運自成之智慧力而
產生。第五種即了知如何生起大悲心的道理，有的於自相
續中自然而然地生起大悲心，有的逢遇外境，見到可憐而
堪悲憫的眾生故生起大悲心，有的受他人勸請或祈禱佛菩
薩而生起了大悲心。

第六以悲利眾之方式，　乃為有依無依本體三，
定具此等斷除偏袒者，　法身無阻無依行利眾，
以發心願之力淨障礙，　於眾生前現色身饒益；
報身智慧大悲自現故，　有依利益淨除十地障；
本性利益事業法界身，　息滅有無增損之性中，
於諸所化眾前隨意現，　種種化身行持諸事業。
依宗派見有依利眾生，　即於究竟圓滿之佛地，
成就身智而行利眾事；　無依如彼成就無毀滅，
然如仙人所造之靈塔，　依靠願力如是而顯現，
本性亦行自他之二利，　如同彼二有無增損解，
無二無別本性身之中，　如理相應安住而利眾。
此等三者實則一體故，　應當精通如前所說理，

竅訣寶藏論釋

依此擺脫有無邊執網，　如是獲得無上菩提果，

縱是具有信心凡夫人，　亦依共同不共殊勝道，

精勤依次向上可證得，　任運自成如意之功德，

故勤修解脫道極重要。

　　第六法宣講現證菩提果者以悲心利益眾生的方式，分有依、無依、本體三種決定斷除偏袒的方式。一者為法身無有阻礙，無有能依所依地施行利眾事業，以最初堅定的誓願之力已清淨一切障礙，故於清淨的眾生前顯現報身，於不清淨的眾生前顯現化身，如是顯現色身而對眾生作饒益；二者報身的智慧、大悲皆自然現前故，有依利益眾生、並淨除十地菩薩諸般障礙；三者本性利益眾生的事業遍一切處，此法界身在息滅了有、無、增、損之法性中，於一切所化眾生前能隨意顯現種種化身來行持弘法利生的諸般事業。

　　依照宗派的觀點，也分為有依、無依、本體三種。有依利益眾生的方式，是在現證究竟圓滿佛果時，以成就身智而利益眾生。無依是以如有依般成就身智，但不具備能生滅的智慧，然而亦如仙人所造之靈塔(寂天菩薩《入行論》中所載：古印度有位仙人建造了一座可對治龍病的靈塔，此後依靈塔便遣除了許多眾生患龍病的痛苦)，仙人逝去已久，但因彼之發願力，靈塔仍能為眾生作利益──勝伏龍病。同樣的道理，現證菩提者雖無毫許執著，但也因他們先前的發願力而能顯現種種形象度化眾生。本體的方式亦行持自他二利事業，如同有依、無依一般，解脫於一切有無、增損之邊，住於無二無別的本

七寶藏──竅訣寶藏論釋

性身之中，如理相應眾生根基，以安住的方式而利益眾生。此等三者實際無有分別，乃一味一體之自性故，我們應當精通如前所說之理，依此殊勝教理即能擺脫有無諸邊之執著網。如是欲獲得無上之菩提果者，縱然是凡夫，只要具有信心，亦可依共同及不共同之殊勝解脫道，精勤不懈依次第向上修持而證得任運自在如意之功德，是故對於我們每一位修行人來說勤修解脫道極為重要。

思維當今惡世增厭離，人壽無常渾噩而空耗，
學問無窮學亦無盡頭，是故日夜當修密宗法。
今生瑣事死亦無完時，此起彼伏如同水波紋，
死時是否有用當慎思，今起當修解脫之菩提。
將成如何誰亦不可定，怎有安樂無畏之把握？
是故現今自由自在時，應該前赴永樂解脫處。

以下是尊者對我等有緣弟眾的勸誡。我們應思維於當今五濁興盛之惡世，造諸惡業者眾而奉行十善者寡，這樣思維即能增上自己對現世之厭離心。觀察思維一下人壽的無常，哪有閒功夫遊戲世間，然而世間眾人卻在渾渾噩噩中空耗自己珍寶般的人身，那是多麼的可惜啊！再者，世間諸般學問即如晴朗夜空中的群星一樣無窮無盡，不管你怎樣學習都難以抵達學海之盡頭，是故我們從今起就應日日夜夜不間斷地勤修對自己切身具實利的無上密宗之法。

再看看我們今生所從事的諸般瑣事，即便到自己此生命終之時亦不會有完結的時候，一件事情做完，馬上又會新出另一件，乃至更多的事，思此慮彼，彷彿每件事都很

竅訣寶藏論釋

416

重要，如是此起彼伏就如水中的波紋一般連綿不斷。然而我們兢兢業業所做的一切瑣事到自己臨終時是否會發揮作用，對此應當反覆慎重地思維，所以從今天起，我們就應實修能令自己得到解脫的菩提大道。

現世諸事以及自己今後的去處將會變成如何光景，對此誰亦不能肯定，那麼我們虛喪光陰又怎麼會有獲得安樂而無任何畏懼的把握？是故，趁自己現今自由自在之時，就應該前赴永遠具足安樂的解脫處。

死時拋棄今生之身體，以及受用親友等一切，
誰亦無用獨自而前往，此時於誰皈依當慎思。
如今此情此景不久住，天翻地覆死主降臨時，
爾時自己何為指望誰？是故現今即當修妙法。
是否智者有無修行等，死時方曉當盡力行善，
修持精華心性本來義，善趣喜樂任運自成也。

七寶藏——竅訣寶藏論釋

在死亡之時，我們必定會拋棄自己今生貪執的身體、財食等諸受用，以及難捨難分、深深眷戀的親朋好友。此等一切對自己獨自前往中陰界誰都顯得無有用處，此時，我們應當皈依誰？應該向誰祈求救護？這些自己都要仔細慎重地思維。

如今的此情此景——暇滿人身、美好生活、聞思佛法等皆不會長久地留住在我們的身邊，天翻地覆之時死主驟然降臨，爾時，自己應該怎麼辦？又應該指望誰來幫助自己脫離困境？所以從今天，從現在，我們即應勤修解脫妙法。

判斷一個人是否有智慧就應看他是否有修行的功德與證相等，但這些對於個人來說只有等到死亡降臨時自己才會知曉，是故我們應當勵力行持一切善法，尤其應修持甚深精華之心性本來義，如是善趣諸般喜樂皆能任運自在地成就。

解脫妙地珍寶宮殿中，　如來前方相迎且享受，
自證殊勝智慧圓菩提，　無邊恆久無變大樂義。
無有正法乞人我勸言，　此乃有利心語記心間。
如是法理功德寶藏論，　每一六法亦成精華義，
著此如意寶珠教言藏，　為利諸修解脫之信士。

　　每一位修行人在圓滿斷證功德，而赴往解脫妙地珍寶匯聚之如意宮殿之時，諸佛如來也會前來迎接。屆時，我們即可共同享受自證之殊勝智慧、圓滿的菩提果，以及無邊、恆久、無變之大樂精華義。

　　在此，尊者很謙遜地說自己沒有什麼修行和功德，是無有正法的乞丐，儘管如此，我(此處之我以及下文中之我皆指無垢光尊者)也要以這些勸言勉勵諸位密乘行者，因為此等都是有利自身修行之心語，故當牢記於各自心間。

　　本論可謂法理論、功德論，抑或寶藏論，每一種六法都可成為甚深精華之義。作者著此如意寶珠般之殊勝教言藏，其目的即是為了利益修持解脫道之廣大信士。

以此善根願我與眾生，　無餘趣至如來藏本地，
成為圓滿斷證之功德，　任運自成二利之法王。
願我亦於今起生生世，　不厭三有利益諸有情，

於諸聖者前聞正法藏， 如是修持令諸佛歡喜，
縱得菩提亦不捨眾生， 雖住輪迴亦不染過患，
引見聞憶觸者趨菩提， 以此願令佛佛子歡喜。
為諸具緣者宣甚深法， 令諸無緣者播法種子，
勤勉修持實修達究竟， 以此願令怙主師歡喜。

竅訣寶藏論——具多聞如來經典財富、以聞思修智慧
修煉深廣義之勝乘瑜伽士龍欽繞降撰著圓滿。

尊者以撰著此論的善根而作殊勝的發願：願我與一切
有緣無緣的眾生皆能因此善根而無餘趨至如來藏之本地，願
大家都能圓滿一切斷證功德，任運自在地成為能做自他二利
事業之大法王，亦願我從今起於生生世世中不厭離三有而恆
時於六道中利益一切有情，並能經常在聖者面前聽聞正法寶
藏，因為只有這樣如理修持才會令諸佛生起歡喜心。縱然我
已得到無上菩提的果位也決不捨棄眾生，屆時雖然常住輪迴
利益眾生卻不會染著三有之諸般過患。願能接引見過我、聽
過我音聲、憶念過我、接觸過我的人普皆趨向菩提大樂洲。
以此善根還願諸佛及佛子都生起歡喜心。

此為具緣眾生宣說之甚深竅訣法，對於無緣的眾生，
也能令他們播下勝法的種子。我真誠地勸勉一切行者，希
望他們能精勤修持，最終趨達究竟之堅地。以此善根也願
我的怙主上師們生歡喜心。

全論釋竟　　願增吉祥！

七寶藏——竅訣寶藏論釋

後　記

本書誕生的緣起，應當追溯到去年秋季。滴水成冰的酷寒已經開始大肆進軍喇榮聖地，在戰勝了疾病困擾與各種內外嚴寒的情況下，鄙人發心為諸有緣者宣講全知無垢光尊者為後人留下的珍貴寶藏之一——《竅訣寶藏論》。

也許是由於深切體會到聞法機會實在來之不易的緣故，大家齊心協力地克服了難以想像的種種艱辛。其間，部分道友懇切要求將錄音整理成冊。雖然本人智慧淺薄，在講解中難免有疏漏之處，但考慮到此法對指導修行人實修，具有不可超越的重大意義，故置個人顏面於不顧，毫不遲疑地欣然應允。

於此五濁惡世，人們都在為自己的功名利祿而奔忙，能發心實修者實在萬不得一。儘管如此，很多實修者卻因為缺少實修竅訣的緣故，在修行過程中始終不得要領，儘管多年夙興夜寐、持之以恆，卻落得乘興而來、敗興而歸的結果。最終導致自己從修行的前線中敗下陣來，實在令人扼腕嘆息。

有多少希求解脫者望穿雙眼，延頸鶴望，期盼著能在修行的茫茫征途上，有一盞耀眼的明燈啊！

大遍知無垢光尊者實在不愧為末法時期的鐵中錚錚、庸中佼佼者，他以博大精深的智慧、言近旨遠的言辭，通幽洞微的觀察，為後人開採了這個令人欣喜若狂的竅訣寶藏。

後記

由於修行者的根基不一，相應的指導方式也應千差萬別，要想攝集八萬四千法蘊之精髓，為眾口難調的修行者找到一種萬全之策，實在並非易事。尊者別具匠心，以針對不同境界的三百六十多種六法，有的放矢，因勢利導，開出了千百劑修行之方。字字發人深省，句句餘味無窮。處處流露出異生凡夫即使絞盡腦汁、千思萬想也難以企及的境界，不得不令人口服心折、拍案叫絕。尊者儘管在文中洋洋灑灑，千叮萬囑，卻萬變不離其宗，無一不是為修行的前程廓清迷霧、掃平障礙，實在不愧為稀世寶藏的名稱。

　　無論你是修習何種法門，都能在此寶庫中找到仿佛是為自己量體裁衣、定身製作的秘訣。如果你能依照此中言教有條不紊地修習，也就算是踏上了通向光明的通衢大道，獲得解脫果位也就為期不遠了。我於此誠摯地提醒大家，切莫將珍貴竅訣視為秋風過耳，對之毫不理會，最終與送上門檻的解脫良機失之交臂。望諸位信士能對此文再三進行讀誦對照、反覆思維，力求真正通達其涵義。

　　《竅訣寶藏論》既無自釋，本人也未曾聽聞過有前輩高僧大德對其進行詮釋的有關論典。所以，在翻譯、講解、注釋過程中，都曾遇到過一系列的艱難。通過大量翻查資料、虛心向各位大德請教，雖然解決了不少難題，但個別偈頌的翻譯，還是不得不採用直譯的方式，故其詞句的闡釋，憑藉個人理解，仍然有牽強之感。雖然在講解之時，所涉及的內容較廣，但因為擔心篇幅過多，令人生

厭，故此釋僅僅按照字面進行了簡略注釋。此外，本釋也省略了一些涉及甚深修法，不宜公開的內容。整理成文之後，鄙人也頗費了一番功夫進行增刪修改，直至比較滿意之後，才敢戰戰兢兢地付之犁棗。若有欠妥之處，還望各方有識之士海涵。

只要功夫深，鐵杵磨成針。相信各位有緣者依憑堅定的信心，借助這座為迷途眾生打造的指路燈塔，即能將內心深處潛在的光明智慧充分地開發出來，獲得自然本覺的果位。願以此功德迴向一切眾生，令其生生世世不離正法光明，最終獲得圓滿菩提勝果！

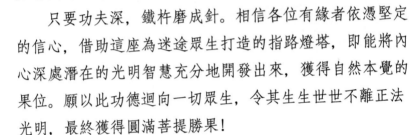

索達吉眺望明月有感而發
二零零三年中秋佳節於蓉城
重校於二零零六年十月十日

後記

422

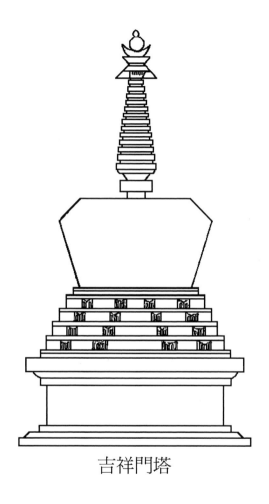

吉祥門塔